古代歷史文化研究輯刊

三十編

王明蓀 主編

第 4 冊

明代遼陽城

李智裕 著

國家圖書館出版品預行編目資料

明代遼陽城／李智裕 著 -- 初版 -- 新北市：花木蘭文化事業
有限公司，2023〔民 112〕
目 2+252 面；19×26 公分
（古代歷史文化研究輯刊 三十編；第 4 冊）
ISBN 978-626-344-409-6（精裝）
1.CST：古城 2.CST：明史
618   112010432

ISBN-978-626-344-409-6

古代歷史文化研究輯刊
三十編 第 四 冊   ISBN：978-626-344-409-6

明代遼陽城

作　　者	李智裕
主　　編	王明蓀
總 編 輯	杜潔祥
副總編輯	楊嘉樂
編輯主任	許郁翎
編　　輯	張雅淋、潘玟靜　美術編輯　陳逸婷
出　　版	花木蘭文化事業有限公司
發 行 人	高小娟
聯絡地址	235 新北市中和區中安街七二號十三樓
	電話：02-2923-1455／傳真：02-2923-1452
網　　址	http://www.huamulan.tw 信箱 service@huamulans.com
印　　刷	普羅文化出版廣告事業
初　　版	2023 年 9 月
定　　價	三十編 15 冊（精裝）新台幣 42,000 元

明代遼陽城

李智裕　著

作者簡介

李智裕，男，漢族，1982 年 9 月 19 日出生，碩士研究生學歷，文博專業副研究館員職稱，遼寧省歷史學會會員，遼寧省契丹女真遼金史研究會會員，現工作於遼寧省遼陽市文物保護中心。以地區出土發現銘文銅器、石刻文物以及遼金時期渤海遺民群體為研究對象，累計在全國核心、省級學術刊物發表研究文章近四十篇。2010 年至今多次受邀參與全國、省級學術研討會。2015 年作為課題組成員之一，參與國家社科基金青年項目《金朝墓誌整理與研究》。

提　　要

　　遼陽在中國古代歷史地位十分重要，是古代中原王朝經略東北重要之地，同時也是古代東北少數民族政權南下必爭之地，素有「東北第一城」之稱謂。到了明代，明朝統治者對我國東北地區的開發遠邁漢唐。在此歷史背景下，遼陽戰略地位更加重要，不僅是明代遼東都司治所所在地，也是東北地區政治、經濟、軍事、文化中心。目力所及，《明史》對明代遼陽城著墨不多，學界對明代遼陽城至今也沒有系統研究過，因此該題目頗有學術研究價值。《明代遼陽城》一書是以明代遼東方志《遼東志》、《全遼志》以及地區出土發現的相關歷史文物為研究載體，並搜集整理明朝朝鮮使臣私人著述《燕行錄全集》相關內容，以補正史、方志之闕。不揣愚陋對相關文獻、文物進行歸納總結，嘗試研究明代遼陽城城市面貌、政治機構、宗教信仰、文化教育等方面內容。《明代遼陽城》一書共分為九章：明代遼陽城牆與角樓、明代遼陽城官署（上）、明代遼陽城官署（下）、明代遼陽城寺廟與祭壇（上）、明代遼陽城寺廟與祭壇（下）、明代遼陽城都司儒學與書院、明代遼陽城忠烈祠、明代遼陽城州衛、明代遼陽城其他建築、附錄遼陽地區出土明代墓誌銘考釋等內容。旨在拋磚引玉，僅供學界今後對此研究題目參考之用。

目次

第一章　明代遼陽城牆與角樓

　　元末明初，在全國範圍內開展城市建設，這是中國古代城市史上一次大規模建城運動。明代從都城到不同等級地方城市及邊防或海防衛所的建造數量之多是歷代所不曾見的，而明代對新建或既有的城池用磚石進行的大規模甃砌，在數量與規模上超越了其前的歷朝歷代〔註1〕。在此歷史背景下，明朝攻克遼瀋地區不久，於洪武五年（1372年）在都督馬雲、葉旺主持下，以遼陽舊城為基礎修築新城。明太祖朱元璋有云：「滄海之東，遼為首疆，中夏既寧，斯必戍守」〔註2〕，昭示革故鼎新之後，明王朝對以遼陽城為中心的遼東這一戰略要地格外重視，從而形成「整個遼東城鎮的布局，以遼陽為中心，四面輻射分布」〔註3〕。一座雄偉渾厚的遼陽城拔地而起，承載諸多輝煌與記憶。

第一節　遼陽城布局

　　遼陽城位於太子河南岸，歷史上設治較早而且城址一直延續。戰國時期燕國將領秦開設置遼東郡，郡治為襄平。秦漢時期，沿襲前朝設遼東郡，郡治依然在襄平，也就是今天的遼陽。高句麗統治時期，遼陽稱為遼東城，傳世有遼東城冢壁畫墓發現的《遼東城圖》。唐貞觀年間，唐軍奪取遼東城，唐太宗李世民攻克遼東城後，留下著名的詩篇《遼城望月》。遼、金時期，遼陽或稱南

〔註1〕王貴祥：《明代建城運動概說》，《中國建築史論彙刊》，第一輯，北京：清華大學出版社，2009年1月，第139頁。

〔註2〕《明太祖實錄》卷一百三，洪武九年春正月癸未條。

〔註3〕林世慧：《略論明代遼東城鎮的興衰》，《社會科學戰線》，1990年，第4期。

京或稱東京，元代遼陽為遼陽行省治所。遼金元時期，遼陽一直是遼東地區乃
至東北地區的政治中心。公元 1368 年，朱元璋推翻了元朝在中原內地的統治，
正式建立明朝政權。但從全國形勢來看，其統治基礎並沒有完全鞏固，尤其是
遼東地區局勢十分複雜。元代殘餘勢力與高麗、女真交織在一起，構成明朝統
一遼東的最大障礙。經過一系列軍事行動，明朝陸續消滅割據政權。遼東地區
戰略位置十分重要，《全遼志》記載：「臺史氏曰：『夫遼左控朝鮮，而右引燕
薊，前襟溟渤，而後負沙漠，蓋東北一都會也。』」〔註4〕值此之故，明朝奪取
遼東以後，對其愈加重視。洪武四年（1371年）七月，「置定遼都衛指揮使司」
〔註5〕，「以馬雲、葉旺為都指揮使，吳泉、馮祥為同知，王德為僉事，總轄遼
東諸衛軍馬，修城池，以鎮邊疆」〔註6〕，開始在遼東地區大規模修築城池。
洪武八年（1375年）十月，「以在外各處所設都衛，並改為都指揮使司」〔註
7〕，改「定遼都衛為遼東都指揮使司」，都司治所設在遼陽城。遼東都指揮使
司領衛二十五、州二，轄境東至鴨綠江，西至山海關，南至旅順海口，北至開
原，這個區域是一個相對獨立的地理單元。它與東北東部、東北北部的森林地
帶，東北西部的草原地帶不同，是適宜農耕民族發展的地域〔註8〕。另外，在
遼陽城內還設置有定遼左衛、定遼中衛、定遼右衛、定遼前衛、定遼後衛和東
寧衛等六衛〔註9〕。

> 遼東都指揮使司元置遼陽等處行中書省，治遼陽路。洪武四年七
> 月置定遼都衛。六年六月置遼陽府、縣。八年十月改都衛為遼東都指
> 揮使司。治定遼中衛，領衛二十五，州二。十年，府縣俱罷。東至鴨
> 綠江，西至山海關，南至旅順海口，北至開原。由海道至山東布政司，
> 二千一百五十里。距南京一千四百里，京師一千七百里〔註10〕。

〔註4〕（明）李輔等纂修：《全遼志》卷一《圖考》，瀋陽：遼瀋書社，1984 年，第
498 頁。

〔註5〕《明太祖實錄》卷六十七，洪武四年秋七月辛亥條。

〔註6〕《明太祖實錄》卷六十七，洪武四年秋七月辛亥條。

〔註7〕《明太祖實錄》卷一百一，洪武八年九月癸丑條。

〔註8〕（美）拉鐵摩爾著，唐曉峰譯：《中國的亞洲內陸邊疆》，南京：江蘇人民出版
社，2008 年，第 73 頁。

〔註9〕自在州設置於明永樂七年（1409 年），以安置北方降人。正統八年（1443 年）
自在州由開原城遷治遼陽城。所以明朝初年，遼陽城沒有自在州只有定遼左
衛、定遼中衛、定遼右衛、定遼前衛、定遼後衛和東寧衛等六衛。

〔註10〕（清）張廷玉等撰：《明史》卷四一《志第一七‧地理二》，北京：中華書局，
1974 年，第 952 頁。

圖一：民國時期遼陽城城牆

　　遼陽城周圍 16 里 295 步，高 3 丈 3 尺，池深 1 丈 5 尺。南城共有 6 門，其分別是：南門：東「安定」，西「泰和」；東門：南「平夷」，北「廣順」；西門：「肅清」；北門「鎮遠」。角樓四座：東南曰「籌邊」，東北曰「鎮遠」，西北曰「平胡」，西南曰「望京」。遼陽城城門、角樓的名稱無疑充滿邊疆軍事色彩，如城門以「平夷」、「鎮遠」命名，角樓以「平胡」、「籌邊」來命名，均反映出明代遼陽城是一座邊疆軍事重鎮。從總體上看，明代遼陽城形制為方形，城牆高大角樓聳立。城中以鼓樓與鐘樓為中心構成十字街，街道縱橫布局規整，近似於「井」字形。城中心位置為主要軍政官署機構，如遼東都司治、都察院、察院、苑馬寺等。而文教場所如文廟儒學、書院與宗教建築如東嶽廟、上帝廟、城隍廟等，位於主要軍政官署機構周圍，定遼五衛基本分置於城內四周，主次非常分明。

　　漢唐以來皆謂之遼東城，契丹主阿保機改為鐵鳳城。洪武壬子，因遼陽舊城之失，都督馬雲、葉旺改建於此，非水北曰陽之義也。城周圍一十六里二百九十五步，高三丈三尺，池深一丈五尺，周圍一十八里二百八十五步。門六，南二：左安定、右泰和，東二：南平夷、北廣順；西肅清，正北鎮遠，俱有樓。角樓四：東南曰「籌邊」東北曰「鎮遠」西北曰「平胡」西南曰「望京」。鐘樓一建於都

司西北，鼓樓一建於都司東北[註11]。

洪武十二年（1379年），為安排東寧衛歸附的少數民族，都指揮潘敬主持修建北城。遼陽城總體建築格局出現變化，奠定後來的南、北城形制。永樂十四年（1416年），都指揮王真用磚砌北城。北城形制最終完成，南北向一里，東西向四里，城高三丈，池深一丈五尺，南北城周圍達到24里285步。北城共有三座城門，其分別為：東「永智」、西「武靖」、北「無敵」。

> 北城　洪武己未，都揮指潘敬開展東城一里之北附築土城，處東寧衛歸附夷人。永樂間，自在州自開原移於本城，以處歸附夷人。永樂丙申，都指揮王真始砌以磚，即今土人稱北城是也。南北共一里，東西四里，高三丈，池深一丈五尺，合南城周圍共二十四里二百八十五步。門三：東曰「永智」，西曰「武靖」，北曰「無敵」。庚申，南城北面傾頹殆盡，巡按史官修。甲子夏，西南壞並城為山水衝突，巡按黃裏修，仍挑河二十餘里以洩水患[註12]。

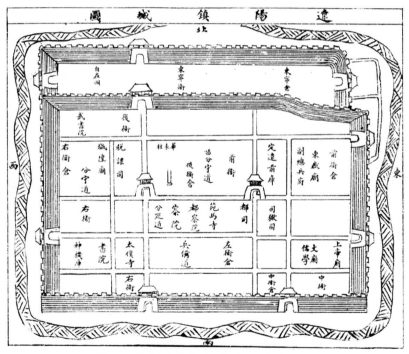

圖二：《全遼志》中「遼陽鎮城圖」

〔註11〕（明）李輔等纂修：《全遼志》卷一《圖考》，瀋陽：遼瀋書社，1984年，第501頁。

〔註12〕（明）李輔等纂修：《全遼志》卷一《圖考》，第501頁。

　　《全遼志》中記載「庚申，南城北面傾頹殆盡，巡按史官修」，所言並不詳細。「庚申」，嘉靖三十九年（1560 年），遼陽城南城北面城牆損毀嚴重，巡按御史史官進行維修。史官，「河南洛陽縣人，進士」〔註13〕。此事在時任遼東苑馬寺卿陳暹撰寫的《重修遼陽內城記》中有詳細記載。

　　《重修遼陽內城記》　遼東苑馬寺卿　陳暹

　　　遼左，古營州地，自唐宋來淪入荒服。迨我國朝混一，始興版築，永樂初，移都司於今城。城之築也，不知始於何代，稽今志云：洪武壬子，都指揮馬雲、葉旺奉命經略遼地，因遺址修築焉。洪武己未，都指揮潘敬附築土城，以宅外國降氓。永樂丙申，都指揮王真始甃以磚，即今土人稱北城者是已，因目雲、旺所築為南城云。南城北面介於北城一帶舊垣，有司視為內地，無預防守，遂廢弗葺。至嘉靖戊午，水潦灌城，土逾潰，垣墉逾圮，幾夷為平地矣。己未夏，洛陽史公奉命按遼東，暹從公閱視墉潰抵是，指以語副總戎劉子岳曰：「惟茲兩城，若聯而實間，惟茲舊垣殆不可廢，宜以時修之。」乃下其事於少參趙子世祿議，而率其屬分治之。固者因之，缺者完之，薄者增之，圮者版之。時城之居民固願自為守也，並力合作，不逾月而底績。諸子僉謂公保惠遼民，盛事宜刻石以紀，而使暹司筆硯之役。暹嘗讀《易》之坎曰：「習坎」，《象》曰：「習坎，重險也。」夫子曰：「王公設險以守其國」，其傳卦也。曰：「重門擊柝，以待暴客」，蓋取諸《豫》。則知守國之道，莫善於豫。豫備之術，莫要於險。險而習之，門而重之，是又知備豫之術，不厭於詳且密也。況遼城外介諸寇，而曰備之可以不預也，防之可以不密也？殆未達夫權變之宜焉爾。且與其過而忽之也，毋若過而防之。過而防之無後災，過而忽之鮮不僕矣。《詩》不云乎：「迨天之未陰雨，徹彼桑土，綢繆牖戶」此之謂也。且公茲役也，因民所欲而倡之，非強之也，所謂以佚道使民也。供億給於官，毋擾民焉，非時絀舉贏也。聚失業之民而食之，亦所以賑饑也，以定恫懼之人心，以杜窺伺之外侮，一舉而眾善具焉。若曰：「城也，可以修，可以無修，而我公一念豫備，衛民之意孤矣。」故為著其大誼，以詔於後之人

〔註13〕（明）李輔等纂修：《全遼志》卷三《職官·巡按》，瀋陽：遼瀋書社，1984 年，第 580 頁。

焉。若公按遼,陳軌率物,黜貪進良,惠民潤物,豐功偉績自有遼
民口碑,不待銓次云。

　　公名宦,字懋德,別號一泉,河南河南衛人,嘉靖癸丑進士也
〔註14〕。

　　遼陽南城北面城牆,一直被視為內地,由於跟北城相聯,所以沒有駐防,
時間一長逐漸廢棄無人修繕。到了嘉靖戊午(嘉靖三十七年,1558年),洪水
泛濫導致太子河水灌城,此處城牆夯土崩塌,幾乎成為平地。嘉靖三十八年
(1559年)夏,巡按御史史官巡視遼東時發現這一情況後,提議進行對此處
城牆進行維修。由於規劃得當通力合作,「不逾月而底績」不超過一個月就完
成維修任務。所以我們以往習慣性引用《全遼志》中記載維修時間「庚申」年
(嘉靖三十九年,1560年),其實並不準確,時間應為嘉靖三十八年(1559年)。
《全遼志》記載的「甲子夏,西南壕並城為山水衝突,巡按黃襄修,仍挑河二
十餘里以洩水患」,指的是嘉靖四十三年(1564年),遼陽城西南方向的城壕
出現損壞,推測由於水患嚴重造成。巡按御史黃襄主持維修,疏濬二十多里排
泄水患。

　　從《全遼志》中《遼陽鎮城圖》可窺探明代遼陽城街道大體布局,城內街
道呈現四縱四橫,彼此交錯猶如「井」字。那麼明代遼陽城內到底有多少條街
道?目力所及,正史方志中並未記載。查閱相關文獻兩條,對此問題或有裨益。
第一條是根據朝鮮使臣李弘胄《黎川相公使行日記》中記載,一行人從遼陽城
東甕城上下來「穿九街而行到北倉」〔註15〕,可窺探遼陽城內街道之多。第二
條是「弘治中興」代表人物馬文升巡治遼東時曾駐節遼陽,有詩作《乙巳春二
月行邊至遼陽大雪紛紛是日隨晴土脈就開正播種之期足為有秋之兆故書》:

　　　　駐節遼陽甫四朝,紛紛雨雪遍春郊。

　　　　千峰山上雲初澈,十二街頭凍已消。

　　　　土脈頓開邊地闊,塵埃不動海天遙。

　　　　豫呈此歲豐登兆,仰荷皇仁並帝堯。

　　詩中「千峰山」當為遼陽附近千山,「十二街」應指的是遼陽城內街道。

〔註14〕 (明)李輔等纂修:《全遼志》卷五《藝文上‧記》,瀋陽:遼瀋書社,1984年,
　　　　第650～651頁。
〔註15〕 (朝鮮)李弘胄:《黎川相公使行日記》,見林基中輯《燕行錄全集》(第10冊),
　　　　第40頁。

據此推測，當時遼陽城內有十二條街道。果真如此的話，遼陽城內也是四通八達，交通縱橫。

明代朝鮮使臣出使中國途經遼陽城時，慕名遊覽參觀這一被譽為「神京左臂」的戰略要地，從而為我們留下很多有關遼陽城的文字記載，可補正史方志之闕。通過這些文字內容，我們可以窺探明代遼陽城的歷史變遷和城池建築布局。洪武年間，權近是較早用詩歌寫遼陽城的朝鮮使臣，其在《入遼東城》詩中寫道：

> 漫漫平野渺無垠，粉堞橫空望似雲。
>
> 傑閣翬飛增壯勢，雄藩虎踞稍前聞。
>
> 風塵已息三邊警，旗鼓長閑六衛軍。
>
> 奉使遠遊胡不樂，如今天下正同文〔註16〕。

嘉靖十六年（1537年）七月，朝鮮使臣丁煥途經遼陽城，根據其《朝天錄》記載，遼陽城甚是雄偉，城內人口眾多，商業發達。「雉堞峻壯，隍塹廣深，閭閻繁夥，物貨富麗。」〔註17〕遼陽城的經濟繁榮並非偶然，與其所處重要戰略位置密不可分，朝鮮使臣丁煥對此有深刻認識。嘉靖十六年（1537年）七月丁煥途經遼陽城，對遼陽城地理位置有詳細描述，「城之西南、東，千山、杏山等諸山環抱，雄據形便控制山賊，為東北方砥柱也。」〔註18〕

明代遼陽城經濟發達物阜民豐，繁華景象給朝鮮使臣很大震撼，他們在遠離中原地區的邊陲遼陽城就感受到明王朝輝宏氣象。有關遼陽城的繁華景象，朝鮮使臣多有記載。隆慶六年（1572年）八月，朝鮮使臣許震童途經遼陽城，目睹城中繁華景象後，對朝鮮使臣心理造成不小震撼，感歎之餘，更是將遼陽城與朝鮮國都對比一番，「遼城之周，雖未及我京城，城池之高深，門樓之壯麗，殆有過也。居民亦極稠庶，儼然如一大都矣。」〔註19〕萬曆二十三年（1595年）四月，朝鮮使臣閔仁伯途經遼陽城，「出入境一里許，民家敞豁，原野曠遠，始見地方中原氣象。」〔註20〕萬曆二十七年（1599年）朝鮮使臣趙翊途經遼陽城，根據其記載遼陽城內官署衙門不計其數，「城中櫛比，小無空隙，

〔註16〕（朝鮮）權近：《奉使錄》，見林基中輯《燕行錄全集》（第1冊），第163頁。

〔註17〕（朝鮮）丁煥：《朝天錄》，見林基中輯《燕行錄全集》（第3冊），第71頁。

〔註18〕（朝鮮）丁煥：《朝天錄》，見林基中輯《燕行錄全集》（第3冊），第71頁。

〔註19〕（朝鮮）許震童：《朝天錄》，見林基中編《燕行錄全集》（第3冊），第278頁。

〔註20〕（朝鮮）閔仁伯：《朝天錄》，見林基中編《燕行錄全集》（第8冊），第15～16頁。

大小衙門並無數，路旁諸處牌樓相接」〔註21〕，「出西城以還，則邑居極盛，人物駢闐，實東邊一大鎮也。」〔註22〕萬曆三十八年（1610年）六月朝鮮使臣黃士佑途經遼陽城，城中物阜民豐呈現一片繁華氣派，城郭也非常雄偉，「城中人物之繁華，城郭之雄壯，自廣寧以東遼為之甲焉」〔註23〕。朝鮮使臣的記述客觀地反映出遼陽城經濟極大發展。

對遼陽城再次進行大規模系統性維修，是在明末遼東戰局緊張時期。萬曆末年，後金政權強勢崛起，攻城略地所向披靡，明朝在遼東地區統治猶如風雨飄搖大廈將傾。「薩爾滸之戰」後，明朝派遣熊廷弼經略遼東。熊廷弼在遼東親督軍兵濬壕池、築城牆、製火器，進行一系列軍事準備。遼東在經略熊廷弼的經營下一改頹勢，官兵士氣大振，人心穩固。「督軍士造戰車，治火器，濬濠繕城，為守禦計。令嚴法行，數月守備大固」〔註24〕。此時的遼陽城即使在遼東局勢雲詭波譎背景下，還是呈現出一片祥和安定，城內依然人口稠密、市肆林立。萬曆四十七年（1619年）五月，朝鮮使臣李弘冑途經遼陽城，作為遼東首府的遼陽城仍然給人一種渾厚雄壯的感覺。李弘冑等人登上遼陽城內的崇文閣，「俯瞰城中，則方城延袤各數里許，萬家煙火，人物繁庶，真巨鎮也」〔註25〕。在他的眼中，遼陽城仍然固若金湯。對其評價是山海關以東城市中最為繁盛，「其大不下於永平府，人民、物貨之盛雖不及北京，而山海關以東最為殷盛，真是東洛之根柢。」〔註26〕更為可貴的是，《梨川相公使行日記》中還記載李弘冑一行親眼目睹正在修築中的遼陽城防禦工事和軍隊佈防，「往觀西營近處則內外重壕及土牆極深且固，軍兵皆土炕而居，兵勢堂堂似無可虞矣」，「由壕岸而行到東營，則川兵二萬分守於四營。引太子河水注入重壕。城之四面皆築土牆，工役未完，而措置規畫，井井堂堂。」〔註27〕這與《明史》中記載的熊廷弼親督軍兵濬壕池、築城牆內容相印證。由此亦可知，熊廷弼經

〔註21〕（朝鮮）趙翊：《皇華日記》，見林基中輯《燕行錄全集》（第9冊），第142頁。

〔註22〕（朝鮮）趙翊：《皇華日記》，見林基中輯《燕行錄全集》（第9冊），第143頁。

〔註23〕（朝鮮）黃士佑：《朝天錄》，見林基中輯《燕行錄全集》（第2冊），第479頁。

〔註24〕（清）張廷玉等撰：《明史》卷二五九《列傳一四七·熊廷弼傳》，北京：中華書局，1974年，第6692頁。

〔註25〕（朝鮮）李弘冑：《梨川相公使行日記》，見林基中編《燕行錄全集》（第10冊），第40頁。

〔註26〕（朝鮮）李弘冑：《梨川相公使行日記》，見林基中編《燕行錄全集》（第10冊），第101～102頁。

〔註27〕（朝鮮）李弘冑：《梨川相公使行日記》，見林基中編《燕行錄全集》（第10冊），第101頁。

略遼東駐守遼陽時，規劃還是非常完善得當。

　　無獨有偶，朝鮮使臣李廷龜途經遼陽時也有相同記載。根據《庚申燕行錄》記載，萬曆四十八年（1620 年）三月朝鮮使臣李廷龜一行因未拿到回諮及未派發給車馬，一直滯留在遼陽城內。滯留期間，李廷龜一行親眼目睹遼陽城備戰情況：「經略銳意城守，親督軍兵，計日董役，大鑿壕池，方引入太子河，燔磚築牆，修堞增埠。」〔註28〕在此期間李廷龜也有詩作，均提到遼陽城修建的防禦工事聯通太子河的「壕水」即護城河。而且在大戰將臨的前夕，遼陽城外更是出現「重壕」即多重護城河。李廷龜記載的遼陽城備戰情況，也客觀反映遼東經略熊廷弼固守遼東具體實施。

> 遼東經略衙門將官等求詩書於其扇　李廷龜
> 幕府軍聲振海波，遼陽城觀鬱嵯峨。
> 墩臺北壓單于壘，壕水西通太子河。
> 龍武陣開金鼓壯，碧油幢貯俊賢多。
> 轅門邂逅仍相別，東閣何時得再過〔註29〕。

> 遼陽行　李廷龜
> 遼陽壕水何壯哉，遠引長河繚城曲。
> 長河之水流不已，洪波浩淼壕反窄。
> 更作重壕分水勢。掘開平陸為深壑。經年大眾不暫休〔註30〕。

　　明朝與後金遼陽城大戰前夕，遼陽城的火藥庫非常離奇地發生爆炸，這場突如其來的事故對遼陽城牆建築尤其是西門造成很大破壞。《明實錄》記載「經略熊廷弼奏：賊兵壓境，遼城火藥全焚。衝碎城樓、民房及死傷軍民人等。乞敕工部速發硝黃前來接濟」〔註31〕。朝鮮使臣李廷龜此時在遼陽城恰巧經歷了這非常恐怖的一幕，為我們留下更為詳實的記載：

> 十七日未時，更有炮聲，震動天地，火雲撐塞半空，令譯官韓
> 厚信走馬入城探問，則城西門內李成梁廟堂，有大梗空家，經略定

〔註28〕（朝鮮）李廷龜：《庚申燕行錄》，見林基中編《燕行錄全集》（第11冊），第36頁。
〔註29〕（朝鮮）李廷龜：《庚申朝天錄上·下》，見林基中編《燕行錄全集》（第11冊），第169頁。
〔註30〕（朝鮮）李廷龜：《庚申朝天錄上·下》，見林基中編《燕行錄全集》（第11冊），第201頁。
〔註31〕《明神宗實錄》卷五百九十二，萬曆四十八年三月壬寅條。

委官，製造火藥於其處，今已半載，積蓄火藥約有六七萬斤，造藥軍丁，研藥火出，廟堂集空家，隨焰騰空，四鄰房屋，燃燒打壞者，百數十家，西門亦壞半邊，屋樑柱椽瓦磚，飛沖四五里，委官王崇角，造藥軍丁四十餘名，行路人民家男婦，城內外掘築城軍人，觸傷打死者不計其數，或云幾至千餘云。經略監軍以下諸將官，俱到其處，至於涕泣慰撫。而哭聲滿城，慘不忍聞。此是數百年來所未有之災，經略經年積蓄火藥，一時燒盡，多雲細作所為，而未知其詳云〔註32〕。

第二節　望京樓

　　遼陽是明代遼東地區乃至東北地區政治中心，所修建城池異常壯觀，在城四角修建有角樓，「東南曰『籌邊』，東北曰『鎮遠』，西北曰『平胡』，西南曰『望京』」〔註33〕。四座角樓中尤以西南望京最為雄偉，明代遼陽八景之一「望京結構」即指望京樓。望京，顧名思義遙望西南方向的明朝京師以示尊崇與威嚴充滿政治意義，「望京之名，凜凜乎神京在焉，天威不違顏咫尺矣」〔註34〕，當然建築雄偉氣派也是意料之中。望京樓修建於何時？正史方志語焉不詳。嘉靖十五年（1536年），遼東巡按御史「直隸開州人，進士」史褒善〔註35〕，主持重修望京樓使其面貌一新。「直隸上海人，進士」〔註36〕，時任遼東行太僕寺少卿李翔，在《重修望京樓記》中記載此事。根據《重修望京樓記》記載，「惟望京一樓，距今百六七十年」。嘉靖丙申（嘉靖十五年，1536年）冬季開始維修望京樓，按此計算遼陽城望京樓應該修建於1366～1376年此時間段。該時間段也正是洪武壬子年（洪武五年，1372年）馬雲、葉旺修建遼陽城。由此推測望京樓應修建於馬雲、葉旺修築遼陽城時。

〔註32〕（朝鮮）李廷龜：《庚申燕行錄》，見林基中編《燕行錄全集》（第11冊），第34～35頁。
〔註33〕（明）李輔等纂修：《全遼志》卷一《圖考‧遼陽城》，瀋陽：遼瀋書社，1984年，第501頁。
〔註34〕（明）李輔等纂修：《全遼志》卷五《藝文志》，瀋陽：遼瀋書社，1984年，第650頁。
〔註35〕（明）李輔等纂修：《全遼志》卷三《職官‧巡按》，瀋陽：遼瀋書社，1984年，第580頁。
〔註36〕（明）李輔等纂修：《全遼志》卷三《職官‧遼東行太僕寺少卿》，瀋陽：遼瀋書社，1984年，第583頁。

圖三：發現的明代遼陽城角樓遺址

《重修望京樓記》　遼東太僕寺少卿　李翔

　　遼陽之城，肇於洪武壬子，而城隅四樓因之。籌邊，建於巽方；鎮遠，起於艮隅；平胡，植於乾位；望京，構於坤軸。望京之名，凜凜乎神京在焉，天威不違顏咫尺矣。規模宏麗，製作工巧，若有非人力所能為者，溯前三樓，或毀於回祿，摧於風雨。惟望京一樓，

距今百六七十年，巋然如靈光之獨存，不與三樓同漸泯焉。其間，土形木質，不無朽腐傾圮之虞，然而大勢猶卓然也。得非名義重，而呵護有鬼神耶？嘉靖丙申冬季，澶淵駞村史公持斧按遼，弛張憲政，咸有次第，閒嘗陟降茲樓，見其形制回異，名義攸關，日就隤頹，慨然有圖新之志。召都司劉、徐二子，命指揮宋贇、王鎮二官，財不費公，工惟雇募，不匝月而功告成。危梯曲檻，陟者忘倦，飛閣層簷，見者快觀，而不知其非謫仙涵酒之樓也、庾氏玩月之樓也，則夫駞村今日修樓之意何在哉？我知之矣。陟屺岵者望父母，觀雲物者望親幛，彼獨非臣子耶？吾儕文武濟蹌，事事茲土，獨不能體望京之意而移孝以為忠哉？修文事者，思飾簠而奠黎元；修武事者，思飭干城而撫士卒。期無負於天朝，斯無愧於茲樓矣。不寧惟是，間有豪傑之士文武兼濟者，奮乎其間，算無遺策如唐之陸宣公，邊不足籌矣；鎖鑰北門如宋之寇萊公，遠不足鎮矣；儼薄伐如周之尹吉甫，胡不足平矣。審若是，一望京足矣，三樓不作可也。此又駞村公獨拳拳於京樓之意也。〔註37〕

遼陽望京樓堪稱遼陽勝景之一，讓人嚮往。根據《全遼志》記載，明代京官郭登庸、薛廷寵、朱篪、史襃善等人公幹遼陽時留下不少詩篇佳作〔註38〕，登高望遠遼野廣闊，邊陲之地遠離中原，近憂遠慮很容易思緒萬千，詩作均給人以蒼茫惆悵之感。

> 登望京樓有感　巡按御史　郭登庸
>
> 雨洗沙場殺氣收，天涯秋暮獨登樓。
> 一方煙井聞雞犬，百里晴郊散馬牛。
> 斷壘黃雲依占戍，孤城斜日射寒流。
> 滄冥寂寞魚龍伏，回首西南望帝州。
>
> 和韻　給事中　薛廷寵
>
> 遼陽亦是先王地，落日孤城獨倚樓。
> 南望青齊隔滄海，北看豺獸遁沙丘。
> 珠簾繡柱秋堪眺，宿霧殘雲晚未收。

〔註37〕（明）李輔等纂修：《全遼志》卷五《藝文志》，瀋陽：遼瀋書社，1984年，第650頁。

〔註38〕（明）李輔等纂修：《全遼志》卷六《藝文下‧詩》，瀋陽：遼瀋書社，1984年，第669頁。

回首蓬萊雙闕迴，使差何事尚淹留。

又　監察御史　朱篪

望窮京國二千里，步上邊城百尺樓。

靉靉蒼煙橫朔漠，荒荒敗葉下林丘。

金蘭契誼應難並，玉燭勳名早見收。

把酒憑欄思無限，不緣歌管故淹留。

又　巡按御史　史褒善

漫俯清郊物色幽，風塵荏苒共登樓。

雲開繡幰碧連海，花映朱薨翠倚丘。

天畔客杯逸興遠，沙頭樵唱晚霞收。

憑危極目燕山裏，潦倒邊城尚滯留。

　　望京樓不僅吸引明朝京官，朝鮮使臣路經遼陽城時也是多有觀覽，望京樓「危梯曲檻，陟者忘倦，飛閣層簷，見者快觀」，如此宏偉壯觀獨具匠心，在藩屬國朝鮮使臣眼中實屬少見，頗有著墨記述這一壯觀勝景。嘉靖年間鄭士龍登望京樓，留下《登遼東望京樓用駝村史巡按韻》：

上軼層霄下九幽，一方形勢控危樓。

神仙自昔虛疑誕，人物於今捻作丘。

結構共驚心匠妙，品題聊用錦囊收。

向來眼力增恢壯，不患遼城久滯留。

雲梯曲曲似穿幽，腳底冷然跨堞樓。

煙火萬家聯蟻垤，墩臺幾處障胡丘。

高風穴榻千秋凜，遠略恢疆百戰收。

徒倚覽今仍弔古，被他料理重淹留。〔註39〕

　　明代朝鮮使臣也將望京樓稱為八角樓，朝鮮著名文學家柳夢寅出使明朝途徑遼陽城，有《八角樓》詩作。柳夢寅精通中國文化，曾三次出使中國，不僅文學造詣深厚而且有很深的中國文化情結，關於遼陽名勝典故也頗為熟悉，「太宗征遼，駐蹕有山。敬德從征，建白塔寺」〔註40〕。

〔註39〕（朝鮮）鄭士龍：《甲辰朝天錄》，見林基中輯《燕行錄全集》（第3冊），第12～13頁。

〔註40〕（朝鮮）劉夢寅：《於于集》，《韓國文集叢刊》，（第63輯），首爾：韓國民族文化推進會，第508頁。

八角樓

城南樓上望京題，結構環奇眼欲迷。

八角翩如鸞鳳鷺，五層高與尾箕齊。

燕山路人青霞外，龍漠天窮碧樹西。

萬里長風吹滿袖，夕陽魂斷百尋梯〔註41〕。

登上望京樓後，異國他鄉羈旅辛苦，思鄉之情不禁油然而生，以萬曆年間裴三益《望京樓》為代表。

高樓縹緲半空中，城郭郊原四望通。

萬里孤臣回白首，不禁瞻戀五雲東〔註42〕。

在朝鮮使臣有關望京樓的詩作中，以萬曆年間朝鮮使臣李廷龜的《次叔平登望京樓韻》為最有特點，全詩無疑充滿誇張與浪漫主義色彩。前半部分以寫實手法突出遼陽望京樓高大壯麗，五月天氣炎熱但登上望京樓後頓覺涼爽無比。將遼陽望京樓與白帝城、黃鶴樓、岳陽樓這些充滿人文色彩歷史建築相比較，也是毫不遜色。隨後運用誇張手法，突出望京樓的高度，達到「攀簷直可一蹴升」天上玉京。富有想像力地又言玉京仙人呼喚李廷龜前去，躊躇於去或不去之間，最後又回到現實，不禁感慨一番。

次叔平登望京樓韻

樓高高高幾層，朱甍縹緲雲間騰。

攀梯欲上危莫惻，竦然神骨何棱棱。

金榜輝煌晚日射，簷楹翼翼如塞鵬。

是時赤帝行夏令，遼城五月昏炎蒸。

登茲頓覺冰雪生，況此攜手同佳朋。

白帝城樓應莫比，黃鶴岳陽勢欲陵。

天上玉京十二樓，攀簷直可一蹴升。

玉京仙人呼我來，欲去未去空撫膺。

雲車杳杳幾時到，三清咫尺無由憑。

淒然日暮下塵界，天風吹發雪鬙鬙〔註43〕。

〔註41〕（朝鮮）劉夢寅：《朝天錄》，見林基中輯《燕行錄全集》（第9冊），第406頁。

〔註42〕（朝鮮）裴三益：《朝天錄》，見林基中輯《燕行錄全集》（第3冊），第511頁。

〔註43〕（朝鮮）李廷龜：《甲辰朝天錄》，見林基中輯《燕行錄全集》（第11冊），第95～96頁。

　　朝鮮使臣中對望京樓記述比較詳細的首推許葑。許葑於萬曆二年（1574年）五月以書狀官身份隨團出使明朝，途徑遼陽城參觀望京樓，在其《朝天記上中下》中有詳細記載。可知望京樓由於有八角又有八角樓之稱，樓高三層非常壯觀。樓下有記載修繕望京樓碑刻兩通，東面碑刻是由山東布政司左參議杜整弘治己未年（弘治十二年，1499 年）撰寫。西面碑刻是由太僕寺少卿劉翔嘉靖丁酉年（嘉靖十六年，1537 年）撰寫。懷疑許葑此處記載有誤，太僕寺少卿劉翔當為李翔。如上文所述，太僕寺少卿李翔撰寫《重修望京樓記》記載，嘉靖丙申（嘉靖十五年，1536 年）冬季開始維修望京樓，「不匝月」不滿月就修繕完工，時間當為嘉靖十五年至嘉靖十六年間，所以太僕寺少卿不是劉翔而是李翔。只是讓人無奈的是，「蝙蝠遺矢厚積寸餘」，如此這般環境確實有傷風雅讓人掃興，不可久留。望京樓這一充滿政治意義符號建築，內部無人清潔打掃，也從中可以窺見明代遼陽城官場綱紀鬆弛。

> 　　又由述城門登望京樓，門即城之西門，樓有八角，故一名八角樓，三層高聳，勢入雲霄，俯視城中，城周可二十里。閭閻接連，館廨閣衍。城之外，東南群山環擁，西北平蕪，極目真壯觀也。樓下有東西兩碑，東則山東布政司左參議杜整撰，在弘治己未。西則太僕寺少卿劉翔撰，在嘉靖丁酉，皆述繕修茲樓之築焉。余登最上層，遠視遼塞，宜有凌雲之思，但蝙蝠遺矢厚積寸餘，不可久留，深為悵恨〔註44〕。

　　關於望京樓建築共有幾層，朝鮮使臣筆下則是出現不同記載，比較奇怪。萬曆二年（1574 年）許葑記載望京樓「三層高聳」，萬曆二年（1574 年）趙憲記載望京樓「人自西門，上望京樓，樓三層也」〔註45〕。萬曆十五年（1587年），裴三益出使明朝途徑遼陽城遊覽望京樓，「上望京樓，累五層，只登三層，其二層無梯，不可升也。樓之高不知幾百尺也，周視四面，遼城及四野皆載目前，卻疑去天不遠也」〔註46〕，可知望京樓有五層。萬曆二十三年乙未（1595年）朝鮮使臣閔仁伯途徑遼陽城記載望京樓，「二十四日由安定門入，又徑一門到望京樓，其層六而甚高壯」〔註47〕，可知望京樓有六層。萬曆三十年壬寅

〔註44〕（朝鮮）許葑：《朝天記上中下》，見林基中輯《燕行錄全集》（第 6 冊），第118～119 頁。

〔註45〕（朝鮮）趙憲：《朝天日記》，見林基中輯《燕行錄全集》（第 5 冊），第 155 頁。

〔註46〕（朝鮮）裴三益：《朝天錄》，見林基中輯《燕行錄全集》（第 4 冊），第 22 頁。

〔註47〕（朝鮮）閔仁伯：《朝天錄》，見林基中輯《燕行錄全集》（第 8 冊），第 16 頁。

（1602 年），朝鮮使臣李民宬途徑遼陽城記載望京樓，「入西城門登望京樓，樓五層八角」〔註48〕。萬曆三十七年（1609 年）朝鮮使臣柳夢寅記載望京樓五層，有詩為證「八角翩如鸞鳳翥，五層高與尾箕齊」〔註49〕。許葑、趙憲記載望京樓共三層，裴三益、李民宬、柳夢寅記載共五層，閔仁伯記載則為六層，只是不知孰是孰非讓人疑惑。

圖四：發現的明代遼陽城角樓遺址

〔註48〕 （朝鮮）李民宬：《壬寅朝天錄》，見林基中輯《燕行錄全集》（第 15 冊），第 20 頁。

〔註49〕 （朝鮮）劉夢寅：《朝天錄》，見林基中輯《燕行錄全集》（第 9 冊），第 406 頁。

明代朝鮮使臣所見望京樓統計簡表

姓　　名	時　　間	望京樓	出　　處
許篈	萬曆二年（1574 年）	三層	《朝天記上中下》
趙憲	萬曆二年（1574 年）	三層	《朝天日記》
裴三益	萬曆十五年（1587 年）	五層	《朝天錄》
閔仁伯	萬曆二十三年（1595 年）	六層	《朝天錄》
李民宬	萬曆三十年（1602 年）	五層	《壬寅朝天錄》
柳夢寅	萬曆三十七年（1609 年）	五層	《朝天錄》

　　1621 年後金攻佔遼陽，萬曆末年以後中外文獻中都找不到有關遼陽望京樓的記載。究其原因，畢竟望京樓這一充滿藝術價值建築不僅雄偉壯麗，而且政治符號更是異常明顯，寓意著明朝對遼東統治。後金政權攻佔遼陽城後打破舊有秩序，望京樓也隨之消失也在所難免。

第二章　明代遼陽城官署（上）

　　明代遼陽城是遼東地區乃至東北地區政治中心、文化中心以及軍事中心，城內「大小衙門並無數」[註1]，有諸多各級衙門官署。根據《全遼志》記載，遼陽城內有遼東都司治所、遼東行太僕寺、遼東苑馬寺、巡撫都察院行臺、按察分司、察院、副總兵府、布政分司等官署機構。這些官署機構其實也反映出明朝遼東地區管理體制變遷，由洪武時期遼東都司作為遼東地區最高軍事和行政機構，到永樂年間專門執行軍事鎮戍職能的總兵體制形成，再到洪熙、宣德以後，行政監察體制形成。隨著時間推移，監察系統權力不斷擴大，侵奪遼東都司的行政管理權和遼東總兵的軍事指揮權，從這些官署機構設置和職能發展變遷中均能體現這種歷史現象。需要說明的是，《全遼志》成書時間下限為嘉靖四十四年（1565年），在此之後遼陽城內官署機構其實依然不斷增設。隆慶元年（1567年），遼東總兵在隆冬時節移駐遼陽城。到了明朝末年，後金政權強勢崛起，遼東邊疆局勢危急，遼東經略、遼東巡撫曾移駐遼陽。顯而易見，隨著遼東邊疆危機日趨嚴重，此時明朝統治者為了應付遼東時局，機構也進行重新規劃調整。在本章以及隨後一章中，著重介紹《全遼志》中有詳細文字記載的遼陽城內官署機構，並對其建築布局以及職能略作探討。

第一節　遼東都司治

　　洪武四年（1371年），明朝派遣馬雲、葉旺率師自山東泛舟度海登陸遼東。不久明朝軍隊揮師北上先後攻佔遼陽、瀋陽等地。洪武四年（1371年）七月，

〔註 1〕（朝鮮）趙翊：《皇華日記》，見林基中輯《燕行錄全集》（第 9 冊），第 142 頁。

「置定遼都衛指揮使司」〔註2〕，「以馬雲、葉旺為都指揮使，吳泉、馮祥為同知，王德為僉事，總轄遼東諸衛軍馬，修城池，以鎮邊疆」〔註3〕。洪武八年（1375年）十月，「以在外各處所設都衛，並改為都指揮使司」〔註4〕，改「定遼都衛為遼東都指揮使司」，治所仍在遼陽，下轄二十五衛、二州。洪武年間，遼東邊疆初定，諸事繁雜。作為遼東最高權力機構，遼東都司行使著軍事鎮戍和行政管理雙重職能，此時也是遼東地區最高軍政機構。隨著時間推移到了明代中期，遼東都司權力逐漸弱化，軍事職能已被總兵取代。都司主要設三種官員：都指揮使，負責都司的全面工作，習慣稱之為掌印都指揮使。掌印之下分設都指揮同知，負責管理都司境內的屯田，稱之為管屯都指揮，也應該負責一般的行政管理；都指揮僉事，負責管理都司境內治安，稱之為局捕都指揮。都司下設機構有負責管理文移檔案的經歷司、負責處理司法案件的斷事司、負責行政事務的都司、管理學校和教育的儒學等。顯而易見，此時遼東都司職能更側重於地方行政事務管理。誠如學者所言，遼東都司的機構完全是為了行政管理而設置，其職能類似於地方州縣，這與明初在遼東邊疆地區設置都司的初衷已經相去甚遠〔註5〕。

圖五：遼東都指揮使司之印

〔註2〕《明太祖實錄》卷六十七，洪武四年秋七月辛亥條。
〔註3〕《明太祖實錄》卷六十七，洪武四年秋七月辛亥條。
〔註4〕《明太祖實錄》卷一百一，洪武八年九月癸丑條。
〔註5〕張士尊：《明代遼東都司軍政管理體制及其變遷》，東北師大學報（哲學社會科學版），2002年第5期。

　　根據《全遼志》記載：「都司治在城內。正堂七間，抱廈三間，左右鎮胡廳各三間，東西吏房各二十間，後堂七間，中廳三間，東掌印都司宅一，西僉書都司宅一，儀門十三間，廊房四十間，東斷事司內宅二，西經歷都司宅，大門五間，榜房八十間，坊牌三，南曰『全遼鬮寄』，東曰『振武』，西曰『揚威』，洪武四年都指揮馬雲、葉旺建」〔註6〕。現存世由苑馬寺卿張承恩撰寫的《遼東都司題名記》。

　　　　《遼東都司題名記》　苑馬寺卿　張承恩

　　　　遼之都司開設於國朝之初，稱近畿之雄鎮，西則曰宣大，東則曰遼左，隸衛廿有五、州二，幅員將千里，帶甲幾十萬，生齒之繁，近代以來未有也。蒞是司者，或起自世胄，或發身武科，或升自軍功，皆由部推，聖天子曰可，然後得任是官。故前後相繼者，咸期建功立業，為時名臣。永樂間如文侯安，招安夷虜，撫恤軍士；宣德間如王侯真，勞績懋著，兩朝錫獎；正統間如畢侯恭，禁革奸弊，開廣屯田；王侯祥興建學校，修築城堡；天順間如劉侯英，廉能遠播，恩惠浹洽。以上數公，經制立法，奮才奏功，其有裨於司政也，鑿鑿可考。雖古之歷官於遼，如漢唐之祭肜、陳禪等，不得專美於前矣，其他儼然在右者，言行法楷，皆可稱述。使弗勒名於石，標顯當世，用垂永久，則英雄豪傑，將與草木同腐朽矣。京衛毅庵任侯視篆未久，滯焉以興，弊焉以革，政通人和。而公有餘閒，乃謀諸僚友山右楊近河、遼城郭侯松岡欲題名以垂不朽，咸以為宜。於是採石於山，鳩工於匠，樹立豐碑隆然於本司二門之左。屬予為記。時予任苑馬寺卿，於毅庵有同寅之雅，且又知侯之深，夫豈容辭。予惟是舉也，令典成於因循之久，觀聽新於勵精之初。使人因名責實，有勸懲之法焉；景行仰止，有觀感之道焉；思齊內省，有鑒戒之義焉。是可不記之乎？於是乎記〔註7〕。

　　學者根據《全遼志》對遼東都司治所文字記載，參考明代有關建築資料，對遼東都司治所建築布局做出如下分析：遼東都司治所建築組群坐北朝南，總

〔註6〕（明）李輔等纂修：《全遼志》卷一《圖考·遼陽城》，瀋陽：遼瀋書社，1984年，第501頁。

〔註7〕（明）李輔等纂修：《全遼志》卷五《文藝上·記》，瀋陽：遼瀋書社，1984年，第650頁。

體布局分為東、中、西三路，以中路為主軸線，設置等級最高的行政辦公空間，東、西兩側設置官吏居住空間和次要的行政辦公空間。中路建築序列最南端起點是一座東西向的「全遼閫寄」牌坊，然後是跨立於街道上的兩座南北向牌坊，東側牌坊題字「振武」，西側牌坊題字「揚威」繼續向北是都司治南牆外一字排開的八十間榜房，進入五開間的大門後是一個略扁的院子，再通過一座十三開間的儀門，即是這組建築群中最大的長方形的正堂庭院。正堂是建築群中等級最高的建築形制體現，具有三開間抱廈的七開間尺度。正堂東西各有三開間的鎮胡廳，正堂後是三開間的中廳，最後是七開間的後堂。圍繞三座主要廳堂的圍廊中分布著四十間廊房。東路建築群中記載明確的南部是二十間吏房，向北依次是兩套斷事司內宅和一套掌印都司宅。西路建築群與東路格局相近，記載明確的南部是二十間吏房，向北依次是一套經歷都司宅和一套僉書都司宅〔註8〕。

　　明朝藩屬國朝鮮使團出使明朝時，按照規定須經過遼東都司治所所在地遼陽城。在朝鮮使臣私人著述中也可窺探遼東都司建築以及對外禮儀。朝鮮使團到達遼陽城外朝鮮館後，稍作休息，正使、副使、書狀官等人親自前往遼東都司行禮。見官當日，朝鮮正使、副使、書狀、通事等由安定門入遼陽城，提前等候在遼東都司衙門外。遼東都司前豎高門，匾曰「全遼閫寄」〔註9〕。遼東都司三員坐堂，俗稱「一大人、二大人、三大人」或「大老爺、二老爺、三老爺」。所坐之堂《遼東志》、《全遼志》中沒有記載，只是以正堂七間簡單概括。根據朝鮮使臣鄭士信《梅窗先生朝天錄》中記載，「早食後率諸通事入城，行見官禮於『揆奮堂』」，由此可知正堂七間名曰「揆奮堂」〔註10〕。「揆奮」是揆文奮武的簡稱，意為施行文教振奮武事，以此命名寄託美好寓意。「揆奮堂」其實也是匾額名稱，懸掛在司廳北壁。根據朝鮮使臣金中清《朝天錄》中記載，「司廳北壁楣上額揭『揆奮堂』」〔註11〕。而且在正堂內「揆奮堂」匾額旁邊左側有小牌，題寫「盜用印信者律絞」〔註12〕，以示訓誡與

〔註8〕 楊馥榕、王颯：《明代遼陽城主要建築平面結構與布局探析》，《2016年中國建築史學年會論文集》，第397頁。

〔註9〕 （朝鮮）許篈：《荷谷先生朝天記》，見林基中編：《燕行錄全集》（第6冊），第468頁。

〔註10〕 （朝鮮）鄭士信：《梅窗先生朝天錄》，見林基中編：《燕行錄全集》（第9冊），第258頁。

〔註11〕 （朝鮮）金中清：《朝天錄》，見林基中編：《燕行錄全集》（第11冊），第437頁。

〔註12〕 （朝鮮）金中清：《朝天錄》，見林基中編：《燕行錄全集》（第11冊），第437頁。

警示。根據金中清記載，正堂左右兩側還懸掛有「廉生威」、「公生明」匾額〔註13〕。由此可知，遼東都司正堂無疑充滿嚴肅氣氛。朝鮮使臣一行從東夾門進入，由鎮撫引導站立在東側臺階上等候接見。可推測「揆奮堂」應為高臺建築。遼東都司三員坐北朝南，都指揮使居中間，都指揮同知坐東，都指揮僉事坐西。朝鮮使團通事跪地稟告，使臣見老爺。朝鮮正使先走入廳堂南楹的設席處，行兩拜作揖禮，遼東都司三員答揖禮。禮畢，朝鮮正使退立至堂西側。朝鮮副使次入廳堂南楹的設席處，行兩拜作揖禮，遼東都司三員答揖禮。禮畢，朝鮮副使退立至堂西側，在正使之下站立。隨後，書狀官進入，行禮如前，遼東都司三員答揖禮如前。禮畢，書狀官站立在朝鮮副使之下退後一步處。通事等最後行禮，通事等人站在堂下，行兩拜作揖禮，遼東都司三員答揖。禮畢，通事一行人退立堂下西側〔註14〕。朝鮮使臣行見官禮後，遼東都司三員又行茶禮於一行人員。茶禮的具體儀制：「通官跪前跪處，告曰『蒙茶仍』，退立前立處。使臣及書狀官則視三大人所為，若舉手則舉手，不□手則已吃，茶訖□執事鐘。通事等又出跪前跪處，曰『謝茶』，行三叩頭，又退立前立處。」茶禮完畢，朝鮮使臣如有催車馬、免宴等訴求即令通事官稟告遼東都司三員。其後通事跪告，朝鮮使臣辭別老爺。朝鮮使臣一行又依次行兩拜作揖禮如前儀。遼東都司三員答揖如前。朝鮮使臣由東夾門離開〔註15〕。明清衙署南側沿街區域開設有寅賓館即客館，學者所言遼東都司治南牆外一字排開的八十間榜房〔註16〕，當為寅賓館，其功能類似於外來公幹人員休息場所。朝鮮使臣至遼東都司行禮完畢後，「出就外次更入大門外人家廳事，脫服改著常服。廳事中先有其眾交椅桌子等物，吾等各處交椅列坐」〔註17〕。「人家」當屬口語代指遼東都司，「廳事」應該就是都司大門外的榜房，在這裡朝鮮使臣可以更換便服以及落座休息。

〔註13〕（朝鮮）金中清：《朝天錄》，見林基中編：《燕行錄全集》（第 11 冊），第 437 頁。

〔註14〕（朝鮮）鄭士信：《梅窗先生朝天錄》，見林基中編：《燕行錄全集》（第 9 冊），第 258～259 頁。

〔註15〕（朝鮮）作者佚名：《朝天日錄》，見林基中編：《燕行錄全集》（第 20 冊），第 76 頁。

〔註16〕楊馥榕、王颯：《明代遼陽城主要建築平面結構與布局探析》，《2016 年中國建築史學年會論文集》，第 397 頁。

〔註17〕（朝鮮）鄭士信：《梅窗先生朝天錄》，見林基中編：《燕行錄全集》（第 9 冊），第 259 頁。

第二節　遼東行太僕寺

　　明朝初年，統治者十分重視馬政。明朝建立之後，其北部邊境一直受到殘元軍事威脅。元末明初戰爭之際遭到破壞的國內郵傳驛站系統重新建立也需要大量的馬匹。因此明朝自開國伊始，統治者就高度重視馬匹的徵集、採購、牧養和訓練，先後發出多道有關馬政的上諭。明太祖朱元璋對馬政有著深刻認識，曾有「馬政，國之所重」著名論斷〔註18〕。隨著明朝逐步統一全國，洪武三十年（1397 年）正月，鑒於北部邊疆地區蓄養的馬匹數量增多，而且有意在北方邊地加強軍事力量，在機構層面進行重新設置，於遼東、山西、北平、陝西和甘肅等五地設立專門管理馬政機構行太僕寺。「洪武三十年置太僕寺於山西、北平、陝西、甘肅、遼東。山西、北平、陝西，每寺設少卿一人，丞三人；甘肅、遼東，每寺設少卿、丞各一人，擇致仕指揮、千百戶為之」〔註19〕，「行太僕寺。卿一人，從三品，少卿一人，正四品，寺丞無定員，正六品。其屬，主簿一人，從七品。」行太僕寺正卿為一人，從三品，其下主要官員即少卿為正四品官，寺丞為正六品官，主簿為從七品官。《明史·職官志》記其職能為「凡騎操馬匹印烙、俵散、課掌、孳牧，以時督察之。歲春秋，閱視其增耗、齒色，三歲一稽比，布、按二司不得與。有瘠損，則聽兵部參罰」〔註20〕。需要說明的是，行太僕寺並不是太僕寺在地方上的派出機構，二者並無直接隸屬關係。各行太僕寺並不隸屬於南京太僕寺之下，行太僕寺正卿、少卿與太僕寺正卿、少卿的官吏品級也是相同的。

　　明初遼東馬政呈現蓬勃發展態勢。《全遼志》記載：「會典載，國初遼東馬四十萬匹，與陝西等處並稱蕃庶，營伍、驛傳之資胥此焉給，故特設苑馬寺以經其牧養之宜，設行太僕寺以稽其登耗之數，制無不修，政無不舉矣」〔註21〕，這與遼東行太僕寺職權有很大關係。根據《遼東志》記載，明初遼東行太僕寺負責「提督、比較都司衛所官軍馬匹，查究奸弊，執掌最重」〔註22〕，《全遼

〔註18〕《明太祖實錄》卷九七，洪武八年二月戊午條。
〔註19〕《明太祖實錄》卷九七，洪武八年二月戊午條。
〔註20〕（清）張廷玉等撰：《明史》卷七五《志第五一·職官四·行太僕寺》，北京：中華書局，1974 年，第 1845 頁。
〔註21〕（明）李輔等纂修：《全遼志》卷二《兵政·馬政志》，瀋陽：遼瀋書社，1984年，第 575 頁。
〔註22〕（明）畢恭等纂修：《遼東志》卷五《官師》，瀋陽：遼瀋書社，1984 年，第417 頁。

志》中對遼東行太僕寺職責也明確記載為「專為提督點視孳生馬匹」〔註23〕。
點視提督孳生馬匹是遼東行太僕寺設置的初衷。由於明初苑馬寺與行太僕寺
同時具有孳牧馬匹之責，隨著時間推移，二者職責界限不明直接影響到馬政的
實施。太僕寺的職能也做了相應的調整。「太僕寺設自洪武年間，專司提督點
視孳生馬匹，歲久籍湮，將操馬、點閘、印烙、孳生等事漫不相關，僅掌闔鎮
官軍操馬。」此事在《全遼志·馬政志》也有記載。「不知何年何月止將操馬
點閘印烙，孳生之事漫不相關」〔註24〕。不難看出，遼東行太僕寺職能由孳牧
轉向操馬，職能發生很大變化。明朝初年，遼東行太僕寺要管理的是馬匹生產
使用的全過程，而明朝中後期以後，只是管理馬匹的使用了。

　　根據《全遼志》記載，「太僕寺，都司治西南隅。正廳五間，東西廂房十
間，中廳五間，穿廳三間，寢堂五間，儀門三間。西馬神廟五間，東主簿宅
一區。大門三間，值房十間。坊二，東曰塞淵，西曰簡閱。嘉靖四十一年，
題准兼管西平等處兵備」〔註25〕。《全遼志》所言太僕寺其實是遼東行太僕
寺簡稱。根據這段記載，並參考明代有關建築資料，學者對太僕寺做出如下
分析：太僕寺位於遼陽城中遼東都司治西南的一角，總體布局分為東、中、
西三路，以中路建築群為主軸線。中路建築群南端的起點是跨立於道路上的
兩座牌坊，東側的牌坊上題字「塞淵」，西側的牌坊上題字「簡閱」。三開間
的大門外，東、西兩側共有十間值房。大門之後是三開間的儀門，進入儀門
是以五開間的正廳作為主體建築的庭院，庭院內東、西兩側各有五開間的廂
房，正廳之後是三開間的穿廳和五開間的中廳。東路建築群中明確記載的有
一區劃為主簿宅院，此外猜測五開間的寢堂院落同樣位於東路建築群，並在
主簿宅院以北。西路建築群記載明確的只有五開間的馬神廟，位於儀門庭院
以西的獨立院落中〔註26〕。

　　明朝中後期馬政呈現衰敗趨勢，尤其是各地行太僕寺、苑馬寺主政官員地
位十分低下。當時整個明代官場重內輕外，各地太僕寺與苑馬寺兩家馬政機構

〔註23〕　（明）李輔等纂修：《全遼志》卷二《兵政·馬政志》，瀋陽：遼瀋書社，1984
　　　　年，第575頁。
〔註24〕　（明）李輔等纂修：《全遼志》卷二《兵政·馬政志》，第575頁。
〔註25〕　（明）李輔等纂修：《全遼志》卷一《圖考·太僕寺》，瀋陽：遼瀋書社，1984
　　　　年，第501頁。
〔註26〕　楊馥榕、王颯：《明代遼陽城主要建築平面結構與布局探析》，《2016年中國建
　　　　築史學年會論文集》，第401頁。

由於無權，官員多不願意前往任職。遇到缺員情況，就不加審查隨意安排官員充數敷衍了事。這種官場陋習產生許久，導致行太僕寺與苑馬寺逐漸成為安排降職貶官人員的機構，被時人所輕視。布、按二司官員甚至恥於與二寺官員共事。

> 各處行太僕寺、苑馬寺卿少卿等官，比與兩京太僕寺事體相同。
> 在祖宗朝其選至重，故官得其人，馬政修舉。數十年來，士大夫重內
> 輕外，又見兩寺衙門無權，多不樂為用人者，因而俯就之。凡遇缺員，
> 苟取充數，積習既久，遂為遷人謫宦之地。人人得而輕之。〔註27〕

遼東行太僕寺也難以幸免，「乃者諸務廢弛，而官為虛設」〔註28〕，馬政政務廢弛，所任官員空有其名而無其實。此種情況在遼東行太僕寺少卿劉奈撰寫的《遼東行太僕寺題名記》中也有記載，「人惟以散且輕者自待，夫是以官日見其壞，而政日見其隳矣」〔註29〕。甚至出現因為遼東行太僕寺機構權力不大，「官秩之散，事權之輕」、「代者，率以遼遠莫至」〔註30〕，無人願來一時無人接手窘迫局面。遼東行太僕寺官署建築更是「堂宇剝蝕，垣牆榛莽」〔註31〕，破敗不堪。與明初「制無不修，政無不舉」相比，已經發生根本變化。

> 《遼東行太僕寺題名記》 遼東太僕寺少卿 劉奈
> 嘉靖裏子春，奈由楚郡來蒞茲寺。寺自李右川公去後，距今越
> 四稔。代者，率以遼遠莫至，於時物圮，於曠景索，於荒堂宇剝蝕、
> 垣牆榛莽。詢前跡，於左右莫舉以對。問題名碑，則曰舊所無也。
> 奈聞之，慨焉。諮嗟！夫士君子奉職業，揚歷中外，遠者三四年，
> 近者一二年。代去譬若傳舍，然所以垂永久不與跡俱往者，徒以名
> 姓之在可指而評之耳？不則，賢者與不肖者同歸於泯滅，何以昭往
> 跡，鏡來嗣哉？茲寺建之百八十餘年，而前後蒞茲者不知更幾十輩，
> 未有以此為念者，非故略也。蓋曰：「吾官秩之散，而事權之輕耳。」
> 嗚呼！是大不然。夫秩無散也，修其官則要；權無輕也，經其務則

〔註27〕（明）陳子龍等輯：《明經世文編》卷114《為遵成命重卿寺官員以修馬政事》，北京：中華書局，1962年，第1062頁。

〔註28〕（明）李輔等纂修：《全遼志》卷二《兵政‧馬政志》，瀋陽：遼瀋書社，1984年，第575頁。

〔註29〕（明）李輔等纂修：《全遼志》卷五《藝文上‧記》，瀋陽：遼瀋書社，1984年，第649頁。

〔註30〕（明）李輔等纂修：《全遼志》卷五《藝文上‧記》，第649頁。

〔註31〕（明）李輔等纂修：《全遼志》卷五《藝文上‧記》，第649頁。

重。況自十乘啟戎，數馬徵富，則國之大事胥此焉在？故我國家設
太僕寺於內，以總領圻甸之牧政。而設行太僕寺於外，以經略夫邊
境者焉。今堂之所懸者，國初聖諭、弘治敕旨，讀之可概見矣。夫
太僕大夫，則九卿之流，而邊境之務，固安內攘外之資也。此其所
繫，果何如耶？人惟以散且輕者自待，夫是以官日見其壞，而政日
見其隳矣。噫！可乎哉？夫國之榮，繫於兵之強弱，兵之強弱，繫
於馬之登耗，而其政則又非可以苟焉為也。是故有塞淵之心，而後
三千之富。歌於衛，有無邪之思，而後斯臧之績。頌於魯，其人存
則其政舉，司是者可以慎所務矣。是故，誠以體國，以袪贗也；潔
以提身，以端本也。公以率下以軌物也，勤以事事以儆怠也。嚴而
容，明而不苛，而又申禁以防流敦。法以別蠹，殫慮竭衷，盡吾力
之所能為，以求上不負國家隆重之意，下不孤蒸庶倚庇之望。斯固
塞淵之心，無邪之思也。庶幾乎，馬政振舉而所以張國威，以彈壓
醜類，以得衛疆圉者，不重有賴於此哉。故曰：「秩無散也，修其官
則要權無輕也，經其務則重非臆說也。」道固爾也，況乎君子行義
達道，惟求盡其在我者而已。若夫所遇之利鈍、甘苦，則靜需而順
受之可也。苟必擇其可，而後敬其事。則是畔援之私勝，而恪恭之
義荒矣，豈臣子之道耶？茲不自忖度，敬求往哲，得五十有四人焉。
特書其名，以考實也。書其貫址、科第，以備考也。書勒諸瑉，以
示有永也。僭而為之，記以昭鑒戒也。嗚呼！前此者莫之舉，而後
此者又未知與我同心否。余輒敢忘其陋而為之，知我者其以是乎？
罪我者其以是乎？〔註32〕

　　此時遼東地區為了應付時局，機構也進行重新規劃調整。隨著時間的推
移，生齒日繁，事務漸增，衛所、屯田制度逐漸衰退，各級軍官缺乏處理地
方政務的能力，「軍管型」模式日漸顯露弊端，甚至成為阻礙和破壞當地發
展的重要因素〔註33〕。迫於遼東形勢壓力，嘉靖四十一年（1562年）三月，
專職負責馬政的遼東行太僕寺卿職能再次發生重大轉變，奉命兼理兵備事，
劃給其管轄的是遼東軍事重地三岔河西北方的鎮武、西平、西寧、西興、盤

〔註32〕　（明）李輔等纂修：《全遼志》卷五《藝文上・記》，第649頁。
〔註33〕　陳曉珊：《明代遼東中層行政管理區劃的形成——以遼東苑馬寺卿兼職兵備事
　　　　　為線索》，《中國歷史地理論叢》，第26卷第2輯。

山五處驛堡〔註34〕。《全遼志》所言「嘉靖四十一年，題准兼管西平等處兵備」〔註35〕、「洪武初年設管理馬政。嘉靖壬戌，奉敕兼管西興、西寧、西平、鎮武等堡兵備事務」〔註36〕，正指此事。遼東行太僕寺卿兼理兵備事並不是一時權宜之計，而是遼東馬政長期不振以及遼東邊患嚴重的必然結果。遼東行太僕寺職能巨大轉換，背後隱藏的卻是遼東邊疆危機日趨嚴重背景下，地方馬政廢弛、衛所制度崩壞等諸多深層次問題。也誠如學者所言，「衛所、屯田和馬政是明初遼東邊疆得以穩定的根本保障，當這些制度日漸崩壞時，遼東地方曾經賴以穩固的根基也在悄然坍塌」〔註37〕。

第三節　遼東苑馬寺

在冷兵器時代，馬匹在戰爭中的重要作用不言而喻。明朝在建國之初就十分重視馬政，明太祖朱元璋在奪取天下之後，曾對馬匹重要性做過深刻地闡釋：

> 昔人問國之富，即數馬以對者何？蓋事在戎，其戎始軒轅，其馬載甲士，代涉勞，備邊禦侮，足折衝，斯力之大，斯功之美，可不愛育乎！所以古人先馬而後錢糧，故數馬而對。馬之功，不但備戎事耳，若使君有道，則馬之力，牽犁耗，駕糞車，闢土沃田，其利甚焉，所以古重之者為此也〔註38〕。

明代苑馬寺專管馬匹集中孳牧。根據《明史》記載「苑馬寺。卿一人，從三品，少卿一人，正四品，寺丞無定員，正六品。其屬，主簿一人，從七品。各牧監，監正一人，正九品，監副一人，從九品，錄事一人。各苑，圉長一人，從九品。掌六監二十四苑之馬政，而聽於兵部」〔註39〕。永樂四年（1406年）九月，明朝廷為保障自西北到東北一線各邊要之地軍士戰馬充足，「以備東西

〔註34〕《明穆宗實錄》卷九，隆慶元年六月戊戌條。

〔註35〕（明）李輔等纂修：《全遼志》卷二《兵政・馬政志》，瀋陽：遼瀋書社，1984年，第575頁。

〔註36〕（明）李輔等纂修：《全遼志》卷三《職官・遼東行太僕寺少卿》，瀋陽：遼瀋書社，1984年，第583頁。

〔註37〕陳曉珊：《明代遼東中層行政管理區劃的形成——以遼東苑馬寺卿兼職兵備事為線索》，《中國歷史地理論叢》，第26卷第2輯。

〔註38〕朱元璋：《明太祖文集》卷4，文淵閣四庫全書本。

〔註39〕（清）張廷玉等撰：《明史》卷七五《志五一・職官志四・苑馬寺》，北京：中華書局，1974年，第1846頁。

二邊官軍徵操之用」〔註40〕。陝、甘二地設立苑馬寺後，又「設北京、遼東二苑馬寺」〔註41〕，「永樂四年置苑馬寺凡四：北直隸、遼東、平涼、甘肅」〔註42〕。根據之前陝、甘二苑馬寺設立時朝廷所擬之計劃，「每寺統六監、監統四苑」〔註43〕，遼東苑馬寺也依照前例遵行「又設北京、遼東二苑馬寺，所統視陝西、甘肅」〔註44〕。至「永樂七年建設監六、苑二十四」〔註45〕，至此遼東苑馬寺設有六監、二十四苑。六監名稱分別為永寧、新昌、升平、長平、安市、遼河。所統轄的四苑分別為：永寧監統清河、深河、龍潭、復州四苑；新昌監統駝山、耀州、龍臺、夾河四苑；升平監統古城、河陰、安山、甘泉四苑；長平監統平山、廣安、新安、平川四苑；安市監統名山、長川、高平、南豐四苑；遼河監統石城、沙河、黃山、馬鞍四苑。遼東苑馬寺所設監、苑分布於遼陽城西關外升平橋至蓋州、復州的廣大地區，大致相當於今天的遼東半島地區。此區域水草豐茂，地理環境非常適合養馬，「其風土高寒，善水草，宜馬，馬產視他鎮故多焉」〔註46〕。明朝關於馬匹孳牧有一套較為完整的法律法規制度，遼東苑馬寺按照明朝政府制定的孳牧管理制度施行，「在外屬各該行太僕寺、苑馬寺及都司……其搭配、科駒、起解、比較等項，悉照民間事例」〔註47〕。「搭配」即公馬、母馬進行搭配繁衍，「科駒」即按要求牧馬之人所飼養的種馬定期定量交納馬駒，「比較」即官吏對馬匹質量、數額等方面定期檢查、核實。遼東苑馬寺還有一項重要職能，為了保持馬匹數量，增加馬駒出生率及減少馬匹死亡率，遼東苑馬寺作為官方管理機構可以向虧欠馬駒、倒死馬匹的牧馬人進行追賠彌補損失。

明初遼東馬政呈現蓬勃發展態勢。《全遼志》記載：「會典載，國初遼東馬

〔註40〕《明憲宗實錄》卷八九，成化七年三月己亥條。

〔註41〕《明太宗實錄》卷五九，永樂四年九月壬辰條。

〔註42〕（清）張廷玉等撰：《明史》卷七九《志第五一‧職官四‧苑馬寺》，北京：中華書局，1974年，第1846頁。

〔註43〕《明太宗實錄》卷五九，永樂四年九月壬戌條。

〔註44〕（清）張廷玉等撰：《明史》卷九二《志第六八‧兵四‧馬政》。北京：中華書局，1974年，第2271頁。

〔註45〕（明）李輔等纂修：《全遼志》卷一《沿革》，瀋陽：遼瀋書社，1984年，第533頁。

〔註46〕（明）李輔等纂修：《全遼志》卷五《藝文上‧記》，瀋陽：遼瀋書社，1984年，第650頁。

〔註47〕（明）李東陽、申時行等撰：《大明會典》卷一五零《馬政一》，揚州：廣陵書社，2007年，第2097頁。

四十萬匹，與陝西等處並稱蕃庶，營伍、驛傳之資胥此焉給，故特設苑馬寺以經其牧養之宜，設行太僕寺以稽其登耗之數，制無不修，政無不舉矣」〔註48〕。遼東苑馬寺坐落於「察院左」〔註49〕。根據《全遼志》記載：

> 苑馬寺卿永樂丙戌設於遼陽。弘治年間，巡撫都御史張鼐奏移在苑駐紮。後本寺卿李天賦覆奏准在遼陽。嘉靖壬子撫按會題移駐蓋州，不妨原務，帶管金復置三衛詞訟、錢糧、禁革奸弊。癸亥奉敕諭兼山東按察司僉事，整飭兵備事務〔註50〕。

到了景泰年間，遼東馬政逐漸衰落。「景泰後，邊陲弗聳，馬政漸隳」〔註51〕。遼東苑馬寺初設時治所位於遼陽，後來因受地理位置和遼東政局等因素影響經歷過三次遷徙。弘治十六年（1503年）七月，遼東都御史張鼐奏請朝廷將遼東苑馬寺移駐到永寧監內，遼東苑馬寺進行了第一次遷移。弘治時位於復州的永寧監作為遼東苑馬寺之下最重要的牧馬之所，距離位於駐地的遼陽城卻相隔有四百餘里。為了解決遼東苑馬寺距離永寧監距離較遠所導致的「不便稽考」實際問題，遼東苑馬寺移駐到永寧監，此事在《明實錄》中有詳細記載。

> 巡撫遼東都御史張鼐奏：遼陽設苑馬寺專管監苑孳牧馬。而監苑在復州，距本寺四百餘里，不便稽考。請修復復州舊苑馬寺，以處官吏，諸夷貢馬給各衛寄養者多瘦死。軍士以陪補為苦，請於開原、撫順二處各立馬廠，儲芻豆以蓄馬。委官提督聽候給軍。從之。
> 仍令鼐照陝西養馬事宜加意整理〔註52〕。

正德十三年（1518年），鑒於遼東苑馬寺頹勢加劇，明朝依準遼東苑馬寺卿李天賦所奏，「仍在遼陽專理孳生馬匹」〔註53〕，於是將遼東苑馬寺又移回遼陽。此時的遼東苑馬寺堪稱慘淡，無論是苑的數量還是存欄馬匹的數量，均

〔註48〕（明）李輔等纂修：《全遼志》卷二《兵政·馬政志》，瀋陽：遼瀋書社，1984年，第575頁。

〔註49〕（明）李輔等纂修：《全遼志》卷一《圖考·苑馬寺》，瀋陽：遼瀋書社，1984年，第501頁。

〔註50〕（明）李輔等纂修：《全遼志》卷三《職官·苑馬寺卿》，瀋陽：遼瀋書社，1984年，第583頁。

〔註51〕（明）李輔等纂修：《全遼志》卷五《藝文上·記》，瀋陽：遼瀋書社，1984年，第650頁。

〔註52〕《明孝宗實錄》卷二百一，弘治十六年七月乙丑條。

〔註53〕（明）畢恭等纂修：《遼東志》卷五《官師志》，瀋陽：遼瀋書社，1984年，第418頁。

呈直線下滑趨勢。成化元年（1465 年）遼東苑馬寺只存區區四苑，僅及明初的 1/6，存欄馬 10000 匹。

　　如前文所述，當時整個明代官場重內輕外，各地行太僕寺與苑馬寺兩家馬政機構由於無權，官員多不願意前往任職。遇到缺員情況，就不加審查隨意安排官員充數敷衍了事。這種官場陋習產生許久，導致各地行太僕寺與苑馬寺逐漸成為安排降職貶官人員的機構，被時人所輕視。布、按二司官員甚至恥於與二寺官員共事。遼東苑馬寺頹敗從主政官員記文中也可窺探一二。遼東苑馬寺卿王世爵撰文《遼東苑馬寺興修記》，在其文中不免看出仕途不順頹廢之情，輾轉於「名」與「實」之間痛苦與選擇，其實也是對遼東苑馬寺此時有名無實前途堪憂。

　　《遼東苑馬寺興修記》 遼東苑馬寺卿　王世爵

　　竊聞太上忘名，其次務實，末世則馳騖於名而亡其實。夫世有升降，而道隨之以隆污」。余曷歸乎？今夫名，有之適足以累己。沒世無聞，君子疾焉。夫於其不可有而不可無也，而相忘於有有無無，其斯以為道乎？故《傳》曰之：「難聞而名之，累人也。」雖有豪傑之士，未免以酷好而成癖，因名而規利者矣，況其下者乎？故《傳》曰：「烈士名，貪夫死財，勢使然也。」毋亦利者名之餌，而名者其利之媒也乎。夫惟其貪與之相因，而名與利之相隨也。於是乎，見之貞者有定守，乃悃悃焉而務夫實。故其言曰：「正其誼不謀其利，明其道不計其功。」此則無心於名，有志於天下國家。大丈夫之事業先實而後名者，之所為也。守未卓者無貞見，則役役焉以逐其名。故其言曰：「縱不得留芳百世，亦當遺臭萬年。」此則抵死求名，置身於庸瑣、齷齪常人之故態，先名而亡實者之所為也。嗚呼！斯則陋矣。上焉者何哉。要其極，其惟聖人乎？孔子曰：「君子居之，何陋之有？」孟子曰：「君子所過者化，所存者神。」夫由孟子之立言，達孔子之所居，則所以為何陋？所以過而存者固有，洋溢於名實之外，盲爾於神化之中，無何有，有何無，蕩乎，無能名焉爾。此則聖人之能事，而凡有志於名實者，亦安能宴然而已耶。爵自髫年，游泳聖涯，其於身心之學，未敢自謂盡無聞焉。及壯而筮任，獨怪其官跡之異而名實之、無以自信也。七年御史，遂僉廣西，南走百粵，下俯江，棲於蒼梧之野者。余一年、母制服闋，復除山右，出

雁門，北入雲中，側身於兵戈危疑之地三載幾半矣。復轉陝西副使，越金城，西抵湟中，濱於青海者垂二載。今復濫叨此官，再逾山海，東寄於遼左者，忽復經年焉。噫！屢轉官階，四歷天畫。孔子曰：「丘，東西南北之人也。惟爵之謂歟？」夫夫子，大聖人也，名實貫宇宙。乃今以若人自居，以爵之無似而遂竊是名。亦異數也已。茲遊奇絕，豈獨坡公之自許也乎。嗚呼！其亦幸而成此名也，其亦不幸而不能忘此名也。爵遂因而記之。以題名〔註54〕。

到了嘉靖年間，遼東苑馬寺存欄馬匹的數量直線下滑，衰敗情況繼續加劇，「監存者一，苑存者二，籍與制大半埋滅」〔註55〕，只剩一監二苑。兩苑僅及明初1/12，存欄馬4000匹。遼東苑馬寺頹敗絕非偶然，究其原因整個遼東苑馬寺機構系統呈現嚴重腐敗不作為，各級官員從中貪腐獲利，致使牧馬之人四處逃亡，「地益貪饕，利歸驅儈，圉官斂手，牧人竄逋」〔註56〕，從而導致馬匹數量根本無法保證。《全遼志》所記載的《遼東苑馬寺興修記》，撰文人為張鰲時任遼東苑馬寺卿。從其文中可以直觀瞭解遼東苑馬寺從明初至嘉靖二十二年（1543年）整個發展過程，對遼東苑馬寺機構系統呈現嚴重腐敗不作為也有深刻揭露。

《遼東苑馬寺興修記》　遼東苑馬寺卿　張鰲

苑馬寺非古也，我成祖準唐人檢校牧使而為之。在遼者則建署於遼陽鎮，隸監六、苑二十四，今升平橋，故監址也。自升平而南，迄於蓋復，監、苑、衛相錯如繡。鎮城，其會也，故建署焉。夫遼距京師千里，紀事而余視古天子圻內之內之治，猶侯服也。其風土高寒，善水草，宜馬，馬產視他鎮故多焉。夫馬多，蓋孳牧之設官分野，鰲我成法，昭乎燦然，豈以利一鎮哉，抑地近而緩急足賴焉者，若外廄也，聖謨宏遠矣。景泰後，邊陲弗聳，馬政漸隳，遂用裁省之議，今又百餘年，監存者一，苑存者二，籍與制大半埋滅。地益貪饕，利歸驅儈，圉官斂手，牧人竄逋，彼志於興復者如之何？如

〔註54〕（明）李輔等纂修：《全遼志》卷五《藝文上·記》，瀋陽：遼瀋書社，1984年，第649頁。

〔註55〕（明）李輔等纂修：《全遼志》卷五《藝文上·記》，瀋陽：遼瀋書社，1984年，第650頁。

〔註56〕（明）李輔等纂修：《全遼志》卷五《藝文上·記》，瀋陽：遼瀋書社，1984年，第650頁。

之何？或者不深維儲馬大計，而難之以近效。曰：子未知勢乎？遼樹兵四塞，羽檄交馳，孰須永寧而騎也。余曰不然，以全遼校之，騎士六萬，今牧之永寧者六千。夫六千之牧，二苑之力耳。脫由國家初制為二十四苑，寧不十倍而登耶？使馬登十倍，而歲表兌十一以褲士猶六萬而得六千也。士寧以市馬為苦耶？是故法無弗善也，顧不盡能者時爾。而謂初制不宜於今，非善論法者也。必復之，非善度時者也。無致法，無違時，而興滯補弊，可與有為者斯馬政幾矣。嘉靖甲午，射洪揚君最奏城永寧。丁酉，交河馮君時雍奏興舉罷行十餘條。壬寅，澶淵王君世爵終，馮志學乃集，悉撼舊署而新之，宏規崇構，凡若干楹，君自記詳矣。癸卯冬，小子鬖承乏君後，爬疏抉別，期底於理，然罔敢自是也。為請於兩院，謀及寅僚。明年，闢宣城海堧污萊一千五百餘頃為苗牧地，又以署所未備者，次第營葺焉。為大門一，門之左右為直房各一，門內東隅得隙地丈餘，為土地祠一；西隅如東為馬神廟一，衛宇之後為寢室一，翼以廊序各一，繞之以垣，方廣不如法者，闢之門外為屏一。屏夾衢而南，復以屏護之。又南，為監正館舍一，翼之以小序各一。艮、坤二隅，為更鋪各一，貫東衢為攔門三，計楹為四。於坤以仞計，視楹倍之，大都繼王君之志而已。諸興滯補弊，猶藐藐焉，豈非志有餘而力不充耶？若曰以人、以時，並以其法疑之，而任事者亦諉之曰：「無能為，吾不知其可也。」是役也，先撫臺迂齋孫公、巡臺環峰賈公允初議，今大中丞嘉嶺董公、侍御抑隅劉公成之，藩臬趙君得佑、胡君諧、黃君雲交贊之，副總戎郝君承恩、遊戎武君瀅、都闕王君松、芮君元勳、王君經協相焉。公榷以需木，官冶以給陶，常盈以充餘廩。監苑征役發帑，以給匠氏。六衛諸司，以佐以督。而經畫則百戶金鷥、湯承勳，鷥始終事事，勳莫右焉，余附名氏碑陰。工始秋仲，凡三月，仲冬朔落成日也［註57］。

　嘉靖三十一年（1552 年），「嘉靖壬子撫按會題移駐蓋州，不妨原務，帶管金復置三衛詞訟、錢糧、禁革奸弊」［註58］，明朝廷又將遼東苑馬寺移到蓋

〔註57〕（明）李輔等纂修：《全遼志》卷五《藝文上·記》，第 650 頁。
〔註58〕（明）李輔等纂修：《全遼志》卷三《職官·苑馬寺卿》，瀋陽：遼瀋書社，1984年，第 583 頁。

州，並命令苑馬寺卿張思「兼轄金、復、蓋州三衛軍民」，從此遼東苑馬寺再無遷移。但此時遼東苑馬寺職能發生轉變，不僅養馬而且開始管理金、復、蓋州三衛軍民事務。此事在《明實錄》、《明史》中有詳細記載。

> 丙申，命遼東苑馬寺卿張思移駐本苑兼轄金、復、蓋州三衛軍民。苑馬卿原設於遼陽，去本苑三百里。遼東守臣以三衛民繁事多，開原兵備僉事不便遙制，乃奏請以思兼之〔註59〕。

> 嘉靖三十二年以遼東寺卿張思兼轄金、復、蓋州三衛軍民〔註60〕。

嘉靖四十二年（1563年），遼東苑馬寺官員職能發生重大變化，「四十二年，又命帶理兵備事」〔註61〕。遼東苑馬寺由明初只負責管理馬政，此時卻兼任管轄附近金州、復州、蓋州三衛軍民的兵備官。兵備官是明代地方按察司下屬道員，其職責是統領若干衛所，負責當地戰守事務。這一歷史現象產生，絕非偶然有其深刻歷史原因。由於明朝嘉靖末年遼東邊患嚴重，外敵一度侵犯至遼東內地金州、海州，縱橫七百餘里殺掠近兩萬人，損失慘重。「先是，四十一年十二月，虜擁眾犯遼東海、金等處，大掠七百餘里，殺擄幾二萬人」〔註62〕。為了扭轉這一困局，明朝中樞迅速作出反應，決定遼東苑馬寺卿兼任兵備。「遼東苑馬寺卿政事甚簡，而（金）復、蓋三衛南瀕大海，為醜虜垂涎之地。宜令苑馬寺卿量兼僉事銜，帶領兵備事。官不加設，而事可兼濟甚便」〔註63〕。《全遼志》中記載的《敕苑馬寺》，對此事有詳細記載。

> 皇帝敕諭近該遼東鎮巡撫官題稱遼東金、復、蓋三衛地方南瀕大海，向稱簡僻。乃今醜虜垂涎，倭奴窺伺，均當為備。議得苑馬卿事簡權輕，乞要量加憲職兼理兵備事，下該部議覆相應。今命爾不妨原務駐紮蓋州，照舊管理馬政，兼整飭前項地方兵備，往來巡歷，糾察奸弊，平時修葺城堡操練兵馬，備禦海防，有警督率官兵收斂人畜，相機戰守保固城池。其所屬境內衛所守備備禦掌印指揮等官，悉聽統轄。凡用兵事務與參將計議停當而行。仍聽督撫節制。爾受茲兼任，尤須持廉秉公，正己率下，務在盜息民安，斯稱任使。

〔註59〕《明世宗實錄》卷三百八十一，嘉靖三十一年春正月丙申條。

〔註60〕（清）張廷玉等撰：《明史》卷七五《志第五一・職官四・苑馬寺》，北京：中華書局，1974年，第1846頁。

〔註61〕同上。

〔註62〕《明世宗實錄》卷五百二十一，嘉靖四十二年五月乙酉條。

〔註63〕《明世宗世錄》卷五百二十一，嘉靖四十二年五月壬辰條。

如或因循怠忽，責有所歸，爾其慎之。故敕〔註64〕。

　　遼東苑馬寺卿兼任兵備官一事並非偶然的權益之計。由於明朝中後期，遼東地區馬政不振，作為管理機構的行太僕寺和苑馬寺，其官員大多以罪廢者為之，官秩散而事權輕。這一現象不僅沒有得到改善，反而惡性循環，進一步加快遼東馬政的廢弛。嘉靖四十一至四十二年間（1562～1563年），面對遼東邊疆危機局勢，遼東地方開始密集設立兵備道以應對時局，遼東苑馬寺卿兼任兵備官也只是諸多職官調整中的一例。誠如學者所言，「明代遼東馬政經歷了一個從大舉、不振到廢弛，從自給有餘、基本自給到由朝廷輸血全過程。中間也有不斷的督責、整飭、改革，但都不能改變其衰敗的趨勢。究其原因是多方面的，但根本原因是明朝封建統治日漸腐朽」〔註65〕。

第四節　巡撫都察院行臺

　　《全遼志》「遼陽鎮城圖」標記有「都察院」，都察院是巡撫都察院的簡稱。此時遼東巡撫駐地為廣寧，遼陽都察院為「行臺」，即巡撫臨時辦公地點，位於都司西面，察院左面。「廣寧在拱鎮門東，嘉靖己丑改建。遼陽在都司西，為行臺」〔註66〕，「都察院行臺，察院左」〔註67〕。巡撫，官名。始見於明洪武二十四年（1391年）敕遣懿文太子巡撫陝西。宣德五年（1430年），以侍郎于謙、周忱等巡撫兩京、山東、山西、河南、江西、湖廣等處。其後各省常置。天順、正德間，曾詔裁革，旋即復設。初設僅為督理稅糧，總理河道，撫治流民，整傷邊關，後遂偏重軍事，所謂「巡行天下，撫軍安民」。多加都御史，或副、僉都御史銜。兼軍務者，加提督；有總兵之地，則加贊理或參贊；事重者加總督銜〔註68〕。誠如方志遠先生所言，「巡撫的職責主要有三個方面：撫循地方、考察屬吏、提督軍務，即治民、治吏、治軍。並且在具有共同職責的

〔註64〕　（明）李輔等纂修：《全遼志》卷五《藝文上·敕苑馬寺》，瀋陽：遼瀋書社，1984年，第642頁。

〔註65〕　張士尊：《明代遼東馬政探論》，《社會科學輯刊》，1997年第3期。

〔註66〕　（明）畢恭等纂修：《遼東志》卷二《建置·公署》，瀋陽：遼瀋書社，1984年，第372頁。

〔註67〕　（明）李輔等纂修：《全遼志》卷一《圖考·都察院行臺》，瀋陽：遼瀋書社，1984年，第501頁。

〔註68〕　《中國歷史大辭典》明史編纂委員會編：《中國歷史大辭典·明史卷》，上海：上海辭書出版社，1995年，第189頁。

同時，各地巡撫往往又有各自特別的使命。內地庶政紛繁，巡撫以察吏安民為主；邊境軍務叢生，巡撫則主整軍禦寇」〔註69〕。

　　明代遼東巡撫設立於明英宗時期。明英宗初年開始設立邊疆巡撫，「英宗即位之歲，始設諸邊巡撫。」〔註70〕宣德十年（1435年）十二月丁未，「命行在都察院右僉都御史李濬巡撫遼東，先是行在戶部、兵部奏遼東等處地方廣遠，宜得大臣巡撫。上命廷臣推舉，至是舉濬以聞，遂有是命。」〔註71〕明代遼東巡撫權限重大，「一方之安危，百姓之休戚，官吏之廉貪，糧儲之豐耗，兵旅之強弱，夷虜之逆順，與夫機宜事情，無不在所當問，其責亦重矣哉」〔註72〕。由於遼東地區位於邊疆，位置險要，皇帝對遼東巡撫權責要求也十分具體。《全遼志》中收錄有《敕巡撫都御史》〔註73〕，皇帝將遼東巡撫職權詳細列于欽頒的敕書中，主要圍繞巡撫地方、考察屬吏、提督軍務，即治民、治吏、治軍三方面。

　　　《敕巡撫都御史》

　　　皇帝敕諭：今特命爾巡撫遼東地方贊理軍務，訓練軍馬，整飭邊防，提督糧儲，禁革一切奸弊。務使軍威振舉，糧餉充足，衣甲鮮明，器械鋒利，城堡墩臺邊牆無不完固，以防禦賊寇，撫安兵民。有警則公同鎮守、太監、總兵等官調度官軍相機殺賊，禁約管軍頭目不許科擾克害及隱占私役。有誤戰守，違者輕則量情懲治，重則毋畏勢豪逕自參奏挈問。其餘一應邊務聽爾便宜從事，與鎮守等官從長計議而行。況今遼東地方疲德，軍士艱難，守邊官員行事乖方，以致地方不靖。爾為憲臣，受此委任宜持廉秉公，安靜慎重，凡軍民利病可興、可革者，悉心訪究，從宜審處，具實奏聞。務使地方寧謐，內外讋服，毋或視常怠忽及乖方誤事，自取罪責。爾其慎之、慎之，故諭〔註74〕。

〔註69〕方志遠：《明代的巡撫制度》，《中國史研究》，1988年第3期。

〔註70〕（清）張廷玉等撰：《明史》卷一五九《李儀傳》，北京：中華書局，1974年，第4333頁。

〔註71〕《明英宗實錄》卷十二，宣德十年十二月丁未條。

〔註72〕（明）畢恭等纂修：《遼東志》卷二《建置‧公署》，瀋陽：遼瀋書社，1984年，第372頁。

〔註73〕（明）李輔等纂修：《全遼志》卷五《藝文上‧聖製》，瀋陽：遼瀋書社，1984年，第641頁。

〔註74〕（明）李輔等纂修：《全遼志》卷五《藝文上‧聖製》，第641頁。

　　需要說明的是，遼東巡撫職能是一個逐漸發展過程，由於體例所限，不在本書討論範圍之內。到了明朝末年，後金勢力崛起頻繁攻陷遼東重地，迫於局勢遼東巡撫駐地也是一再遷移變換多次。根據《明史・職官志二》記載：「舊駐遼陽，後地日蹙，移駐廣寧，駐山海關，後又駐寧遠。」〔註75〕到了明朝末年，後金攻陷撫順後遼東邊疆局勢危急，遼東巡撫曾移駐遼陽。天啟元年（1621年）二月，遼陽失守，遼東巡撫又移駐廣寧。但廣寧旋即被後金攻佔。遼東巡撫又被迫移駐山海關。到了崇禎十三年（1640年），丘民仰代替方一藻巡撫遼東，移駐寧遠，「十三年三月，擢右僉都御史，代方一藻巡撫遼東，按行關外八城，駐寧遠。」〔註76〕

〔註75〕（清）張廷玉等撰：《明史》卷七三《職官志二》，北京：中華書局，1974 年，第 1777 頁。

〔註76〕（清）張廷玉等撰：《明史》卷二六一《丘民仰傳》，北京：中華書局，1974 年，第 6769 頁。

第三章　明代遼陽城官署(下)

第一節　按察分司

　　明代將按察使司所屬府縣分為數道，定期派出按察副使、僉事分道巡察處理刑名、錢糧諸不法之事，故名。南北直隸所設各道由旁近按察司分別帶管。洪武十四年（1381 年），按察司下置按察分司，為分巡之始。二十五年改分司為四十八道，二十九年定為四十一道。弘治時規定，每年春二月中出巡，七月中回司，九月中出巡，十二月中回司〔註1〕。如前文所述，明朝設有遼藩東寧道。遼東地勢險要孤懸一方，控制周邊少數民族，與山東隔海相望。由於遼東都司的管理體制不設布、按二司，其文職官員往往「寄銜」於山東〔註2〕，即由山東派遣設置布政使司和按察使司分司機構，管理兵糧以求長治久安。

　　　　遼東疆域當禹貢冀青之交。秦漢而下郡縣，其民治亂靡常，我
　　　　太祖高皇帝奄有萬方，以地孤懸，控制諸夷，非兵不能守國，非食
　　　　無以養兵，罷郡縣專置軍衛。以青齊一海之限，屬之山東，歲分藩
　　　　臬，佐貳各一員巡守其地，董治兵糧，誠萬萬年保邊之計也〔註3〕。

〔註1〕《中國歷史大辭典》明史編纂委員會編：《中國歷史大辭典・明史卷》，上海：上海辭書出版社，1995 年，第 78 頁。

〔註2〕有學者認為遼東都司的管理體制不設布、按二司，其文職官員往往「寄銜」於山東布政司。此觀點未必準確，分守道「寄銜」於山東布政司實屬正常，分巡道則應「寄銜」於山東按察使司。參見杜洪濤：《戍鼓烽煙：明代遼東的衛所體制與軍事社會》，上海：上海古籍出版社，2021 年，第 37 頁。

〔註3〕（明）畢恭等纂修：《遼東志》卷二《建置・公署》，瀋陽：遼瀋書社，1984 年，第 373 頁。

分巡道為官名，是分巡遼潘東寧道的簡稱，分巡道的衙門機構為按察分司，以山東按察司副使或僉事一員專理詞訟。關於分巡道設置時間，學界存有爭議。有學者將洪武二十九年（1396年）視為遼東分巡道成立時間[註4]，主要依據是《明實錄》記載，洪武二十九年（1396年）設置遼潘東寧道，「曰遼潘東寧道，治東寧、潘陽中、遼潘、鐵嶺、三萬、金州、復州、蓋州、海州、義州十衛及廣寧中護衛、廣寧左前後四屯衛、定遼左右中前後五衛」[註5]。張士尊先生認為分巡道設置於正統元年（1436年）[註6]，主要依據為《明實錄》相關記載。

> 戊辰巡撫遼東左僉都御史李濬言：遼東都司所屬地廣衛多，事冗訟繁，雖有御史按歷不周，乞於山東按察司定委廉幹堂上官一員，分按遼潘東寧道，庶邊務悉舉，訟獄無淹。從之[註7]。

其實分巡道設置於正統年，在《全遼志》中也有記載。

> 正統年設分巡遼潘東寧道，以山東按察司副使或僉事一員專理詞訟，分司設在遼陽。成化乙巳，都御史馬文升題准改分巡道於廣寧。嘉靖庚申，巡撫侯汝諒題兼兵備。壬戌督視軍情，侍郎葛縉奏改兼廣寧、錦義、河西等處兵備[註8]。

那麼為什麼同一機構會出現兩個不同設置時間？這很有可能與按察分司設立在遼東時間有關。推測明朝洪武二十九年（1396年）雖然設立遼潘東寧道，但按察分司駐地並未正式設立於遼東地區，每年由山東派出分巡遼東地區。而正統元年（1436年）設立遼潘東寧道，按察分司駐地正式設立於遼東地區，分巡成為常態。

起初按察分司設在遼陽，「按察分司在遼陽」[註9]，成化二十一年（1485年）都御史馬文升題准改分巡道於廣寧。關於按察分司由遼陽遷至廣寧原因，《遼東志》中有詳細記載。按察分司起初設在遼陽，成化乙巳（成化二十一年，

〔註4〕杜洪濤：《戍鼓烽煙：明代遼東的衛所體制與軍事社會》，上海：上海古籍出版社，2021年，第121頁。

〔註5〕《明太祖實錄》卷二百四十七，洪武二十九年九月甲寅條。

〔註6〕張士尊：《明代遼東都司與山東行省關係論析》，《東北師範大學學報（哲學社會科學版）》，2008年第2期。

〔註7〕《明英宗實錄》卷十七，正統元年五月戊辰條。

〔註8〕（明）李輔等纂修：《全遼志》卷三《職官·分守道》，潘陽：遼潘書社，1984年，第582頁。

〔註9〕（明）李輔等纂修：《全遼志》卷三《職官·分守道》，第582頁。

1485 年），總鎮太監韋朗以遼陽已有巡按監察御史，按察分司再設於遼陽導致機構功能重複，遷往廣寧可以理刑獄彌補機構設置不足。

> 　　以山東布政司參政參議一員理糧儲，按察司副使僉事一員理刑獄。往者按察分司在遼陽，布政分司在廣寧。迺成化乙巳，歲總鎮太監韋公朗，以廣寧有戶部郎中，則布政分司可省，而遼陽不可缺人以理糧儲。遼陽有巡按監察御史，則按察分司可省。而廣寧不可缺人，以理刑獄。互相易置，事體為允，以疏聞，詔可之。遂易置焉〔註10〕。

嘉靖三十九年（1560 年），分巡道職能發生變化，巡撫侯汝諒上疏，由於遼東邊疆危機嚴重，建議分巡道兼理廣寧等處兵備事務，此事在《明實錄》中有詳細記載。

> 　　巡撫遼東都御史侯汝諒言：遼左故稱樂土，守巡官悉無兵寄，邇邊務日棘，請以分巡東寧道帶管廣寧等處兵備，分守東寧道帶管海州等處兵備。各給敕書責成整飭，部覆報可〔註11〕。

嘉靖四十一年（1562 年），分巡道「改兼廣寧、錦義、河西等處兵備」，即分巡道改兼廣寧、錦義、河西等處兵備事務。負責遼西廣寧城周邊的邊備事務，「務使邊方寧謐，寇盜屏息」，此事在《全遼志》收錄的《敕分巡道》中有詳細記載。

《敕分巡道》

> 　　近該督視遼東軍情官題稱：遼東鎮巡等官與所屬地方相去隔遠，顧理不周，勢甚孤危。要將原管該道官員改擬責任，畫地綜理以防虜患。事下該部議覆相應。今特命爾前去分巡潘東寧道，帶管廣寧、錦義、河西等處兵備。春夏駐紮錦州，秋冬駐紮義州，無事則修整邊溢補練兵備，糾察奸弊，有警則督率兵將收斂人畜，相機戰守。東至廣寧鎮武堡，西至錦州杏山驛，所轄廣寧等九衛城堡驛所三十一處。其守備、備禦、掌印指揮等官悉聽統攝。凡用兵事務，須與參將計議停當而行。仍聽督撫官節制。爾受茲委任宜持廉秉公。正己率下，務使邊方寧謐，寇盜屏息，斯稱任使。毋得因循驕怠，

〔註10〕　（明）畢恭等纂修：《遼東志》卷二《建置·公署》，瀋陽：遼瀋書社，1984 年，第 373 頁。

〔註11〕　《明世宗實錄》卷四百七十八，嘉靖三十八年十一月庚寅條。

致誤邊事。自遺罪譴。爾其勉之，慎之，故敕〔註12〕。

按照明代制度，分巡遼瀋東寧道臣是山東按察司下屬，負責遼東全境的司法監察事務。到了明代嘉靖末年職能發生重大變化，開始兼管兵備事務，按察分司也改名為「按察兵備分司」〔註13〕。這種現象絕非孤立存在，從嘉靖四十一年（1562 年）開始，遼東地方開始密集設立兵備道。分巡遼瀋東寧道如同分守遼瀋東寧道、遼東苑馬寺、遼東行太僕寺一樣，職能發生重大轉變開始兼管兵備事務。學者研究認為，這一時期的設立呈現出相對正式、規律且富有針對性的特點，在各個小區域內都設置了兵備道，而且對兼職兵備官員加以山東按察司憲職，頒給敕書，使其能夠名正言順地帶理當地軍政事務〔註14〕。究其原因，與明代嘉靖年間遼東邊患有很大原因。「嘉靖間虜入，大得利去，遂剽掠無時。邊人不得耕牧，城堡空虛。兵馬雕耗，戰守之難，十倍他鎮矣」〔註15〕。為了應付時局，遼東地區官僚機構管理體系進行重新調整以應付日趨嚴重遼東邊疆危機。

第二節 察院

明代有分道出巡按臨的監察御史。其職在考核吏治，審錄罪囚，弔刷案牘，直言政事得失。洪武時，間有派遣。永樂元年（1403 年）成為定制。十三省各一人，北直隸二人，南直隸三人，宣、大一人，遼東一人，甘肅一人。其品秩雖低，但代天子巡視，大事奏聞，小事專斷，與布政使司分庭抗禮，府、州、縣官唯命是從〔註16〕。巡按御史權力之大可見一斑。根據《明史・職官二》記載：

> 巡按則代天子巡狩，所按藩服大臣，府州縣官諸考察，舉劾尤專，大事奏裁，小事立斷。按臨所至，必先審錄罪囚，弔刷案卷，有故出入者理辯之。諸祭祀壇場，省其牆宇祭器。存恤孤老，巡視

〔註12〕（明）李輔等纂修：《全遼志》卷五《藝文志上・聖製》，瀋陽：遼瀋書社，1984年，第 642 頁。

〔註13〕（明）李輔等纂修：《全遼志》卷一《圖考・廣寧城》，瀋陽：遼瀋書社，1984年，第 511 頁。

〔註14〕陳曉珊：《明代遼東中層行政管理區劃的形成——以遼東苑馬寺卿兼職兵備事為線索》，《中國歷史地理論叢》，第 26 卷第 2 輯。

〔註15〕《續修四庫全書》編纂委員會編：《續修四庫全書》，史部第 791 冊，第 312頁，上海：上海古籍出版社，2002 年。

〔註16〕《中國歷史大辭典》明史編纂委員會編：《中國歷史大辭典・明史卷》，上海：上海辭書出版社，1995 年，第 189 頁。

倉庫，查算錢糧，勉勵學校，表揚善類〔註17〕。

　　明初派監察御史巡按地方多屬臨時性，直至明成祖朱棣時期派遣監察御史巡按地方成為定制。朱棣以藩王身份入繼大統後，為鞏固自己的統治，防患未然，瞭解下情，也重視選派御史出巡，經過不斷改革、完善，形成了一套比較嚴密的巡按御史制度〔註18〕。這也是為何《全遼志》中記載遼東巡按御史，「永樂年設」〔註19〕。由於明代遼東地區行政上隸屬山東，御史巡視把山東作為一個巡視區，所以來遼東巡察的御史都冠以山東字樣。雖然遼東巡按御史也稱「山東巡按御史」但遼東的「山東巡按御史」和山東的「山東巡按御史」卻在各自的監察區內行使著監察權〔註20〕。

　　明代巡按遼東監察御史駐地在遼陽，「遼陽有巡按監察御史」〔註21〕。《全遼志》「遼陽鎮城圖」標記有「察院」，察院是巡按察院的簡稱，是巡按監察御史辦公官署機構。根據《遼東志》記載遼東地區有察院十四座，遼陽、廣寧、右屯、錦州、義州、寧遠、前屯、開原、鐵嶺、瀋陽、海州、蓋州、復州、金州等「俱為行臺」〔註22〕，即巡按監察御史臨時辦公地點。遼陽察院在都察院西面，「察院十四，遼陽舊在都察院東，改為苑馬寺。苑馬寺舊在都察院西，改為今察院。俱御史劉成德更置」〔註23〕。

　　遼陽明代察院現已無存，有傳世明代禮科給事中楊升撰文的《遼陽察院題名記》。明弘治辛酉，即弘治十四年（1501年），「石州車君」巡按遼東，楊升應邀撰寫《遼陽察院題名記》。「石州車君」當為車梁，「山西石州人，進士」〔註24〕。在明代巡按御史絕大多數為進士出身，新科進士被授與監察御史然後巡按

〔註17〕（清）張廷玉等撰：《明史》卷七三《職官志二》，北京：中華書局，1974年，第1768頁。

〔註18〕寇偉：《明代的監察制度》，《史學集刊》，1991年第4期。

〔註19〕（明）李輔等纂修：《全遼志》卷三《職官·巡按》，瀋陽：遼瀋書社，1984年，第578頁。

〔註20〕張士尊：《明代遼東都司與山東行省關係論析》，《東北師範大學學報（哲學社會科學版）》，2008年第2期。

〔註21〕（明）畢恭等纂修：《遼東志》卷二《建置·公署》，瀋陽：遼瀋書社，1984年，第373頁。

〔註22〕（明）畢恭等纂修：《遼東志》卷二《建置·公署》，瀋陽：遼瀋書社，1984年，第372頁。

〔註23〕（明）畢恭等纂修：《遼東志》卷二《建置·公署》，第372頁。

〔註24〕（明）李輔等纂修：《全遼志》卷三《職官·巡按》，瀋陽：遼瀋書社，1984年，第579頁。

地方，出巡時間為一年。由《遼陽察院題名記》可知，明朝每年派遣監察御史巡按遼東地區，涉及到農商、學校、邊機、獄訟等事項均在其巡察職責之內。

　　《遼陽察院題名記》　禮科給事中　吳郡楊升撰文

　　　　遼陽係古幽營之地，勝國改之為路，建中書行省。逮我太祖龍飛九五，混一寰區，始改置定遼都衛，尋革所屬州縣置衛。每歲特命監察御史一人按其地，凡農商、學校、邊機、獄訟一切庶務無不為之經理，其責可謂重矣。弘治辛酉夏五月，石州車君按之。明年也，君來未數月，職務修舉，吏畏民懷，人皆賢之。嘗以其所居察院，自開設以來未有題名之碑，以記載其先後之詳。會余奉敕至遼，核實邊儲，君乘暇以語余，因請為之記。余乃言曰：自古豪傑之士垂名天地間，未有無所本而得之者也。太上銘之鍾鼎，載之竹帛；其次勒諸金石，宣之歌頌；又次則稱之宗族、鄉黨、州里，各隨其所施之大小而類以應之也。今遼監察御史，赫然為方岳使臣，且經歲之久，功業顯著，宜乎其勒名金石而未之及，此百年之闕典也。車君特能舉而行之，則其又賢於人遠矣。抑又有說，均一題名也，後之人觀之曰某賢檢身可法、所行某事某事至今有益於人，則從而景仰，思慕之不忘。某不賢所行反是，則指議而笑罵之。夫之瞻視之頃而致褒貶、榮辱之判，隔若此豈不可畏之哉。創之者默寓勸懲之意，繼之者長存修省之誠。由其次而躋太上之域，此車君立碑之微旨也。後之君子尚加葺而愛護之，則斯碑之惠當及於無窮，而蕪陋之詞與有光焉。不其盛哉〔註25〕。

《全遼志》對「察院」建築布局記載較詳細。

　　　　察院　都司治西，肅政堂五間，抱廈廳一間。東皂隸房五間，西抄案房五間，塞門一。堂後中廳五間，穿堂六間，東西小房二間。東本房五間，後堂五間。東廚房二間，西文卷庫五間。後冰玉堂五間，東卷房三間。西書吏房三間，東修政小堂三間。西觀德亭一，草亭一，井亭一，儀門三間，大門三間，坊二：東曰「激揚」，西曰「貞肅」。正德乙亥，巡按御史劉成德因苑馬寺舊基改建。嘉靖乙丑，巡按御史李輔增修院前榜房二十間。中建更樓三間。扁其南曰「宣

〔註25〕（明）畢恭等纂修：《遼東志》卷二《建置·公署》，瀋陽：遼瀋書社，1984年，第372頁。

達」，北曰「明遠」。院之西坊一曰「紀綱重地」〔註26〕。

　　學者根據《全遼志》對察院文字記載，參考明代有關建築資料，對察院建築布局做出如下分析：察院在遼陽城內，都司治的西面，建築組群總方位同都司治，坐北朝南。總體建築組群的布局分為東、中、西三路，以中路建築群為主軸線，建築序列完整，東路和西路建築群明確記載的各為一套擁有主建築的院落。察院建築組群最南端的起點是三開間大門外橫跨於道路上的三座牌坊，距大門較近的兩座中，東邊的牌坊題字「激揚」，西邊的牌坊題字「貞肅」，再西邊的牌坊題字「紀綱重地」。察院前的牆外，大門東西是一字排開的二十間榜房。大門之後是三開間的儀門，開啟了中路主建築群。儀門後是一道塞門——「塞門」一詞有多種含義，此處取「照壁、影牆」之意。繞過塞門即可見整個察院的核心建築及院落，擁有一開間抱廈廳的五開間肅政堂坐落於中軸線上，院落的東廂房是五開間的皂隸房，西廂房是五開間的抄案房。肅政堂後有六開間的穿堂，穿堂東西各一間小房。經過穿堂是五開間的中廳，中廳院落的東廂房是五開間的本房。中廳再後的空間是以五開間後堂為主建築的院落，東廂房是兩開間的廚房，西廂房是五開間的文卷庫。整個中路建築序列最後部分是以五開間的冰玉堂為主建築的院落，東廂房是三開間的書吏房，西廂房是三開間的卷房。有明確記載的東路建築群是一套以三開間修正小堂為主建築的院落。有明確記載的西路建築群是觀德亭、草亭、井亭各一座。觀德亭即是箭亭，應當作為西路建築群的主要建築，並處於相對開闊的院落中。此外，察院中有一座三開間的更樓，具體位置無從考證。與都司治不同的是，察院建築群中除具有後勤服務性質空間的兩間廚房建築外，俱是以行政辦公空間以及儀式活動空間為主的建築，並無專用於官吏居住的內宅或者吏房〔註27〕。在此基礎上做些許補充，根據《遼東志》記載，察院門前2座牌坊，東為「貞度」，西為「肅僚」〔註28〕。此時察院東邊的牌坊題字「激揚」，西邊的牌坊題字「貞肅」〔註29〕，顯而易見牌坊名稱已換。《全遼志》記載「正德乙亥，巡按御史劉成德因

〔註26〕（明）李輔等纂修：《全遼志》卷一《圖考・遼陽城》，瀋陽：遼瀋書社，1984年，第501頁。
〔註27〕楊馥榕、王颯：《明代遼陽城主要建築平面結構與布局探析》，《2016年中國建築史學年會論文集》，第397～398頁。
〔註28〕（明）畢恭等纂修：《遼東志》卷二《建置・坊表》，瀋陽：遼瀋書社，1984年，第381頁。
〔註29〕（明）李輔等纂修：《全遼志》卷一《圖考・遼陽城》，瀋陽：遼瀋書社，1984年，第501頁。

苑馬寺舊基改建」〔註30〕，推測正德十年（1515年），巡按御史劉成德改建察院時將牌坊維修更名所致。察院其實也是巡按御史居住地。如楊升應撰寫《遼陽察院題名記》所述，巡按御史車梁「嘗以其所居察院」，由此可見巡按御史不僅在察院辦公而且在此居住。察院「並無專用於官吏居住的內宅」，此觀點值得商榷。明朝巡按御史出巡時間按照慣例為一年，遼東地區有察院十四座，巡按遼東各地此十四座察院其實也是御史辦公兼休息生活機構。推測《全遼志》記載察院「後堂五間」為巡按御史休息生活房間，察院建築布局還是按照「前堂後宅」傳統模式。

　　巡按御史是明朝監察系統中重要官僚群體，但到了明中葉監察官員隊伍自身日趨腐敗。監察官員往往大權在握有恃無恐，巡按地方考察不實，熱衷於結黨營私形成派系。這種黨同伐異官場醜惡現象，不僅加速了整個封建官僚集團腐敗的速度，而且監察機構長此以往積重難返，失去其自身意義，明朝整個官僚體系也隨之陷於徹底腐朽境地。

第三節　副總兵府

　　明正統以後，北部邊疆少數民族不斷發展壯大頻繁內侵，邊疆危機日趨嚴重。在此歷史背景下，明代遼東地區軍制也隨之進行不斷調整，營兵製取代衛所制也已是大勢所趨。明中葉南遷至婆豬江、蘇子河一帶的建州女真，利用遼東東部地區得天獨厚地理位置，經過一段時間發展開始不斷壯大。在這一時期也「數寇遼東」，至成化時期達到高潮，「一歲間寇邊者九十七次，殺擄人民十萬餘」〔註31〕。成化三年（1467年）正月，發生海西、建州女真入寇遼東，導致遼東都指揮鄧佐領兵遇伏戰死事件。

　　　　總督遼東軍務左都御史李秉等奏：海西、建州等虜入鴉鶻關，
　　抄掠佛僧洞等處。副總兵施英等分兵御之。遣都指揮鄧佐率軍五百
　　前哨至雙嶺，遇伏戰死。一時陷沒者餘百人〔註32〕。

　　遼東地區東部邊疆危機嚴重，明代遼東地區邊防重心由遼西開始向遼東進行傾斜。成化三年（1467年）二月，總督軍務左都御史李秉奏請設分守遼

〔註30〕同上。
〔註31〕（明）李輔等纂修：《全遼志》卷六《藝文志下·平夷賦》，瀋陽：遼瀋書社，1984年，第645頁。
〔註32〕《明憲宗實錄》卷三十九，成化三年二月己亥條。

陽副總兵，由廣寧都指揮同知裴顯擔任，駐紮遼陽。

> 命廣寧前屯備禦都指揮同知裴顯，充副總兵分守遼陽。時總督
> 軍務左都御史李秉奏：遼東重鎮舊有總兵一員，副總兵、參將各二
> 員，鎮守其地。今左參將孫璟鎮守開原，兼鎮遼東。道里廣遠，應
> 援不周。廣寧都指揮同知裴顯可充副總兵，令分守遼陽，而璟專分
> 守開原。事下兵部覆奏從之〔註33〕。

《全遼志》中對此事也有記載：「成化初年改分守遼陽副總兵，統領在城
定遼左、右、中、前、後、東寧並海、蓋、瀋陽，共九衛，靉陽等城堡四十四
處」〔註34〕。副總兵府建築格局，《全遼志》中有明確記載。

> 都司治東北，正廳五間，穿廳三間，中廳五間，東西廂房六間。
> 小廳三間，涼亭三間，東西儀房十間，寢房七間，廂房十間，樓三
> 間。馬神、土地廟六間，箭廳三間，廚房六間。儀門三間，大門三
> 間，中軍廳六間，直房十二間。坊二：東曰「關外長城」，西曰「河
> 東重鎮」〔註35〕。

學者根據《全遼志》記載，並參考明代有關建築資料，對副總兵府做出如
下分析：副總兵府在遼東都司治的東北方向，坐北朝南，總體布局分為東、中、
西三路。中路建築群為主軸線，以跨立於道路上的兩座牌坊為開端，其中，東
側的牌坊上題字「關外長城」，西側的牌坊上題字「河東重鎮」。副總兵府三開
間的大門外東、西兩側各有六開間值房，大門內是儀門庭院以及三開間的儀
門。進人儀門之後來到整個建築群中最開闊的庭院——正廳庭院，並以五開間
的正廳為主體建築，庭院內東、西各有三開間的廂房。正廳之後依次是三開間
的穿廳和五開間的中廳，以及一座三開間的小廳。東路建築群的最南部，即儀
門庭院以東，是以三開間的馬神廟和三開間的土地廟為主體建築的院落。這個
院落向北是以七開間的寢堂為主體建築的獨立院落，寢堂前面東、西各是五開
間的廂房，寢堂後面有六開間的廚房。西路建築群的最南部，即儀門庭院以西，
是以六開間的中軍廳為主體建築的院落。關於中軍廳，由於《全遼志》中並未
記敘中軍廳的方位，而按照記載描述建築物的次序推斷中軍廳不屬於中路建

〔註33〕《明憲宗實錄》卷三十九，成化三年二月丁未條。

〔註34〕（明）李輔等纂修：《全遼志》卷三《職官・駐紮遼陽副總兵》，瀋陽：遼瀋書
　　　　社，1984年，第584頁。

〔註35〕（明）李輔等纂修：《全遼志》卷一《圖考・遼陽城》，瀋陽：遼瀋書社，1984
　　　　年，第501頁。

築，於是參照《兩廣總督府移駐肇慶的緣起和效用》一文中提及的中軍廳居西的情況，同時考慮中軍廳通信便利的功能需要，故將此處副總兵府中的中軍廳布置於西路建築群最南部。西路建築群北部是一個以箭廳為主的開闊院落，院落中還有一座三開間的樓和一座三開間的涼亭〔註36〕。在此略作補充，副總兵府立有牌坊東曰「闔外長城」而不是「間外長城」。由於受風水學說影響，明清衙署東南為異地，寅賓館、衙神廟多設在建築群的東南方位。學者認為副總兵府東南部建築群為馬神廟和土地廟，還是符合明代衙署建築風格。另外，根據《明代山東地區城市中衙署建築的平面與規制探析》一文對明代山東地區衙署建築布局研究，「明代山東府衙建築的基本架構是將建築群分為東、中、西三路，從而也形成了以主要廳堂與院落為主的中軸線部分，及以次要輔助性功能房屋及院落為主的左右兩個輔軸線部分」〔註37〕。由於明代遼東地區與山東地區關係緊密，遼東地區衙署建築布局受到山東地區影響很大。學者將副總兵府平面結構布局推測復原，其建築總體布局為「凸」字形〔註38〕。結合山東地區衙署布局，還是認為副總兵府平面結構布局應該是完全閉合中軸對稱院落。寢房七間當為副總兵住處，遵循「前衙後邸」建築布局，其位置應在小廳後面。

第四節　布政分司

明代將布政使司所屬府縣分為數道，定期派出參政、參議巡視處理戶婚、田土、賦役、農桑等事，因所分者為布政使之事，所守者乃一道之責，故名。南北直隸所設各道由旁近布政司分別帶管。分守起於永樂間，後分六十道。弘治時規定每年春二月中出守，七月中回司，九月中出守，十二月中回司〔註39〕。明朝設有遼瀋東寧道，遼東地勢險要孤懸一方，控制周邊少數民族，與山東隔海相望。由山東派遣設置布政使司和按察使司分司機構，管理兵糧以求長治久安。

〔註36〕楊馥榕、王颯：《明代遼陽城主要建築平面結構與布局探析》，《2016年中國建築史學年會論文集》，第402頁。

〔註37〕李德華：《明代山東地區城市中衙署建築的平面與規制探析》，《中國建築史論彙刊》，2008年，第232頁。

〔註38〕楊馥榕、王颯：《明代遼陽城主要建築平面結構與布局探析》，《2016年中國建築史學年會論文集》，第403頁。

〔註39〕《中國歷史大辭典》明史編纂委員會編：《中國歷史大辭典·明史卷》，上海：上海辭書出版社，1995年，第78頁。

遼東疆域當禹貢冀青之交。秦漢而下郡縣，其民治亂靡常，我太祖高皇帝奄有萬方，以地孤懸，控制諸夷，非兵不能守國，非食無以養兵，罷郡縣專置軍衛。以青齊一海之限，屬之山東，歲分藩臬，佐貳各一員巡守其地，董治兵糧，誠萬萬年保邊之計也〔註40〕。

正統三年（1438年），山東布政司下屬設立分守遼瀋東寧道，使遼東全境的民政事務正式納入山東管轄之下，「始布政分司在廣寧」〔註41〕，初設於廣寧。本文所言分守道為官名，是分守遼瀋東寧道的簡稱，分守道的衙門機構為布政分司。由於職能重複，成化二十一年（1485年），都御史馬文升以廣寧設有戶部郎中，將分守道設於遼陽。

正統戊午年設遼瀋東寧道，以山東布政司參政或參議一員總理糧儲分司，設在廣寧。成化乙巳，都御史馬文升以廣寧既有戶部郎中，改分守道於遼陽。〔註42〕

遼陽古營州地也，布政分司舊按察司署也。國初置閫帥省臣未有臨之者。英宗復辟之三年，肇設分守道於廣寧，分巡道於此，治如各省而定居焉。成化乙巳，鈞陽馬端肅公疏易置之，題名自此始者居於此者也〔註43〕。

關於布政分司由廣寧遷至遼陽，《遼東志》中有詳細記載。布政分司起初設在廣寧，成化乙巳（成化二十一年，1485年），總鎮太監韋朗以廣寧已有戶部郎中，布政分司再設於廣寧導致機構功能重複，遷往遼陽可以理糧儲，彌補機構設置不足。

以山東布政司參政、參議一員理糧儲，按察司副使、僉事一員理刑獄。往者按察分司在遼陽，布政分司在廣寧。迨成化乙巳，歲總鎮太監韋公朗，以廣寧有戶部郎中，則布政分司可省，而遼陽不可缺人以理糧儲。遼陽有巡按監察御史，則按察分司可省。而廣寧不可缺人，以理刑獄。互相易置，事體為允，以疏聞，詔可之。遂

〔註40〕（明）畢恭等纂修：《遼東志》卷二《建置·公署》，瀋陽：遼瀋書社，1984年，第373頁。

〔註41〕（明）畢恭等纂修：《遼東志》卷二《建置·公署》，第373頁。

〔註42〕（明）李輔等纂修：《全遼志》卷三《職官·分守道》，瀋陽：遼瀋書社，1984年，第581頁。

〔註43〕（明）李輔等纂修：《全遼志》卷五《藝文志上·記》，瀋陽：遼瀋書社，1984年，第649頁。

易置焉〔註44〕。

遷往遼陽後，布政分司「舊在遼陽城察院西」〔註45〕。另外，根據蔡天佑所撰寫的《遼陽布政分司題名記》中所言「布政分司舊按察司署也」〔註46〕，可知此時布政分司駐地是原先按察分司公署。嘉靖四十二年（1563年），巡撫都御史王之誥題准〔註47〕，分守遼瀋東寧道「帶管海州、遼陽、瀋陽、撫順、靉陽各城堡邊備，平時則操練兵馬，清理軍伍，修築墩牆，稽查錢糧，分理詞訟，禁革奸弊。有警則堅壁清野，收斂人畜，督率境內衛所官員往來策應」，負責遼東首府遼陽城周邊的邊備事務，「務使邊方寧謐，寇盜屏息」，此事在《全遼志》收錄的《敕分守道》中有詳細記載。

《敕分守道》

近該遼東巡撫官題稱東寧道地方密邇邊陲，虜情叵測，宜設分守官專理事務，庶幾事有責成。事下該部議覆。相應今特命爾前去分守遼瀋東寧道，查照該部題准。事理帶管海州、遼陽、瀋陽、撫順、靉陽各城堡邊備。平時則操練兵馬，清理軍伍，修築墩牆，稽查錢糧，分理詞訟，禁革奸弊，有警則堅壁清野，收斂人畜，督率境內衛所官軍往來策應，仍聽巡撫衙門節制。爾受茲委任，須持廉秉公，正己率下。務使邊方寧謐，寇盜屏息。斯稱任使。如或因循怠忽致誤邊事，責有所歸，爾其欽承之，故敕〔註48〕。

此時布政分司也更名為布政邊備分司，冠以「邊備」二字軍事色彩濃厚，《全遼志》中有記載。

布政邊備分司，都司治西。北正廳五間，東西皂隸房各五間，中廳三間，寢堂五間。東西廂房十間，後堂五間。觀德亭三間，書房三間，吏書房十間，儀門三間，大門三間，外值房十五間。坊二：東曰「司宣」、西曰「保釐」，嘉靖乙卯，分守參議趙介夫因總鎮府

〔註44〕（明）畢恭等纂修：《遼東志》卷二《建置‧公署》，瀋陽：遼瀋書社，1984年，第373頁。

〔註45〕（明）畢恭等纂修：《遼東志》卷二《建置‧公署》，瀋陽：遼瀋書社，1984年，第372頁。

〔註46〕（明）李輔等纂修：《全遼志》卷五《藝文志上‧記》，瀋陽：遼瀋書社，1984年，第649頁。

〔註47〕（明）李輔等纂修：《全遼志》卷五《藝文志上‧記》，第649頁。

〔註48〕（明）李輔等纂修：《全遼志》卷五《藝文志上‧聖製》，瀋陽：遼瀋書社，1984年，第642頁。

舊基改建〔註49〕。

　　按照明代制度，分守遼瀋東寧道臣是山東布政司下屬，負責遼東全境的民政事務。到了明代嘉靖末年職能發生重大變化，開始兼管兵備事務。這種現象絕非孤立存在，從嘉靖四十一年（1562 年）開始，遼東地方開始密集設立兵備道。分守遼瀋東寧道如同分巡遼瀋東寧道、遼東苑馬寺、遼東行太僕寺一樣，職能發生重大轉變開始兼管兵備事務。學者研究認為，這一時期的設立呈現出相對正式、規律且富有針對性的特點，在各個小區域內都設置了兵備道，而且對兼職兵備官員加以山東按察司憲職，頒給敕書，使其能夠名正言順地帶理當地軍政事務〔註50〕。究其原因，與明代嘉靖年間遼東邊患有很大原因。「嘉靖間虜入，大得利去，遂剽掠無時。邊人不得耕牧，城堡空虛。兵馬雕耗，戰守之難，十倍他鎮矣」〔註51〕。為了應付時局，遼東地區官僚機構管理體系進行重新調整以應付日趨嚴重遼東邊疆危機。

〔註49〕（明）李輔等纂修：《全遼志》卷一《圖考‧布政邊備分司》，瀋陽：遼瀋書社，1984 年，第 501 頁。

〔註50〕陳曉珊：《明代遼東中層行政管理區劃的形成——以遼東苑馬寺卿兼職兵備事為線索》，《中國歷史地理論叢》，第 26 卷第 2 輯。

〔註51〕《續修四庫全書》編纂委員會編：《續修四庫全書》，上海：上海古籍出版社，2002 年，史部第 791 冊，第 312 頁。

第四章　明代遼陽城寺廟與祭壇（上）

　　明代遼陽城佛教、道教十分興盛。明代遼陽城崇佛重道，體現出遼東文化多元性、開放性和包容性的特徵。根據《全遼志》中記載，遼陽城內外有「天王寺、地藏寺、弘法寺、寄孤寺、垂興寺、南會寺、西會寺、東會寺、廣佑寺」等諸多佛寺[註1]，其中尤以廣佑寺及白塔為代表，在遼東地區有很大的影響力，其建築非凡氣勢與精湛工藝往往令異邦人士大為驚歎。由於明朝統治者大力崇拜關羽，遼陽西關關王廟既元代之後繼續發展，建築壯麗。明代由於受到山東移民群體影響崇祀泰山，明代遼陽城內建有東嶽廟。遼陽城內還修建有上帝廟、城隍廟、馬神廟、八蠟廟等宗教建築，無論官方還是民間，每年按例進行祭祀，祈求城市平安、農牧發達，成為官民日常生活中重要組成部分。明代初年，制定了一套完整的禮制體系。作為禮制體系的重要組成部分，明代的壇廟建築等級分明形成一套完整制度[註2]。遼陽城外設有社稷壇、山川壇、厲壇等三壇，每年地方官員按例舉行祭祀。遼陽城廟壇建築的設置，不僅使城市印象突破以往邊陲軍事重鎮單一面貌，還豐富了城市的文化與宗教內涵，滿足了多樣化的需求。在本章以及隨後一章中，著重介紹遼陽城寺廟與祭壇。

〔註1〕（明）李輔等纂修：《全遼志》卷四《故跡》，瀋陽：遼瀋書社，1984年，第636頁。

〔註2〕李德華：《明代地方城市的壇廟建築制度淺析——以山東為例》，《中國建築史論彙刊》第五輯，第212頁。

第一節　廣佑寺和白塔

　　廣佑寺位於遼陽城西北,「武靖門外」〔註3〕。明朝初年,廣佑寺被亂兵焚毀,只有白塔幸存。在明朝「招徠遠人」國策下,洪武十六年（1383年）,海洋女真僧人覺觀率領門徒歸附明朝,被授予遼陽僧綱司副都綱職務,管理遼陽佛教事務。根據碑刻文物記載,早在洪武十六年（1383年）海洋女真高僧覺觀就已經歸附明朝,在遼東地區佛教界任職傳教。根據遼寧省遼陽市地區出土明代文物《重修遼陽城西廣佑寺寶塔記》記載「越癸亥,海洋女直上人覺觀率徒來歸,授副都綱職」〔註4〕。「癸亥」即洪武十六年（1383年）,海洋女真僧人覺觀率領門徒歸附明朝,被授予遼陽副都綱職務。無獨有偶,遼陽地區出土的明代萬曆二十年（1592年）《重修普賢寺碑》記載「皇明洪武初,有女直僧覺觀等十眾歸遼。演法三十年,釋風丕鎮」〔註5〕。不難看出,覺觀在遼東佛教界傳法三十年,「釋風丕鎮」很有影響力〔註6〕。有學者撰文認為,所見明初女真最早高僧為道圓〔註7〕,實則不然。洪武十六年（1383年）道圓方才「隨父歸附國朝,遂籍於東寧衛」〔註8〕。道圓出生於洪武乙卯十月,即洪武八年（1375年）,洪武十六年（1383年）道圓歸附明朝時才八歲。與覺觀相比,無論是年齡還是在遼東地區佛教影響力均無法比擬。由於元末明初遼陽遭受戰火,「寺先為兵燹所廢」佛教頗受影響。覺觀擔任遼陽副都綱職務後逐步開展佛教恢復工作,卓有成效,「僧始盛聚於塔所」,並「作僧舍,構佛殿,寺以白塔稱」〔註9〕,修建白塔寺安置僧人傳播佛教。作為覺觀的繼任者,海洋女真僧人道圓於永樂六年（1408年）擔任遼陽僧綱司副都綱職務,並兼領白塔寺主持。發現白塔寺「殿宇湫隘,廊廡荒蕪」,重修白塔寺「聖境煥然一新」。遼陽白塔「蓮臺頹壞又久,寶甕以下八面簷鈴亦皆缺焉」,重修白塔「如其舊

〔註3〕（明）畢恭等纂修:《遼東志》卷一《地理・寺觀》,瀋陽:遼瀋書社,1984年,第365～366頁。

〔註4〕鄒寶庫:《遼陽碑誌選編》,瀋陽:遼寧民族出版社,2011年6月,第176頁。

〔註5〕王晶辰主編:《遼寧碑誌》,瀋陽:遼寧人民出版社,2002年12月第一版,第237頁。

〔註6〕參見拙文:《明代早期女真人佛教信仰淺談——以出土文物為中心》（未刊）。

〔註7〕參見趙毅、劉慶宇:《清建國前女真人之佛教信仰》,《史學月刊》,2008年第9期。

〔註8〕王晶辰主編:《遼寧碑誌》,瀋陽:遼寧人民出版社,2002年12月第一版,第42頁。

〔註9〕鄒寶庫:《遼陽碑誌選編》,瀋陽:遼寧民族出版社,2011年6月,第176頁。

規」，「為十方之欽崇」〔註10〕。經過此次維修，白塔寺和白塔基本恢復原貌。
更為重要的是，「平治基址，得舊時廣佑寺碑」〔註11〕，發現埋藏地下多年的
廣佑寺碑，確定白塔寺前身，由此重新更名為廣佑寺。有明一代，廣佑寺一直
是遼東地區最為重要的佛教寺院。

圖六：遼陽廣佑寺與白塔

　　遼陽白塔現立於遼陽老城西北角站前街道白塔公園內，八角十三層密簷
式結構，通高 70.4 米。遼朝歷代皇帝都信奉並大力推崇佛教，契丹貴族崇佛
之風日盛，在統治者的帶動下，遼國境內崇佛者日益增多風行全國。遼國歷代
帝王更是不遺餘力地建寺造塔，白塔大約就是遼代中晚期建造。東京遼陽是遼
代五京之一，白塔是其最有代表性的文化符號。由此展現東京遼陽政治上的顯
赫地位和經濟上的富足。遼陽白塔 1988 年被列為全國重點文物保護單位。

　　遼陽白塔整體造型從塔基起始到塔剎結束，層次分明疏密得當，具有雄偉
壯麗的視覺效果。白塔形制構造自下而上分別為臺基、塔座、塔身、塔簷、塔
剎。石砌臺基平面呈八角形，通高為 6.4 米，分上下兩層，下層臺基高約 3 米。

〔註10〕王晶辰主編：《遼寧碑誌》，瀋陽：遼寧人民出版社，2002 年，第 42 頁。
〔註11〕鄒寶庫：《遼陽碑誌選編》，瀋陽：遼寧民族出版社，2011 年，第 176 頁。

每邊寬 22 米，周長 176 米；上層臺基高 3.4 米，每邊寬 16.5 米，周長 132 米。塔座置於臺基上，約占全塔高度的七分之一強。由須彌座、平座勾欄和仰蓮座三部分組成，每面底邊長 10.3 米，向上漸收，高 9.4 米。塔身八面都有佛龕，龕內磚雕坐佛。佛像多屬高浮雕作品，有的已接近圓雕。這些佛像平衡了塔身的建築構圖，同時，這些佛像雄踞第一層塔身這一重要視覺位置，形成了視覺焦點，不僅揭示了塔即是佛、佛即是塔這一建築主題，又營造了神聖的佛國氣氛。佛龕二脅侍的雕像，形體高大、瓔珞下垂、肌肉豐滿、衣帶臨風、栩栩如生，他們附著於塔身，與建築物渾然一體。兩邊為不同造型的飛天，形象各異，穩重而肅穆，線條生動流暢，堪稱遼代磚雕的精品。塔簷十三層，第一層每面有磚雕斗拱補間鋪作三朵，轉角斗拱出斜拱承托簷枋，磚枋上為柏木簷椽、飛椽外，其餘則是疊澀式砌築塔簷，八角置柏木角梁，上砌築垂脊，覆以筒瓦，裝餞獸，角梁頭裝套獸，懸掛風鐸，塔身立壁壁面上嵌有銅鏡。塔頂以平面呈八角形的磚築須彌座收頂。其上砌出二層仰蓮瓣，仰蓮上砌築覆缽，中間豎鐵剎杆，自下而上穿接圓光、寶珠和相輪等。剎杆頂端套裝一個銅鑄喇嘛塔，圓光上部剎杆上有八孔鐵鑄件，掛八條鐵鍊與塔頂垂脊上的八個銅寶瓶相連結。

圖七：遼陽白塔鳥瞰圖

　　遼陽白塔由於文獻記載的缺乏，自明代以來，人們對它的始建時代問題，經歷了長達幾百年的扭曲和誤解。近代以來認為白塔是金世宗母親貞懿皇后李洪願葬身塔觀點頗為流行。著名古建築學家曹汛先生認為，遼陽白塔具有典型的遼塔建築特徵，時代應是遼代中晚期〔註12〕。支持這一觀點的學者方殿春先生進一步研究認為，「現遼陽白塔是遼代廣佑寺塔，與諸說的李氏墓塔無涉。李氏的金大清安寺和垂慶寺當在遼陽故城之北」〔註13〕。遼陽白塔採用多層重迭的須彌座，同時加入傳統的臺基、斗拱、平座、勾欄和碩大的仰蓮，束腰施壺門、佛像、獅子等。這種繁複的基座，是遼代磚塔最為突出和常見的部分。遼陽白塔施用仿木結構磚雕斗拱承托簷椽，再上施椽飛，覆瓦頂，建築工藝上實屬遼代木構建築形式。特別是 1989 年維修白塔時，在塔頂發現了遼代文物及五方明代銅碑，為確定白塔為遼代建築提供了可靠的依據。

圖八：白塔局部

　　廣佑寺以佛殿壯觀、佛像高大、佛經萬帙而著稱，明代白塔是遼陽城地標性建築。明代遼陽八景中的「廣佑雄圖」，是其最好的寫照。

〔註12〕參見方殿春：《金代〈通慧圓明大師塔銘〉再證》，《北方文物》，2007 年第 1 期。
〔註13〕參見方殿春：《金代〈通慧圓明大師塔銘〉再證》，《北方文物》，2007 年第 1 期。

廣佑雄圖　韓承慶

西北禪林出郭偏，當階寶塔對金仙。

頂蘆月在光同照，層鐸鍾虛韻獨傳。

立地卻愁鼇負重，凌霄應畏鳥飛還。

轉輪還是推來易，誰與蒼生結善緣〔註14〕。

朝鮮使臣途徑遼陽城大多前往廣佑寺以及白塔參觀，廣佑寺以及白塔的非凡氣勢與精湛工藝往往令異邦人士大為驚歎，因此在其著述中多有著墨描述，我們可以側面瞭解到明代白塔及廣佑寺所經歷的歷史變遷。萬曆二年（1574年）五月二十三日，許葑以朝鮮聖節使行書狀官身份途徑遼陽，遊覽廣佑寺及白塔。

> 出自鎮遠門，門即城之北門也。歷東寧衛，出附郭城，到白塔寺。寺屋宇頗宏壯，佛像殊炳□有大塔累覽而塗墍，寺之名蓋以此也。俗傳唐太宗征高麗時命尉遲敬德所築也，其後增修不替。其長可十丈許，面則八，層有十三，懸風鐸於四隅，扁以金字曰「流光碧漢」。正堂之前有一碑，成化乙巳建，知吉安縣事余順撰。其文盛讚佛教，以比於日月江漢極其稱揚。斯人也，抑可謂病狂矣。不然何敢大書深刻而略無所忌憚者乎！其可醜也。寺之北建輪閣，回轉可玩〔註15〕。

萬曆十五年（1587年），朝鮮使臣裴三益曾前往白塔參觀，據其記載：

> 白塔之高不知其幾丈，層層刻石佛，面面皆然，極人力之巧也。周覽三殿，佛像高大，平生所未見也。中殿後則刻須彌山畫，以青色奇巧，亦無匹也。後有藏經閣，中設輪迴之狀，二層其高亦不知其幾尺也。〔註16〕

萬曆二十三年（1595年）四月，朝鮮萬壽聖節使閔仁伯遊覽廣佑寺「西出一門名肅清，蓋西門而向南也。北上數里許有寺，名廣佑，有白塔，高強千丈，殊快遠睹」〔註17〕。萬曆二十七年（1599年）九月，朝鮮使臣趙翊入「遼

〔註14〕（明）李輔等纂修：《全遼志》卷六《藝文下・詩》，瀋陽：遼瀋書社，1984年，第670～671頁。

〔註15〕（朝鮮）許葑：《朝天記上中下》，見林基中輯《燕行錄全集》（第6冊），第117～118頁。

〔註16〕（朝鮮）裴三益：《朝天錄》，見林基中輯《燕行錄全集》（第4冊），第21頁。

〔註17〕（朝鮮）閔仁伯：《朝天錄》，見林基中輯《燕行錄全集》（第8冊），第16頁。

城行禮於都司」〔註18〕，隨後遊覽廣佑寺與白塔，記載比較詳細。

> 衛西門外有廣佑寺，中庭設白塔，高可數十丈，聳出雲表。北
> 殿有轉輪，中設一柱雜以繪畫。自下搖之，循環不止。蓋因輪迴之
> 說而狀其容也。有僧引吾輩遍看諸處，曰「閣上有前後皇上制勅，
> 雖土人不許登覽。今日之事，蓋為諸使臣致敬焉」〔註19〕。

「北殿有轉輪，中設一柱雜以繪畫。自下搖之，循環不止。蓋因輪迴之說而狀其容也」，此物應該是許篈記載的「輪閣，回轉可玩」、裴三益所記載的「藏經閣，中設輪迴之狀」，其實就是《明重修遼陽城西廣佑寺寶塔記》記載廣佑寺的「轉輪藏樓」〔註20〕。「轉輪藏」又稱轉輪經藏，或簡稱輪藏，亦稱大藏或經藏。學者研究認為，明代轉輪藏有兩種形制：一是帶有機關設置的可旋轉書櫥，信徒用手推動即可旋轉；一是書櫥不能動，需要信徒圍繞經櫥繞行誦經。作為誦經禮佛的設施，令不識字的信徒推動或繞行一周，就相當於將轉輪藏內所藏的佛經誦讀一遍〔註21〕。廣佑寺的轉輪藏「循環不止」可以轉動，當屬明代轉輪藏的第一種形制。韓承慶《廣佑雄圖》詩中「轉輪還是推來易」，所言「轉輪」即為轉輪藏。廣佑寺轉輪藏如此高頻率出現在中外人士著述中，推測設計精巧讓人過目難忘，當為廣佑寺一奇觀，格外引人注目。趙翊所言遼陽廣佑寺樓閣建築比較特殊，原因是有「前後皇上制勅」詔書，不許民眾隨意登樓觀覽。「前後皇上」當指明朝隆慶皇帝與萬曆皇帝。《明重修遼陽城西廣佑寺寶塔記》記載廣佑寺有隆慶五年（1571年）「護敕聖旨一道」〔註22〕。明朝萬曆皇帝母親慈聖宣文明肅皇太后李氏崇信佛教，各地興建不少佛寺。根據《明廣佑寺請經鑄佛碑記》記載，於萬曆二十六年（1598年）九月，曾命人刊印《續入藏經》四十一函，並與舊刻《藏經》六百三十七函賜予遼陽廣佑寺，並不允許「諸色人等」隨便接觸，此樓閣很有可能是因為存放皇太后李氏贈予的經書而修建的。另外，廣佑寺藏經閣、北殿、轉輪藏樓實際均指一地，只是叫法不同而已。

〔註18〕　（朝鮮）趙翊：《黃華日記》，見林基中輯《燕行錄全集》（第9冊），第142頁。

〔註19〕　（朝鮮）趙翊：《黃華日記》，見林基中輯《燕行錄全集》（第9冊），第142~143頁。

〔註20〕　鄒寶庫：《遼陽碑誌選編》，瀋陽：遼寧民族出版社，2011年6月，第178頁。

〔註21〕　張磊：《明代轉輪藏探析——以平武報恩寺和北京智化寺轉輪藏為例》，《文物》，2016年。第11期。

〔註22〕　鄒寶庫：《遼陽碑誌選編》，瀋陽：遼寧民族出版社，2011年，第178頁。

　　廣佑寺寺門內有泥塑四大天王，中門之外種植有數十棵高大松樹，中門之內就是白塔。白塔周圍比較寬闊，方圓約十畝。然後依次是三重佛殿。這在萬曆四十七年（1619 年），朝鮮使臣李弘胄遊覽廣佑寺時有明確記載。

　　　　寺門內又土塑四天王，分居左右。長松數十條，列植中門之外，
　　其內又白塔高人雲霄，八面皆刻佛像，面面懸以風鈴，鏘然有聲。
　　下基礱石為階，周圍可十畝許，其內又佛殿三重，佛像壯甚，非我
　　國寺剎之比。最後梯而通其中，上層地位高絕。殿內藏經萬帙，以
　　繡匣朱櫃儲之，真壯觀也。坐殿前松陰下，仰見石碑五面，豎於殿
　　門前，刻創寺重修歲月，乃貞觀年間所建也。〔註23〕

　　萬曆四十八年（1620 年）朝鮮使臣黃中允出使明朝，在其《西征日錄》中對廣佑寺有簡單介紹。雖然字數不多，但言簡意賅佐證性很強，可印證朝鮮使臣李弘胄所言廣佑寺建有三重佛殿。「白塔寺世傳唐太宗東征班師時所立，有佛殿三處。一殿有大佛五六軀，長數丈。大盈一間，諸小佛以千百數。最後一閣藏經，熊經略為御史時題額板」〔註24〕。萬曆三十八年（1610 年）朝鮮使臣鄭士信途經遼陽城，曾有煌煌二百句五言詩介紹遼陽名勝古蹟。黃中允所言第一重殿有「大佛五六軀，長數丈」，在鄭士信二百句五言詩中也有提及：

　　　　行二陟層階，法殿鬱穹崇。金佛煥目儼，靈山會像雄。如來正
　　當中，菩薩左右同。阿難侍右傍，迦葉左立恭。蛟龍戴其下，寶座
　　蓮花紅〔註25〕。

　　此殿應該是高臺建築，「法殿鬱穹崇」建築氣勢雄偉。殿內供奉如來佛，「菩薩左右同」左右兩側菩薩推測是文殊菩薩與普賢菩薩。然後是左面的迦葉、右面的阿難，與「大佛五六軀」記載相吻合。黃中允所言「大盈一間，諸小佛以千百數」即第二重佛殿，推測此殿佛像不會少。在鄭士信二百句五言詩中有所提及，「重殿如疊床。如來座依前，彌勒葛羅將。左右遠相向，立王護神光」〔註26〕。《廣佑寺請經鑄佛碑記》中記載廣佑寺於萬曆二十六年（1598

〔註23〕　（朝鮮）李弘胄：《黎川相公使行日記》，見林基中輯《燕行錄全集》（第 10 冊），
　　　　　第 40 頁。
〔註24〕　（朝鮮）黃中允：《西征日錄》，見林基中輯《燕行錄全集》（第 16 冊），第 37
　　　　　～38 頁。
〔註25〕　（朝鮮）鄭士信：《梅窗先生朝天錄》，見林基中編：《燕行錄全集》（第 9 冊），
　　　　　第 261 頁。
〔註26〕　（朝鮮）鄭士信：《梅窗先生朝天錄》，見林基中編：《燕行錄全集》（第 9 冊），
　　　　　第 261～262 頁。

年）「新造千佛二堂」〔註27〕，「千佛」泛指佛像數量眾多，與「諸小佛以千百數」相印證，推測為同指一殿。黃中允所言「最後一閣藏經」即第三重佛殿，朝鮮使臣李弘胄也記載過，「殿內藏經萬帙，以繡匣朱櫃儲之，真壯觀也」〔註28〕。此事在朝鮮使臣鄭士信詩歌中得到印證，即著重描寫萬曆年間修建的「新殿」。

> 直北敞新殿，云是萬曆闉。正位號藥師，貌異東佛面。侍立兩
> 仙娥，頭上飾珠晃。穿身鮮錦繩，熟視皆繪絢。佛前懸炷香，偏燒
> 七日遍。炷盡屢更懸，月夜如新薦。佛後開雲梯，重閣隱復見。躋
> 攀出閣上，俯視頭目眩。萃藏列千字，插經八萬卷〔註29〕。

不難看出這座「新殿」是萬曆時期修建的，此新殿供奉藥師佛。朝鮮使臣所言左右兩位「仙娥」，推測很有可能是藥師佛左右脅侍即日光菩薩與月光菩薩。此「新殿」供奉藥師佛、日光菩薩、月光菩薩，祈求皇太后李氏消災延年益壽意願非常明顯。萬曆皇帝的母親皇太后李氏所贈佛經，「萃藏列千字，插經八萬卷」，則藏在佛像後的經閣，由雲梯相聯可以攀爬而上。這與《廣佑寺請經鑄佛碑記》中記載廣佑寺於萬曆二十六年（1598年）「修經樓」、「請經入樓」內容相吻合。匾額則是「熊經略」熊廷弼為御史時所題。

明代朝鮮使臣記載廣佑寺簡表

朝鮮使臣姓名	時　　間	內容簡述	出　　處
許篈	萬曆二年（1574年）	寺之北建輪閣。	《朝天記上中下》
裴三益	萬曆十五年（1587年）	周覽三殿。	《朝天錄》
閔仁伯	萬曆二十三年（1595年）	北上數里許有寺，名廣佑。	《朝天錄》
趙翊	萬曆二十七年（1599年）	北殿有轉輪。	《黃華日記》
鄭士信	萬曆三十八年（1610年）	移瞻寺中奇，塔聳雪峰峙。	《梅窗先生朝天錄》
李弘胄	萬曆四十七年（1619年）	佛殿三重。	《黎川相公使行日記》
黃中允	萬曆四十八年（1620年）	佛殿三處。	《西征日錄》

〔註27〕 鄒寶庫：《遼陽碑誌選編》，瀋陽：遼寧民族出版社，2011年，第182頁。
〔註28〕 （朝鮮）李弘胄：《黎川相公使行日記》，見林基中輯《燕行錄全集》（第10冊），第40頁。
〔註29〕 （朝鮮）鄭士信：《梅窗先生朝天錄》，見林基中編：《燕行錄全集》（第9冊），第262頁。

　　參考明代朝鮮使臣相關記載，結合遼陽地區出土碑刻文物記載內容信息，對明代廣佑寺建築布局作如下推測分析。根據隆慶五年（1571 年）《明重修遼陽城西廣佑寺寶塔記》記載，廣佑寺殿宇、廊房、僧舍如下：護敕聖旨一道、牌坊一架、山門三間、天王殿五間、敕香亭三間、鍾鼓樓二座、碑亭四座、前佛殿五間、中佛殿七間、轉輪藏樓五間、大悲殿五間、地藏殿三間、伽藍堂三間、祖師殿三間、東西廊房六十六間、僧綱司衙門十六間、禪堂十六間、齋堂僧房共四十間、殿主房三間〔註 30〕。廣佑寺建築規模宏大，初步統計約有 183 間房舍。將廣佑寺建築群分為佛教類建築群與其他類建築群兩大類。佛教類建築群以南北方向為中軸線，依次排列牌坊、寺門、天王殿、敕香亭、白塔、三重佛殿。三重佛殿即前佛殿、中佛殿、轉輪藏樓。大悲殿、地藏殿、伽藍堂、祖師殿推測沿中軸線左右對稱分布。李弘胄所言「寺門內又土塑四天王」，即民間廣為流傳的四大天王，在鄭士信二百句五言詩中也有提及，「外廳四天王，爰始開道場。坐軀分東西，瞋目設威容。東王弄琵琶，其一橫霜鋒。西座偶莫覩，巨壁藏其躬」〔註 31〕，應列於天王殿。轉輪藏樓即為藏經閣，朝鮮使臣稱之為「北殿」、「新殿」，供奉有藥師佛，並藏有「萃藏列千字，插經八萬卷」的御賜經書，專為萬曆皇帝母親李太后祈福祛病消災。在鄭士信二百句五言詩中有「東偏竦一室，觀音妙菩薩。大軀長無雙，倚壁身立說。慈悲水月容，粉腮白勝雪。千手負身上，千眼開手掌」〔註 32〕，描述應該是千手千眼觀音菩薩形象，供奉千手千眼觀音菩薩位於廣佑寺「東偏竦一室」即東側，推測應為大悲殿。其他類建築群有東西廊房六十六間、僧綱司衙門十六間、禪堂十六間、齋堂僧房共四十間、殿主房三間，屬廣佑寺日常生活區域範疇。佛教類建築群與其他類建築群空間分布，推測為前後分布。

第二節　關王廟

　　關羽，字雲長，三國蜀漢政權重要人物，後世屢屢對其加封。關王崇拜最早源於南朝陳光大年間，湖北當陽人在關羽被害處建廟立祠，興起了民間拜祭

〔註 30〕鄒寶庫：《遼陽碑誌選編》，瀋陽：遼寧民族出版社，2011 年，第 178 頁。

〔註 31〕（朝鮮）鄭士信：《梅窗先生朝天錄》，見林基中編：《燕行錄全集》（第 9 冊），第 261 頁。

〔註 32〕（朝鮮）鄭士信：《梅窗先生朝天錄》，見林基中編：《燕行錄全集》（第 9 冊），第 262 頁。

關羽的風潮。北宋崇寧元年（1102年），宋徽宗追封關羽為「忠惠公」，開創了朝廷祭祀關羽的先河。北宋崇寧三年（1104年），關羽被晉封為「崇寧真君」，四年後又晉封為「武安王」，隨後宣和五年（1123年）又加封為「義勇武安王」，並建有武安王廟。至明代，關羽地位繼續提高由王稱帝，祭祀也被列入國家祭典。萬曆十年（1582年），關羽被封為「協天大帝」，萬曆十八年（1590年）後加封為「協天護國忠義帝」，萬曆三十二年（1604年）又被加封為「三界伏魔大帝神威遠震天尊聖帝君」。至此，關羽在官方信仰中的地位達到了頂峰。朝廷大力崇拜關羽的同時，明代各地修建大量關王廟進行祭祀。

有明一代將關羽祭祀列入祀典，「五月十三日祭儀同前」〔註33〕，每年五月十三日由守土官致祭，行三獻九拜禮。「此乃太祖高皇帝託言陰兵以神之，令天下莫不敬祭」〔註34〕。正因為明朝統治者的大力提倡，明代遼東百姓對關羽的崇拜十分濃厚，「人無論老稚、男婦、知愚皆崇向虔奉之」〔註35〕，成為遼東民俗的一部分。由此導致在明代遼東地區，關羽祠廟眾多，遍及遼東鎮城、衛城、千戶所、堡等。朝鮮使臣記載遼東百姓對關羽崇拜超乎尋常，「故余等所過路傍，處處立廟，人家皆懸畫像，可見其崇拜之至也」〔註36〕，「自中江入上國地方，處處有關王廟，崇奉尊尚，不可勝記」〔註37〕。這種民俗不僅與明朝統治者提倡有關，推測也與遼東地區所處邊境戰爭頻發生活環境有關，遼東軍民祭祀關羽以祈求保佑平安。另外，明代小說《三國演義》成書後，將其塑造為驍勇善戰、忠孝仁義符號形象，深得民眾崇拜由此在民間廣泛流傳。

學者研究認為，從朝鮮使臣許篈記述來看，明代遼陽城關羽廟至少有兩座〔註38〕。誠如其所言，查閱《燕行錄》可知，一座位於遼陽城南教軍場「東偏

〔註33〕（明）李輔等纂修：《全遼志》卷四《典禮‧祀典》，瀋陽：遼瀋書社，1984年，第631頁。
〔註34〕（朝鮮）許篈：《朝天記上中下》，見林基中輯《燕行錄全集》（第6冊），第102頁。
〔註35〕（明）李輔等纂修：《全遼志》卷五《藝文上‧記》，瀋陽：遼瀋書社，1984年，第653頁。
〔註36〕（朝鮮）許篈：《朝天記上中下》，見林基中輯《燕行錄全集》（第6冊），第102頁。
〔註37〕（朝鮮）鄭士信：《梅窗先生朝天錄》，見林基中輯《燕行錄全集》（第9冊），第257頁。
〔註38〕劉春麗：《明代朝鮮使臣與中國遼東》，吉林大學博士論文2012年，第128頁。

有義勇武安王廟即關羽也，塑土為像，貌極生獰」〔註39〕。此座關王廟正史方志語焉不詳，以往不為人所知。一座位於遼陽城西關。本文所言關王廟，指的是位於遼陽西關修建於元代的關王廟。遼陽關王廟籌建於至元辛巳，即至元十八年（1281年），竣工於五年之後的至元乙酉年，即至元二十二年（1285年）。具體修建經過，在元大德八年（1304年）《元關王廟碑文》中有詳細記載。遼陽關王廟在地方官民心中有崇高地位，「遼陽民旅有求必禱」，在當地很有影響力。

圖九：元遼陽關帝廟大德八年碑

〔註39〕（朝鮮）許篈：《朝天記上中下》，見林基中輯《燕行錄全集》（第 6 冊），第
102 頁。

近代以來，祠宇偏天下，獨遼陽介在東陲，未有廟祀。□□不□其忠臣烈士既在祀典者，屢委所在長吏致祭，廟宇損壞，官為修理。由是郡人魏明之等，自至正辛巳，相與率財興工，於城之西郭而廟焉。經營凡五載，逮至正乙酉落成。隆以高棟，宇以四楹，御馬有廄，奠饗有庭。自庭徂門以垩以甓，既□□□□□曾□降香之敬。睹其基勢高爽，林木懷秀，千山南峙，如列劍槊，□□西杌，如控奔騎，坡陀岡阜，掩映迴護。□□□人而□王之□□威□，然介胄虎賁，夾衛兩陛，使人悚然，如拜王於三軍油幢之下，可以作忠義之氣，可以褫姦邪□□□□□遼陽民旅有求必禱，而其應如響。郡民沐王之恩，嘉王之靈，欲刻琬琰以傳不朽，屬余為之記。〔註40〕

明代遼陽關王廟建築格局無從考證，推測按照元代關王廟舊有格局進行重修擴建。現有明代分守參議張邦士撰寫的《重修遼陽關王廟記》。張邦士，「山西蒲州人，舉人，右參議」〔註41〕。從《重修遼陽關王廟記》中不難看出，明代全國範圍內關王崇拜十分廣泛，達到「故王之廟在天下無論都鄙皆建構」局面。由於遼東地區地處邊疆，與「夷」為鄰，與「虜」為仇，修建關王廟激勵遼東守邊將士懷有忠義精神，為國捐軀。同時在精神層面，希望關王英靈「幽贊冥授」，保佑人人懷有忠義之心以報效國家養育之恩。

《重修遼陽關王廟記》　分守參議　張邦士

自漢以來，稱精忠大義者曰關王。故王之廟在天下無論都鄙皆建構，人無論老稚、男婦、知愚皆崇向虔奉之。余近奉璽書分守遼瀋，既蒞事乃展禮諸神之有廟貌在城內外者，非有所徼。蓋大夫之臨所藩宣之境，境內之民獻壽耇生，當乞言歿當式閭，而況諸神之廟祀其地者乎？謁已廟雖大小、新故、興廢，殊大段皆傾壞，當修葺矣。顧其神揆之祀典不無有，或僭、或淫者，余乃特欲修王廟何者？以王為人臣，乃忠義之逸倫而絕羣者也。夫遼地與夷為鄰，與虜為仇，兵將袵革枕戈日與為敵，使非懷忠奮義，則苟生保軀之心重，誰肯捐身蹈危為國家壯屏翰，為生民捍禍患哉！修王之廟，庶幾帥裨士旅。歲時舉祀，走廟庭仰知王之所以血食者，以當時能盡

〔註40〕王晶辰主編：《遼寧碑誌》，瀋陽：遼寧人民出版社，2002年，第216頁。

〔註41〕（明）李輔等纂修：《全遼志》卷三《職官・分守道》，瀋陽：遼瀋書社，1984年，第582頁。

忠義戮力漢室，故享祀於今，亙千載而不替。其遺烈生氣猶凜凜在也。又庶幾祈王之英靈幽贊冥授，啟佑人人使咸抱忠仗義，以報國家寵靈養給之恩。以單華攘夷，建績而樹名焉，則人之祀歆非徒然者矣。記其事以告後之篤忠義者〔註42〕。

萬曆二年（1574年）五月二十八日，許篈以朝鮮聖節使行書狀官身份途徑遼陽經過關王廟，廟宇壯麗，尤其是青松欝然很有特點。「出西門，過關王廟。廟宇壯麗嚴邃。中有蒼松欝然，遼左絕無松柏獨此廟有之。故關廟青松入於遼陽八景雲，可見其貴也」〔註43〕。許篈所言關王廟青松入列明代「遼陽八景」，此種說法讓人疑問，當屬訛誤，明代遼陽八景並沒有關王廟青松。

第三節　東嶽廟

《全遼志》「遼陽鎮城圖」在城內東北角標有「東嶽廟」。《全遼志》記載垂興寺「遼陽城內鼓樓東，遺址今東嶽廟」〔註44〕，這與《遼東志》記載「遼陽城內鼓樓東，遺址今東嶽廟」，〔註45〕如出一轍。可知東嶽廟是在原垂興寺基礎上建立的。遼陽城東嶽廟每年三月二十八日進行祭祀。「東嶽廟，三月二十八日祭，儀同前」〔註46〕，並行「行三獻九拜禮」〔註47〕。東嶽，即五嶽之首的泰山。中國古代對泰山的崇祀曾遍及各個區域，對各地的信仰、風俗產生巨大的影響。學者研究認為，「泰山信仰首先興起於遠古山東的東夷部族中，隨著夷夏民族的融合，進而擴展到中原地區。此後由於被歷代中央王朝納入山嶽祀典，漸成為全國性的信仰。隋唐以後，泰山信仰有了具體的標誌物，那就是各地東嶽廟（又名東嶽行宮、東嶽行祠、泰山廟、天齊廟等）的興建。凡是泰山信仰影響所及的地區，幾乎無不建有東嶽廟（後來又增加了奉祀碧霞元君

〔註42〕（明）李輔等纂修：《全遼志》卷五《藝文上·記》，瀋陽：遼瀋書社，1984年，第653頁。
〔註43〕（朝鮮）許篈：《朝天記上中下》，見林基中輯《燕行錄全集》（第6冊），第132頁。
〔註44〕（明）李輔等纂修：《全遼志》卷四《典禮·祀典》，瀋陽：遼瀋書社，1984年，第636頁。
〔註45〕（明）畢恭等纂修：《遼東志》卷一《地理·古蹟》，瀋陽：遼瀋書社，1984年，第367頁。
〔註46〕（明）李輔等纂修：《全遼志》卷四《人物·祀典》，瀋陽：遼瀋書社，1984年，第631頁。
〔註47〕（明）李輔等纂修：《全遼志》卷四《人物·祀典》，第631頁。

的泰山行宮）」〔註48〕。

　　明代遼東地區東嶽信仰絕非偶然，應該是受到山東移民群體的影響。學者研究認為，「山東移民團體在遼東居住繁衍，對當地的社會構建和文化融合產生了相應的影響，明代遼東的東嶽崇拜就反映了這種現象」〔註49〕。根據《遼東志》記載，明代遼東地區修建有東嶽廟。除了上文所提到遼陽東嶽廟，廣寧城以及撫順所城也修建有東嶽廟〔註50〕。有傳世弘治七年（1494年）《遷建廣寧東嶽廟記》。

　　　　泰岱在山東，受封東嶽，其廟貌傳之已久。雖邈方別郡人，尚
　　　　皆知敬仰，況遼在山東域內，而禍福固神之攸司，崇禮尤人之當盡，
　　　　於遼而建廟者，其行宮也〔註51〕。

　　明代遼陽城東嶽廟只在《遼東志》、《全遼志》中有寥寥數筆介紹，難窺全貌。借助明代朝鮮使臣私人著述，我們可以對明代遼陽城東嶽廟有更好瞭解。朝鮮使臣鄭士信於庚戌年即萬曆三十八年（1610年），以冬至使身份出使明朝途徑遼陽城，在其《梅窗先生朝天錄》中對遼陽城內東嶽廟有介紹。東嶽廟殿宇深邃，物象奇怪，比遼陽城內上帝廟奇特怪異百倍。並塑有閻羅等王，並率領各自下屬列於東西廊。由此可知，東嶽廟中塑像眾多。以國內目前保存完好山西蒲縣東嶽廟為例，保留諸多彩塑，其中有眾多陰間地獄人物形象。鄭士信之所以沒有詳細介紹廟內東嶽大帝等塑像，推測因為廟宇環境深邃陰森，東嶽大帝掌管幽冥地府，閻王等諸多塑像更是面目猙獰讓人毛骨悚然，內心恐懼無比，想必是逗留片刻隨即離開。

　　　　仍向東嶽廟，有三虹門，題其上曰「東嶽」，殿宇之深邃、物象
　　　　之奇怪比玄帝廟而百倍。如所謂閻羅、卞和等王，不知其幾而各率
　　　　厥屬列於東西廊〔註52〕。

〔註48〕周郢：《東嶽廟在全國的傳播與分布》，《泰山學院學報》，2008年第2期。

〔註49〕陳曉珊：《從地域認同的角度看明代「遼東隸於山東」現象的演變》，《民族史研究》，第130頁。

〔註50〕（明）畢恭等纂修：《遼東志》卷一《地理‧古蹟》，瀋陽：遼瀋書社，1984年，第367頁。

〔註51〕王樹楠等纂修：《奉天通志》卷二百五十六《金石四》，文史叢書編輯委員會，1983年，第5604頁。

〔註52〕（朝鮮）鄭士信：《梅窗先生朝天錄》，見林基中編：《燕行錄全集》（第9冊），第264頁。

第五章　明代遼陽城寺廟與祭壇（下）

第一節　上帝廟

　　《全遼志》「遼陽鎮城圖」在城內東南角標有「上帝廟」，上帝廟其實就是真武廟，供奉真武大帝神像。誠如張士尊先生在《明代遼東真武廟修建與真武信仰》一文中認為，有明一代，遼東城堡，不論是鎮城、衛城，還是所城、堡城都普遍建有真武廟，真武信仰已經成為遼東民俗活動重要的內容〔註1〕。在普通民眾心裏，真武大帝被認為具有鎮北方、除水火之患、袪邪衛正、司命延壽、保育廣嗣等神聖功能而廣受奉祀〔註2〕。一般認為，真武信仰起源於我國先秦時期天象學二十八星宿中的北宮玄武七宿，最早為天體神，兼具北方之方位屬性。漢代以後，北方玄武與東方青龍、西方白虎、南方朱雀組成「四靈」，或稱「四象」。又因北方在五行中屬水，所以玄武又被視為水神。到了宋代，為避諱聖祖趙玄朗，於是將玄武改稱為真武，出現「被發，黑衣，仗劍，蹈龜蛇」的人格神形象，並得到統治者大力尊崇。宋真宗封玄武為「真武靈應真君」，宋欽宗加其封號為「佑聖助順真武靈應真君」。到元成宗時期，加封真武為「元聖仁威玄天上帝」。從此以後，人們習慣稱真武廟為上帝廟。

　　明代是真武信仰與崇祀的鼎盛期，奉祀真武之祠廟幾乎遍布全國。

〔註1〕張士尊：《明代遼東真武廟修建與真武信仰》，《鞍山師範學院學報》，2009 年第 3 期。

〔註2〕（日）二階堂善弘：《元帥神研究》，濟南：齊魯書社，2014 年，第 298～299 頁。

　　北極佑聖真君者，乃玄武七宿，後人以為真君，作龜蛇於其下。
宋真宗避諱，改為真武。靖康初，加號佑聖助順靈應真君。圖志云：
「真武為淨樂王太子，修煉武當山，功成飛昇。奉上帝命鎮北方。
被髮跣足，建皂纛玄旗。」此道家附會之說。國朝御製碑謂，太祖
平定天下，陰佑為多，嘗建廟南京崇祀。及太宗靖難，以神有顯相
功，又於京城艮隅並武當山重建廟宇。兩京歲時朔望各遣官致祭，
而武當山又專官督祀事。憲宗嘗范金為像。今請止遵洪武間例，每
年三月三日、九月九日用素羞，遣太常官致祭，余皆停免。〔註3〕

　　根據明謝肇淛《五雜俎》記載，「真武即玄武也，與朱雀、青龍、白虎為
四方之神。宋避諱，改為真武。後因掘地得龜蛇，遂建廟以鎮北方。至今香火
殆遍天下，而朱雀等神絕無崇奉者，此理之不可曉」〔註4〕。洪武年間對真武
特別崇拜。「國朝御製碑謂，太祖平定天下，陰佑為多，嘗建廟南京崇祀。根
據《明太祖實錄》記載，洪武二十六年（1393年）冬十月，「諸王來朝還國，
祭真武等神於端門，用豕九羊九制帛等物」〔註5〕。

　　將真武神推向登峰造極地位的是明成祖朱棣。還在北平分封為燕王的朱
棣，發動「起兵靖難」時很好利用真武神為自己起兵造勢。根據《大嶽太和山
紀略》記載：當朱棣起兵時，「及期，出祭纛，見披髮而旌旗蔽天。問：『何神？』
曰：『吾師北方之將玄武也。』成祖則披髮伏劍以應之。」洪武三十五年（1402
年），根據《明實錄》記載朱棣命人「祭北極真武之神」〔註6〕。朱棣即位以
後，對真武更加尊崇。永樂十二年（1414年），在北京皇城之北修建真武廟，
「建真武廟於北京皇城之北」〔註7〕。永樂十六年（1418年）十二月，名震天
下的武當山宮觀建城，異常奢華壯麗。明成祖朱棣大肆封賞，賜武當山為「太
嶽太和山」，用黃金塑真武像進行供奉，並安排道士二百人。修建殿觀、門廡、
享堂、廚庫一千五百餘楹，明成祖朱棣親自撰寫碑文以紀之。

　　皇太子省牲於南郊。武當山宮觀成，賜名曰：太嶽太和山。山
有七十二峰，三十六岩，二十四澗。峰之最高者，曰：天柱。境之

〔註3〕（清）張廷玉等撰：《明史》卷五十《禮志‧諸神祠》，北京：中華書局，1974
　　　年，第1308頁。
〔註4〕（明）謝肇淛：《五雜俎》，上海：上海古籍出版社，2012年，第274頁。
〔註5〕《明太祖實錄》卷二百三十，洪武二十六年冬十月丁丑條。
〔註6〕《明太宗實錄》卷十，洪武三十五年秋七月辛卯條。
〔註7〕《明太宗實錄》卷一百四十九，永樂十二年三月己卯條。

最勝者，曰：紫霄南岩。上軼游氣下臨絕壑，紫霄南岩舊皆有宮，南岩之北有五龍宮，俱為祀神祝釐之所。元季兵毀，至是悉新建宮。五龍之東十餘里，名玄元玉虛宮。紫霄曰：太玄紫霄宮。南岩曰：大聖南岩宮。五龍曰：興聖。五龍宮又即天柱峰頂，冶銅為殿，飾以黃金范真武像於中。選道士二百人供酒掃，佃田二百七十七頃，並耕戶以贍之。仍選道士任自垣等九人為提點，秩正六品，分主宮觀嚴祀事。上資太祖高皇帝、孝慈高皇后之福，下為臣庶祈弭災沴，凡為殿觀、門廡、享堂、廚庫千五百餘楹，上親製碑文以紀之〔註8〕。

受此風潮，全國大肆修建真武廟，並恢復洪武年間規定，「每年三月三日、九月九日用素羞，遣太常官致祭。」把真武祭祀納入國家祭典。而《全遼志》記載，「三月初三日守土官致祭，行三獻九拜禮」〔註9〕，卻並未提及九月九日致祭，多少讓人疑惑。

朝鮮鄭士信於庚戌年即萬曆三十八年（1610年），以冬至使身份出使明朝途徑遼陽城，在《梅窗先生朝天錄》中對遼陽城內上帝廟有詳細介紹，給我們留下難得珍貴史料。可知遼陽城內上帝廟並未沿襲宋朝的避諱，依然稱為「玄帝廟」，而不是《全遼志》記載的「上帝廟」。玄帝廟正殿為「紫霄殿」，所供奉玄帝形象頭戴遠遊冠，身著帝王之服。並有奇形異頭鬼怪塑像在其左右分列，侍者形象表情嚴肅而且很多。

文廟之東，有上帝廟。題其門曰「玄帝廟」。行過重門，正殿巍然，懸金扁曰「紫霄殿」。上帝之像當中而坐，著遠遊冠，被以帝者之服，奇形異頭之鬼分左右，而侍者甚肅且夥〔註10〕。

第二節 城隍廟

城隍信仰是中國民間信仰體系中很重要的組成部分，城隍神是城市的守護神，城隍廟則是供奉城隍神的公共場所。根據東漢許慎《說文解字》記載：「城，以盛民也。」又曰：「隍，城池也，有水曰池，無水曰隍。」〔註11〕由

〔註8〕《明太宗實錄》卷二百七，永樂十六年十二月丙子條。

〔註9〕（明）李輔等纂修：《全遼志》卷四《典禮·祀典》，瀋陽：遼瀋書社，1984年，第631頁。

〔註10〕（朝鮮）鄭士信：《梅窗先生朝天錄》，見林基中編：《燕行錄全集》（第9冊），第263頁。

〔註11〕（漢）許慎：《說文解字》，北京：中華書局，1963年，第288、306頁。

此可見，城隍原意是保護城市的城牆和壕溝。城隍神即《禮記》天子八蠟中的水墉神，「水則隆，墉則城也」，水墉之神逐漸演化為城隍之神，具有保護城池的職能。至唐代，城隍神已有抗禦水旱災疫的職能，並主宰冥間。至宋代，城隍神還兼掌科名桂籍。

　　到了明代，城隍神的社會職能進一步擴大，而且城隍神的神格地位與官方尊崇達到了鼎盛。明初洪武二年（1369 年），明太祖朱元璋大封天下城隍，各地城隍所受封爵主要依照各該地行政等級，分為五個等級。根據《明實錄》記載，在京都應天府者，封王爵，封京都城隍為「承天鑒國司民升福明靈王」。「開封、臨濠、太平、和州、滁州皆封為王」，正一品。北京開封的城隍神是「承天鑒國司民顯靈王」，臨濠的城隍神是「承天鑒國司民貞佑王」，太平的城隍神是「承天鑒國司民英烈王」，和州的城隍神是「承天鑒國司民靈護王」，滁州的城隍神是「承天鑒國司民靈佑王」。其餘各府州縣，府為威靈公，秩正二品；州為靈佑侯，秩三品；縣為顯佑伯，秩四品。各係以「鑒察司民」之號〔註12〕。洪武三年（1370 年）整頓祀典，詔去封號，只稱「某府或某縣城隍之神，又令各地城隍廟不得雜祀其他之神。」洪武三年（1370 年），明太祖朱元璋下詔天下，參照官署標準，府州縣設立城隍廟。「詔天下府州縣立城隍廟。其制高廣，各視官署廳堂，其几案皆同，置神主於座，舊廟可用者修改為之」〔註13〕。此事在《明史》中也有詳細記載：

　　　　洪武二年，禮官言：「城隍之祀，莫詳其始。先儒謂既有社，不
　　　　應復有城隍。故唐李陽冰《縉雲城隍記》謂『祀典無之，惟吳、越
　　　　有之』。然成都城隍祠，李德裕所建，張說有祭城隍之文，杜牧有祭
　　　　黃州城隍文，則不獨吳、越為然。又蕪湖城隍廟建於吳赤烏二年，
　　　　高齊慕容儼、梁武陵王祀城隍，皆書於史，又不獨唐而已。宋以來
　　　　其祠遍天下，或賜廟額，或頒封爵，至或遷就傅會，各指一人以為
　　　　神之姓名。按張九齡《祭洪州城隍文》曰：『城隍是保，庇庶是依。』
　　　　則前代崇祀之意有在也。今宜附祭於嶽瀆諸神之壇。」乃命加以封
　　　　爵。京都為承天鑒國司民升福明靈王，開封、臨濠、太平、和州、
　　　　滁州皆封為王。其餘府為鑒察司民城隍威靈公，秩正二品。州為鑒
　　　　察司民城隍靈佑侯，秩三品。縣為鑒察司民城隍顯佑伯，秩四品。

〔註12〕《明太祖實錄》卷三十八，洪武二年春正月丙申條。
〔註13〕《明太祖實錄》卷五十三，洪武三年六月戊寅條。

衰章晃旒俱有差。命辭臣撰制文以頒之。三年，詔去封號，止稱某府
州縣城隍之神。又令各廟屏去他神。定廟制，高廣視官署廳堂〔註14〕。

誠如學者所言，三年改制中，城隍廟的規模及內部設置仿相應官廳的廟
制規定，更強化了二年新制中正式規定的城隍神作為「冥界一定區域守護神、
管理者」的性質。這些功能的擴大，使城隍神帶有「與現世行政機構相對應
的冥界行政官」的性質〔註15〕。由此形成上至京城，下至地方各府州縣，都
有城隍廟祀，城隍神在人們精神生活中不可或缺。鄭土有、王賢淼在《中國
城隍信仰》一書中，通過對城隍廟布局及祔祀諸神的考察，強調城隍廟恰似
人間衙門，城隍神作為冥官身份的特性〔註16〕。現實中除了通過各級衙門官
吏對權力掌控運行以實現對社會控制之外，在精神層面，則通過城隍神靈信
仰支配人們的精神生活。如此一來，城隍神如同人間衙門，在官民心裏位置
無比崇高。為了迎請城隍神在厲祭壇祭祀那些無祀之亡魂幽靈，每年有城隍
出巡儀式。城隍出巡又稱「出會」、「迎神」、「三巡會」，其最初目的是迎請城
隍神，在厲祭壇祭祀那些無祀之亡魂幽靈。後來逐漸演變為祈求風調雨順、
五穀豐登、國泰民安、驅除災患、揚善除惡、保一方安寧的重要民俗節日活
動。因古時城隍出巡一年為三次，「清明、中元、下元節」，故稱「三巡會」，
《明史》中有詳細記載。

　　　　洪武三年定制，京都祭泰厲，設壇玄武湖中，歲以清明及十月
　　　朔日遣官致祭。前期七日，檄京都城隍。祭日，設京省城隍神位於
　　　壇上，無祀鬼神等位於壇下之東西，羊三，豕三，飯米三石。王國
　　　祭國厲，府州祭郡厲，縣祭邑厲，皆設壇城北，一年二祭如京師。
　　　里社則祭鄉厲。後定郡邑厲、鄉厲，皆以清明日、七月十五日、十
　　　月朔日〔註17〕。

在《全遼志》「遼陽鎮城圖」中遼陽城西城牆內側標有「城隍廟」，證明明
代遼陽城也有城隍廟。那麼明代遼陽城城隍廟修建於何時？結合明朝洪武初

〔註14〕　（清）張廷玉等撰：《明史》卷四九《志第二五·城隍》，北京：中華書局，1974
　　　　　年，第 1285 頁。
〔註15〕　（日本）濱島敦俊：《朱元璋政權城隍改制考》，《史學集刊》，1995 年第 4 期。
〔註16〕　鄭土有、王賢淼：《中國城隍信仰》，上海：上海三聯書店，1994 年，第 142～
　　　　　161 頁。
〔註17〕　（清）張廷玉等撰：《明史》卷五〇《志第二六·禮四》，北京：中華書局，1974
　　　　　年，第 1311 頁。

年對城隍神推崇，推測遼陽城城隍廟修建於洪武年間。宣德七年（1432年），遼東總兵巫凱曾對遼陽城城隍廟進行擴建，嘉靖七年（1528年），遼陽城城隍廟曾進行重修。根據遼陽地區發現的殘損《明重修遼陽城隍廟碑》中記載，「宣德壬子，都督巫公充拓之」〔註18〕。「宣德壬子」，即宣德七年（1432年），「都督巫公」即都督巫凱。顯而易見，巫凱曾擴建遼陽城城隍廟。《明重修遼陽城隍廟碑》雖然殘損，但根據碑文「廟木久而顛，牆久而圮，磚瓦久而破裂」以及結尾處「嘉靖七年歲次戊子秋七月」判斷，由於城隍廟建築破損，嘉靖七年（1528年），遼陽城城隍廟曾進行重修。明代遼陽城官民對重修城隍廟也非常重視，嘉靖七年（1528年）重修城隍廟時積極捐款，「義之所招，來財日充，大願大振」，「未滿百而大功鼎新」不到百天就將城隍廟重修完畢。究其原因，城隍神在遼陽城官民心中地位非常崇高，城隍神是遼陽城一地之主，如果城隍神不安心，官民將怎麼辦？「矧城隍為□郡民物之土主，生者賴之」，「神不安而民也何？」〔註19〕。明代遼陽城城隍廟每年按例進行祭祀。

> 城隍廟歲時祭祀，同風雲雷雨。清明、中元、下元節，每先期守土官發文告諸鎮控屬祭壇場。至期，主祀事於壇上。歲終祭先農、先嗇配享於東，五月望禳疫日告。以上禮儀詳見《集禮儀注》。所司奉行已久，故不具書〔註20〕。

《全遼志》記載「清明、中元、下元節，每先期守土官發文告，諸鎮控屬祭壇場。至期，主祀事於壇上」，指的是每年清明節、中元節、下元節，地方官員事先發文告知遼陽城城隍神。所謂「諸鎮控屬祭壇場」，即指屬祭壇祭祀那些無祀之亡魂幽靈。正式祭日當天，將遼陽城城隍神位設於屬祭壇上進行祭祀。其實不難看出，《全遼志》記載此段內容，明顯是關於傳統民俗活動城隍出巡。雖然寥寥數字難以窺探全貌，但可以想像當時官民為祈求太平，也是盛況空前充滿虔誠與希望。遼陽城地方官員為祈求農業豐收、消除病疫也臨時舉行祭祀城隍活動，「歲終祭先農、先嗇配享於東，五月望禳疫日告」，即於年末祭祀先農、先嗇，於五月祈禱消除病疫。由此可見，城隍神在遼陽城官民心中的地位十分崇高。

〔註18〕 鄒寶庫：《遼陽碑誌選編》，瀋陽：遼寧民族出版社，2011年，第195頁。

〔註19〕 鄒寶庫：《遼陽碑誌選編》，瀋陽：遼寧民族出版社，2011年，第196頁。

〔註20〕 （明）李輔等纂修：《全遼志》卷四《典禮·祀典》，瀋陽：遼瀋書社，1984年，第630頁。

第三節 馬神廟

馬在諸種牲口中貢獻最大，能為人們耕作、騎乘、運輸、征戰，「耕戰必備」成為人們生產生活中的得力助手。一般認為，馬神信仰可上溯到先民的動物崇拜。關於馬神崇拜，最早文字記載出現於周代。《周官》中記載「春祭馬祖，天駟星也；夏祭先牧，始養馬者；秋祭馬社，始乘馬者；冬祭馬步，乃神之災害馬者」。春天祭祀馬祖。關於馬祖，古人指的是駟星即房星。春天是萬物萌生的季節祭祀馬祖。夏天祭祀先牧神。先牧是最早把野馬馴化為「家馬」的神。夏天草木旺盛，正是放牧之時祭祀先牧神。秋天祭祀馬社神，馬社是傳說中最早乘馬的人，秋天正是馬入廄之時祭祀馬社神。冬天祭祀馬步神。所謂馬步神，是「為災害馬者」即馬害之神，冬天祭馬步神，就是請神靈在廄中保佑馬匹免受疾病。

明代對馬神的崇拜被納入國家正祀體系中，而這與明代的馬政推行有著密切的關係。明朝自建立以來，統治者就非常重視馬政的推行。如前文所述，明太祖朱元璋對馬政有著深刻認識，曾有「馬政，國之所重」著名論斷〔註21〕。大體而言，馬政的主要內容是軍馬的牧養、徵調、採辦、使用等方面的管理。由於馬匹對國家政治、經濟、軍事的重要意義，明廷大力推行馬政，並崇奉司馬之神，以神力蔭護馬匹的大量畜養，也就不足為怪了〔註22〕。因此，有明一代馬神信仰都與明廷推行馬政有著密切的關係，馬神都被納入國家正祀，由官方主持祭祀。洪武二年（1369年），明太祖朱元璋在後湖築壇祭祀馬祖、先牧、馬社、馬步之神，「命祀馬祖諸神築壇於後湖」〔註23〕。並規定春、秋二仲月，甲、戊、庚日，派遣官員祭祀。《明史》中有詳細記載：

> 馬神　洪武二年命祭馬祖、先牧、馬社、馬步之神，築壇後湖。
> 禮官言：「《周官》春祭馬祖，天駟星也；夏祭先牧，始養馬者；秋
> 祭馬社，始乘馬者；冬祭馬步，乃神之災害馬者。隋用周制，祭以
> 四仲之月。唐、宋因之。今定春、秋二仲月，甲、戊、庚日，遣官致
> 祀。為壇四，樂用時樂，行三獻禮。」四年，蜀明升獻良馬十，其一

〔註21〕《明太祖實錄》卷九十七，洪武八年二月戊午條。
〔註22〕鄧慶平：《明清北京的馬神崇拜及其功能、意義的轉變》，《北京社會科學》，2006年第2期。
〔註23〕《明太祖實錄》卷三十八，洪武二年春正月癸丑條。

白者，長丈餘，不可加鞦勒。太祖曰：「天生英物，必有神司之。」命太常以少牢祀馬祖，囊沙四百斤壓之，令人騎而遊苑中，久之漸馴。帝乘之以夕月於清涼山。比還，大悅，賜名飛越峰。覆命太常祀馬祖。五年並諸神為一壇，歲止春祭。永樂十三年立北京馬神祠於蓮花池。其南京馬神，則南太僕主之〔註24〕。

在明代由於地理位置等諸多因素，導致北方廣大地區馬政推行力度要強於南方，並且普遍建有馬神廟。地方官員負責主持馬神的祭祀活動，遼東地區馬神祭祀時間為「六月二十三日，祭儀同前」〔註25〕。所謂「祭儀同前」即「三獻九拜禮」。《明實錄》記載「命北京馬神祠設馬祖等神，及司馬之神五位。每位用羊、豕、帛各一，儀制準南京」〔註26〕。「三獻」應為「羊、豕、帛各一」。「九拜」，即《周禮》中的禮儀九拜，一曰稽首，二曰頓首，三曰空首，四曰振動，五曰吉拜，六曰凶拜，七曰奇拜，八曰褒拜，九曰肅拜。祭祀馬神，「三獻九拜禮」也甚為隆重充滿儀式感。根據《全遼志》記載，明代遼陽城內馬神廟有兩座，一座位於遼東行太僕寺內。根據《全遼志》記載，「太僕寺，都司治西南隅。正廳五間，東西廂房十間，中廳五間，穿廳三間，寢堂五間，儀門三間。西馬神廟五間」〔註27〕。另外一座位於副總兵府內。根據《全遼志》記載，「都司治東北，正廳五間，穿廳三間，中廳五間，東西廂房六間。小廳三間，涼亭三間，東西儀房十間，寢房七間，廂房十間，樓三間。馬神、土地廟六間」〔註28〕。馬神廟位於行太僕寺內還好理解，畢竟行太僕寺與馬政有關，設馬神廟祈求馬政興旺。但另外一座馬神廟設置於副總兵府內，多少讓人疑惑。推測遼東地區處於邊疆戰事頻繁，戰馬是重要的軍事資源對其尤為重視，設在重要軍事機構遼陽副總兵府內，凸顯其重要性以祈求馬神保佑。

〔註24〕（清）張廷玉等撰：《明史》卷五〇《志第二六·禮四·馬神》，北京：中華書局，1974年，第1303頁。

〔註25〕（明）李輔等纂修：《全遼志》卷四《典禮·祀典》，瀋陽：遼瀋書社，1984年，第631頁。

〔註26〕《明太宗實錄》卷一百六十一，永樂十三年春二月甲申條。

〔註27〕（明）李輔等纂修：《全遼志》卷一《圖考·太僕寺》，瀋陽：遼瀋書社，1984年，第501頁。

〔註28〕（明）李輔等纂修：《全遼志》卷一《圖考·遼陽城》，瀋陽：遼瀋書社，1984年，第501頁。

第四節　八蠟廟

八蠟是中國古代社會一種歷史悠久的民間信仰，與古代農業生產密切相關。一般認為，八蠟始於西周，盛於漢唐，明清時期形成了一整套系統的祭祀制度，八蠟廟在全國分布廣泛，是明清時期農神信仰重要組成部分。八蠟具體稱謂存有差異，通常意義上的八蠟指「先嗇一也，司嗇二也，農三也，郵表四也，貓虎五也，坊六也，水庸七也，昆蟲八也」。明代徐樹丕認為「一先嗇，神農也；二司嗇，后稷也；三農，田官也；四郵表，約農事之所也；五迎貓，為其食田鼠也；六迎虎，為其食田豕也；七坊，水坊也；八庸，水溝也。社以祀五土之神，稷以祀五穀之神」。明代徐樹丕對八蠟釋讀，無疑均與農業生產有關。有古代從事農業生產的著名人物，有管理農業生產的官員，有與農事有關的場所，有對農業生產有幫助的動物，有水利設施等。農業生產者將其神化對其祭祀，祈求農業生產獲得豐收，彰顯樸素情懷與美好願望。

《遼東志》記載「八蠟廟二，遼陽一，在城隍廟內。廣寧一，在城外東，嘉靖甲戌總兵郤永建」〔註29〕。當時遼東地區八蠟廟有兩座，一座位於遼陽，一座位於廣寧，遼陽八蠟廟附於城隍廟。《遼東志》所言總兵郤永在「嘉靖甲戌」修建八蠟廟，未必準確。「嘉靖甲戌」，目力所及嘉靖一朝無此紀年，懷疑《遼東志》記載有誤。查詢《明實錄》有如下記載：嘉靖三年（甲申，1524年）「鎮守遼東總兵官郤永引疾乞歸」〔註30〕；嘉靖六年（丁亥，1527年）「丁丑御史穆相陳言邊務：一邇者各將帥多用本方之人，其間親故比昵事，多掣肘，如都司陳希夔、總兵張炎、郤永之事可鑒」〔註31〕；嘉靖七年（戊子，1528年）「鎮守宣府總兵官郤永以病乞回衛調理，許之」〔註32〕。由此可知郤永在嘉靖三年（甲申，1524年）擔任遼東總兵官，因為疾病請求辭職，嘉靖七年（戊子，1528年）在宣府總兵職位上因疾病請求辭職，並得到允許。推測郤永擔任遼東總兵期間於嘉靖三年（甲申，1524年）修建八蠟廟，「甲戌」應為「甲申」。學者研究認為，明初置遼東都指揮司，軍事管理的性質非常明顯，並且幾乎兼管全遼之地，但八蠟廟僅有二，並且其中的一座附於城隍廟，可見這一

〔註29〕 （明）畢恭等纂修：《遼東志》卷二《建置·祠祀》，瀋陽：遼瀋書社，1984年，第382頁。
〔註30〕 《明世宗實錄》卷三十八，嘉靖三年四月壬子條。
〔註31〕 《明世宗實錄》卷七十八，嘉靖六年七月丁丑條。
〔註32〕 《明世宗實錄》卷之八十九，嘉靖七年六月壬子條。

信仰當時正在東北地區處於初步傳播的階段〔註33〕。誠如其所言，如果《遼東志》記載無誤，嘉靖初年遼東地區才有兩座八蠟廟確實較少，也客觀反映當時遼東地區對八蠟信仰並不廣泛。但隨著時間推移，遼東地區對八蠟信仰廣泛普及。根據《全遼志》記載，「八蠟廟各衛祭於廟，遼陽設位於城隍廟祭之」〔註34〕。由此可知，最遲至嘉靖四十四年（1565 年），遼東地區二十五衛均有八蠟信仰已是蔚然成風，遼陽八蠟廟依然附於城隍廟內。

第五節　遼陽城祭壇

明代壇墠其方位分布有一定規律，社稷壇位於城西，風雲雷雨山川壇分布於城南郊，厲壇一般分布於城外的北郊，它們與位於城內的城隍廟一起構成了官方主導的城市祭祀空間。明朝嘉靖年以後，遼陽城外的三壇，每年守土官照常舉行祭祀，但壇的稱謂有了變化，社稷壇稱「西壇」，山川壇稱「南壇」，厲壇稱「北壇」。明朝的公祭活動是國家政治生活中的大事，每年定期舉行常規祭祀儀式，都要進行隆重的祭祀活動。

社稷壇　根據《遼東志》「遼東都司治衛山川地理圖」記載，社稷壇位於遼陽城城西。社，指的是土地神；稷，指的是五穀神。中國古代王朝，非常重視建立社稷壇以祭祀。祭祀社稷，最本質的意義是對農業生產的關注和祈福。「土地神與五穀神密不可分，意味著土地神不是作為領土的象徵，而是作為養育萬物的母親大地來崇拜的。由此產生的社稷祭祀，實際是農業自然力的象徵〔註35〕。中國是農業大國，為了祈禱土地給予恩賜，祈求穀物豐收，自古以來人們就對土地神、五穀神進行祭拜。明洪武十一年（1378 年），規定皇家的社、稷同壇合祭，府、州、縣亦如此，神位左社神右稷神。根據《全遼志》記載，「春、秋上戊日祭服致祭」〔註36〕。祭祀時間為春秋仲月上戊日各一次，即農曆二月、八月的上戊日行祭。

〔註33〕劉宇、鄭民德：《農神崇拜與社會信仰：以明清時期的八蠟廟為對象的歷史考察》，《農業考古》，2014 年第 1 期。

〔註34〕（明）李輔等纂修：《全遼志》卷四《典禮》，瀋陽：遼瀋書社，1984 年，第630 頁。

〔註35〕詹鄞鑫：《神靈與祭祀：中國傳統宗教綜論》，南京：江蘇古籍出版社，1992年，第 182 頁。

〔註36〕（明）李輔等纂修：《全遼志》卷四《典禮》，瀋陽：遼瀋書社，1984 年，第630 頁。

　　山川壇　在中國古代以國家名義祭祀嶽鎮、海瀆、山川制度在漢朝就確定下來。明朝建立後，祭祀嶽鎮、海瀆、山川制度延續漢朝以其為藍本。根據《遼東志》「遼東都司治衛山川地理圖」記載，山川壇位於遼陽城城南。明朝洪武二年（1369 年）詔定，增加祭祀的雲神，並且與風神、雷神、雨神合為一壇，設風雲雷雨壇。洪武六年（1373 年），把山川壇與風雲雷雨壇合為一壇。洪武八年（1375 年）又將城隍神也合祭到風雲雷雨山川壇，壇中祭臺上並列風、雲、雷、雨四神，左為山川，右為城隍，但習慣仍稱此壇為「山川壇」或「風雨壇」或「風雲壇」。根據《全遼志》記載，「風雲雷雨山川壇，同壇設三神位，風、雲、雷、雨神居中，山川神居左，城隍神居右。歲仲春、秋上巳日祭服致祭」〔註37〕。山川壇祭祀每年二次，與社稷壇同日。即農曆二月、八月的上巳日行祭。

　　厲壇　根據《遼東志》「遼東都司治衛山川地理圖」記載，厲壇位於遼陽城城北，也稱「鬼神壇」。「厲」有為害、為惡之意，厲鬼即指死後為害於民的鬼魂。古人認為，人死後其魂魄有所歸，方不為厲害人。顧名思義，厲壇祭祀的是孤魂野鬼，《春秋傳》中說「鬼有所歸乃不為厲」，由官府出面祭祀孤魂野鬼，就是使鬼魂有所歸，不做厲鬼，危害百姓，危害社會。

> 　　厲壇，泰厲壇祭無祀鬼神。《春秋傳》曰「鬼有所歸，乃不為厲。」此其義也。《祭法》，王祭泰厲，諸侯祭公厲，大夫祭族厲。《士喪禮》「疾病禱於厲」，《鄭注》謂「漢時民間皆秋祠厲」，則此祀達於上下矣，然後世皆不舉行〔註38〕。

　　明朝洪武三年（1370 年），朝廷發布定制，「府、州祭郡厲，縣祭邑厲，皆設壇城北。」祭厲前需移文告於所處城隍，京都城隍提前七日告之，各府州縣提前三日告之。各處城隍神負責鎮控壇場、鑒察諸鬼，還擔任先期分遣諸將遍歷所在，招集本里鬼靈等眾至城隍廟的職責。正祭之日設城隍神位以及天下城隍神位於壇上，各府、州、縣則獨設某處城隍於壇上正東，壇下東西設無祀神鬼等眾位。壇之南立石刻祭文，京都謂之泰厲，王國謂之國厲，府州謂之郡厲，縣謂之邑厲，民間謂之鄉厲，著為定式〔註39〕。厲壇的祭祀時間為每年三

〔註37〕（明）李輔等纂修：《全遼志》卷四《典禮》，第 630 頁。

〔註38〕（清）張廷玉等撰：《明史》卷五〇《志第二六‧禮四》，北京：中華書局，1974年，第 1311 頁。

〔註39〕《明太祖實錄》卷五十九，洪武三年十二月戊辰條。

次，《全遼志》也有記載，「春清明，秋七月望日，冬十月朔日，常服致祭」〔註40〕。每次由守土官主祭，祭祀本地無祀鬼魂。祭祀前三日，守土官員要齋戒沐浴更衣後到城隍廟進香，焚燒「告城隍文」，懇請城隍神發號施令，勾攝一境之內的無祀鬼魂到祭厲的那天，都到厲壇去享用祭品，並且宣布有統一規範格式內容的祭厲文。厲鬼祭祀是從明朝中央政府到鄉村基層社會都要舉行的祭祀，祭祀所反映的人、神、鬼關係中，世俗皇帝無疑是最高的主宰。從城隍到人間的官員，再到普通百姓，再到已經死去為鬼的各類人等，都要服從人間皇帝的安排，凸顯明朝統治者對人、神、鬼的權威統治〔註41〕。

〔註40〕（明）李輔等纂修：《全遼志》卷四《典禮》，瀋陽：遼瀋書社，1984 年，第 630 頁。

〔註41〕參見趙軼峰：《明代國家宗教管理制度與政策研究》，北京：中國社會科學出版社，2008 年，第 114 頁。

第六章　明代遼陽城都司儒學與書院

　　明朝初期，由於遼東地區位於邊疆，所處特殊的地理位置以及複雜的軍事環境導致文化相對落後。「識點畫形聲之文者董董可數，若究義理、曉法令，則若空谷之足音焉」〔註1〕。在「文德以化遠人」治邊政策的指導下，明朝在邊疆地區發展儒學教育、廣施德化，期望通過文化軟實力潛移默化地實現「天下太平」的大一統局面〔註2〕。明代遼陽城設有遼東都司儒學、正學書院、武書院等教育機構，有著濃厚的地域文化特點和官方色彩。在明朝科舉制度日趨完善歷史背景下，共產生二十四位遼陽籍進士，名列遼東地區之首。後因遼東地區邊疆局勢危機等因素影響，儒學與書院逐漸衰敗。

第一節　遼東都司儒學

　　明朝很重視教育，在明朝建立之後，地方府、州、縣各級儒學陸續恢復和重建。根據《明史・選舉志》記載：「無地而不設之學，無人而不納之教。庠聲序音，重規疊矩，無間於下邑荒徼，山陬海涯。此明代學校之盛，唐、宋以來所不及也」〔註3〕。相對比較，明代遼東儒學起步也比較晚，當明朝內地州縣普遍設置儒學十餘年後，明朝政府才於洪武十七年（1384 年）正式設置遼

〔註 1〕（明）畢恭等纂修：《遼東志》卷四《風俗志》，瀋陽：遼瀋書社，1984 年，第632 頁。
〔註 2〕蔣金玲：《邊疆治理視閾下的明代邊疆文教》，《中國邊疆史地研究》，2020 年第 2 期。
〔註 3〕（清）張廷玉等撰：《明史》卷六十九《明史・選舉志一》，北京：中華書局，1974 年，第 1686 頁。

東都司儒學。根據《明實錄》記載：洪武十七年（1384年）閏十月，朝廷「置遼東都指揮使司儒學，設教授一員，訓導四員。金、復、海、蓋四州儒學學正各一員，訓導各四員，教武官子弟。覆命皆立孔子廟，給祭器、樂器以供祀事」〔註4〕。隨著時間推移，遼東地區共設官學有遼陽都司學、廣寧衛學等十四所。其中遼東都治所所在地遼陽城，與其同處一城的還有定遼中衛、定遼左衛、定遼右衛、定遼前衛、定遼後衛、東寧衛、自在州（後來定遼右衛、自在州獨自建學）。以上各衛所軍民子弟均入遼東都司學就讀，因此其規模遠遠大於其他衛學。

根據《遼東志》記載：

> 都司學　前代無考，元儒學舊基在都司後。洪武辛酉，開建今地。壬戌都指揮潘敬葉旺創建廟宇，高廣建學舍。永樂壬辰，都指揮巫凱塑先師以下像。正統丙寅，都督王祥重修。景泰癸酉，御史謝燫建尊經閣。成化辛卯，副總兵韓斌重修。乙未，御史潘宣改造祭器。弘治壬子，御史宋鑑建四齋，東西號房。癸丑，鑿泮池。戊午，御史羅賢改建櫺星門。辛酉，御史車梁建尊經閣。正德乙亥，御史劉成德修廡像，設雅樂。嘉靖己丑，御史王重賢拓其南方，壘石為山，鑿泮池。嘉靖甲午，御史常時平開拓尊經閣後地基數十丈，增置尊經閣五間。嘉靖丁酉，御史史褒善重修殿廡，堂齋，泮池，三面坊牌〔註5〕。

根據《全遼志》記載：

> 儒學都司治東南。元儒學舊基在都司後，洪武辛酉開建今地，壬戌，都指揮潘敬、葉旺創建。先師殿三間，東西廡各九間，戟門五間。戊寅，建明倫堂五間，志道等四齋各三間，神廚九間，觀德亭三間。景泰癸酉，御史謝燫建尊經閣四間。弘治壬子，御史宋鑑建東西號房，各十五間。戊午，御史羅賢改建櫺星門三間。正德乙亥，御史劉成德設雅樂。嘉靖己丑，御史王重賢拓其南方壘土為山，鑿泮池。甲午，御史常時平築臺增建尊經閣五間，敬一箴亭三間。丁酉，御史史褒善重修殿廡堂齋，增新學坊三，東興賢，西育才，

〔註4〕《明太祖實錄》卷一六七洪武十七年閏十月辛酉條
〔註5〕（明）畢恭等纂修：《遼東志》卷二《建置·儒學》，瀋陽：遼瀋書社，1984年，第377頁。

南化龍，增建教授宅一，訓導宅二，大門三間。甲子仲春五月，先
師殿兩廡戟門俱災，御史黃裏重建〔註6〕。

天順己卯（天順三年，1459 年），御史田景晹對都司儒學重新修整，邀請
著名人物呂原撰寫《都司廟學碑記》，碑記中對以往維修經過有詳細的敘述，
這對遼東都司儒學發展史研究很有參考價值。根據《都司廟學碑記》記載，在
「自京都達於郡縣，莫不建學立師」歷史背景下，「顧惟武功修而文教不可以
緩也」。遼東都司儒學雖然起步較晚，但建築規模不斷擴大，達到「遼東學校
莫有過焉者矣」。

　　《都司廟學碑記》　大學士　秀水呂原

　　皇明奄甸區夏，偃兵息民，自京都達於郡縣，莫不建學立師。
其或設武衛而無郡縣者，亦莫不有學。何其盛也？粵稽三代，學校
與軍旅常相關焉。故王制云：「天子將出征，受成於學，執有罪，反，
釋奠於學，以訊馘告。《魯頌》云：既作泮宮，淮夷攸服，亦見文武
之道，合而一也，後世弗循古典，文武之教歧而為二。事於武者詆
文士為迂闊，事於文者陋武士為麤戾，有國家者，亦或別立武學而
以前代名將祀，是豈知學校軍旅相關而文武無異道哉。今遼東都司
治，即舜營州之域，秦漢時已為郡縣，唐置都督府，遼置東平郡，
金置遼陽府，皆以為京。元為遼陽路，置行省焉。國朝混一之初，
設都指揮使司以統諸衛，顧惟武功修而文教不可以緩也。遂於洪武
辛酉，命都司建學。是年，都司官鳩工庀材，創立黌宮。越明年壬
戌，建大成殿、兩廡、戟門。戊寅，重建明倫堂，志道、據德、依
仁、遊藝四齋，神廚、射圃。永樂壬辰，始繪聖賢像，規制固已略
備矣。景泰癸酉，御史謝君燫建高閣四楹於明倫堂後，構屋二十間
為諸生藏修所。天順戊寅，御史桂君怡為龕於兩廡。己卯，御史田
君景晹再加整葺，蠹者易之，壞者補之，漫漶者新之，煥然完好，
遼東學校莫有過焉者矣。夫事有似緩而實急者，學校是也。遼東之
地，屯營戍以控夷，持憲節膺閫寄者，率以甲兵，錢穀為職，又奚
暇計學校之興替哉。今諸君取常情所緩者而急之，詩書禮樂、三綱
五常皆於是乎講明，非特衿珮諸生得以從容涵泳，而介冑之士亦得

〔註6〕　（明）李輔等纂修：《全遼志》卷一《圖考·遼陽城》，瀋陽：遼瀋書社，1984
　　　年，第 501 頁。

踊躍歆慕。彝倫彰而風俗美,人材之出者文以飾,治武以禦侮,所謂文武一道,於是乎見矣。昔君嘗與山東按察司僉事胡君鼎、李君琮、右參將都督僉事劉君端曰:「學校興,人材盛。今規製備而無所垂示,何以啟來者繼興於有永乎?」僉韙之,都指揮使夏君霖、同知寧君榮、僉事巫君英力贊之。乃以訓導張昇所述始末,走書幣來京請為之記,遂書此,俾勒諸石焉。天順己卯六月立石〔註7〕。

正德十年(1515年),巡按御史劉成德在遼東都司儒學設雅樂。根據《都司文廟新置雅樂記》記載,明憲宗推崇禮制,下詔全國孔廟祭祀時「加六佾為八佾,增九豆為十二」。作為一項新規定,明朝其他地區廣泛推行「兩畿十三省府學皆然」。與之相反的是,遼東都司還按舊制並沒有推行這一新規定,「惟遼東都司,僻在一隅,侑祀之樂,雜用淫哇。」劉成德巡按遼東發現這一情況後,積極推行。「考典禮,遵制度,俾之守巡都司規畫之」,「訪於東山之麓,得桐梓雲楸,作琴瑟材;採南山青石,礪之為玉磬材。鍾則自為規制,隸書於上,鎔之於治。」也誠如學者所言,遼東都司儒學不僅僅是教育生徒的學校,更是地方舉行祭祀活動,進行社會教化的神聖場所〔註8〕。

《都司文廟新置雅樂記》 巡按御史 劉成德

上古大道渾淪,樂未有也。稽諸黃帝造《律呂》、堯作《大章》、舜作《九韶》,發至和之德,遂萬物之情,於是天下大和。蓋至樂和而至治之,應有如此者。故夫子自衛反魯,然後樂正雅頌各得其所,萬世之下得被至和之休者,夫子之功也!昔周公功在王室,成王以天子禮樂祀之,況夫子祖述憲章上律下襲而反不得,成王之所以報周公者而享之,雖知夫子而不知所以為報也。洪惟憲宗皇帝卓越千古,見高百世詔天下,孔子廟祀加六佾為八佾,增九豆為十二,即遣學士王獻詣闕里,行釋菜禮,禮告於廟,庭樂舞器數之增崇兩畿十三省府學皆然也。惟遼東都司僻在一隅,侑祀之樂雜用淫哇,夫以肅肅廟庭而可以淫樂褻乎哉?余按是邦專教事,敢恝然以無意乎?於是考典禮,遵制度俾之,守巡都司規畫之,庀材鳩工因才委任,乃召生員張振紀、孫寬訪於東山之麓,得桐梓雲楸作琴瑟材:

〔註7〕 (明)李輔等纂修:《全遼志》卷五《藝文上·記》,瀋陽:遼瀋書社,1984年,第644頁。
〔註8〕 張士尊:《明代遼東儒學建置研究》,《鞍山師範學院學報》,2010年第1期。

採南山青石礦之為玉，磬材鍾則自為，規制隸書於上，鎔之於冶，然後發以聲音，引以麾旌擊以祝敔，文以琴瑟，從以簫管，節以金石，和以壎篪，勤以干戚，舞以羽旄，及樂舞冠袍之屬，一皆責成智巧技藝之工成造，規畫之法於淳樸中求文采，而侈靡不屑焉！祭器先十日備，預選修潔生徒，量其資性才識，而器使之務使節文習熟大小相成，始終相生，一倡一和，清濁高下，相為經緯，執其干戚，習其俯仰，順其屈伸，行其綴兆，要其節奏，行列必正，進退必疾，耳目聰明，血氣和平，所以崇廟祀之，典也。祭前五日，諸士子習祭儀於明倫堂，舞干羽於堂下，余與守巡二道監視之。見其禮度，修聲音，正性情，舒，故曰：聲音者，生於人心者也。情動於中，故形於聲。聲成，文之謂音。安以樂，其政和而聲音之道。與政字通矣！記曰：惟君子為能知樂審聲，以知音審音，以知樂審樂，以知政而治之，道備矣！故先王之制禮樂也，非極耳目之欲，將以教民平好惡而反王道之正也。嗚呼！物之感人也，無窮人之好惡也。無節則知誘物化，悖逆鄙詐之心，作淫泆禍亂之事與，此世教之所以衰，風俗之所以不美也。故先王既道之，以禮樂而又輔之以刑政，有由然矣。故易曰：聖人感人心，而天下和平。是故聖人禮樂之治亦不過感通人心，修舉刑政，而和樂其心志焉。耳今祀事，明禮樂、彰法度、著好惡、平人心、和合敬，同愛而王道得矣。故曰：暴民不作夷狄，率服兵革不試五刑，不用百姓，無患天子不怒，如此則樂達矣。今聖天子興禮樂以化天下，報夫子以天子禮樂。余於東遼慨其久缺，而始剙之。蓋樂者所以象功德也。其功大者，其樂備。其治辨者，其禮具。吾夫子之功德，固所宜然，即是雅樂之作，而不雜之。淫褻則所以化殘暴之習，移澆漓之俗，達教化之遠，而與民同之，將無紀極也。吾遼之士民幸無忽焉？於是乎記〔註9〕。

　　嘉靖十五年（1536年）十二月，御史史褒善巡按遼東。都司儒學文廟「殿宇廡廊楹栴摧頹，瓴甓敗脫，簾櫳不偶，丹臒磨滅，砌闌靡泐，櫺星東欹，既而折旋，齋舍屋倒壁，傾鞠為茂草」，呈現出一片破敗景象，史褒善對此感到十分痛心。嘉靖十六年（1537年）三月，進行籌措規劃修復都司儒學文廟，三

<hr>

〔註9〕　（明）李輔等纂修：《全遼志》卷五《藝文上・記》，瀋陽：遼瀋書社，1984年，第644～645頁。

個月即完工。「乃申告於守巡三司曰：『文廟之廢墜甚矣。失今不治，將遺士庶之憂，盍亟圖之。遂授之略，諸司領命，將計就計惟虞，乃選文武之良以綜理其事。即日召匠氏，物土掄材，輸陶取礪，征役於籍，需財於府，而不泛不濫，僅三月而工畢。」具體維修經過，馮時雍撰寫的《廟學重修記》由詳細記載。

《廟學重修記》　苑馬寺卿　交河馮時雍

丙申冬十二月九日，澶淵史柱史奉命來按遼左，越三日，率諸僚謁文廟，禮成，乃升階，周旋回視，殿宇廡廊楹桷摧頹，瓴甓敗脫，簾櫳不偶，丹臒磨滅，砌闌靡泐，櫺星東欹；既而折旋齋舍，屋倒壁傾，鞠為茂草，乃登堂進諸生語曰：「學校，教化本原之地，朝廷所以毓人才，責治效於後日，顧如此，甚弗稱，斯典守者之羞也，俟徐圖之。」諸生皆諾。閱丁酉春三月，柱史乃按金、復諸州，既返廣寧諸部，沿邊鎮堡，靡不披歷，由是抵遼。凡錄冤、賑窮、摘奸、遂良、閱武、較文，事既周至，乃申告於守巡三司曰：「文廟之廢墜甚矣，失今不治，將遺士庶之憂，盍亟圖之。」遂授之略，諸司領命惟虞，乃選文武之良，以綜理其事。即日召匠氏，物土掄材，輸陶取礪，征役於籍，需財於府，而不泛不濫，僅三閱月而工畢。適秋祀上丁之辰，柱史復率諸僚承祀事，但見殿宇廡廊煥然整飭，禮樂衣冠秩然就列，神、人於是乎胥悅而禮成焉。翌日，即有開原之行，時署教事陳洪範率諸生走公署，請於予曰：「廟學之廢久矣，今復更新，諸生樂育有地，願徵一言以志不忘。」予備員苑寺，目睹其事，不能辭，乃為之記。夫天下之事，成其始者，未必能保其終之不敝；保終者，實所以能成其始之維新。斯二者互相為用，要其存主，則同一「重道崇文」之意也。遼左文廟之軔，始於洪武十七年，百五十年於茲，凡三為修飭。是役也，柱史豈得已哉！蓋嘗見，夫公署之創於有司者，始則規模宏麗，歲久能無敝乎？典守者顧不亟為之，坐視大敗，不可收拾，乃極力窮土木、搜財用工，甫畢而民亦勞止矣。蓋惟念罔在民，役志它圖，故樂因循而陰以籌己之私，而明以罔人公論，將誰予乎？是故春秋之法，祥瑞不書，獨於土木之工必書，何也？勞民動眾，國之重事也，必書之者。見是役之興，必不得已也，不然則必在所不予也。遼左廟學之廢久矣，久則愈敝，不亟為之，勞民傷財，容有紀極。予故知是役之興，柱

史甚不得已也，慮深而優長也。乃若雲中之弄兵、二鎮之告急，綱
維斯徹，萬目就隳，民之弗恤，而賦役繁興，是豈獨下之罪哉？予
故潛書此，以為擅興土木之役者之鑒。是為記〔註10〕。

　　到嘉靖四十四年（1565 年）前，遼東都司儒學已經擁有先師殿、戟門、
明倫堂、志道齋、神廚、觀德廳、櫺星門、泮池、尊經閣、敬一箴亭、新學坊、
教授宅、訓導宅、名宦祠、鄉賢祠等眾多建築，是容教育和祭祀功能於一身的
龐大建築群〔註11〕。有觀點認為，近二百年前後遼東都司儒學 11 次不斷重建
和修繕〔註12〕。但對《遼東志》、《全遼志》以及《都司廟學碑記》、《增修學宮
碑記》等相關維修內容進行分析，統計結果不只 11 次。尤其是《遼東志》與
《全遼志》經對照後發現，此處內容彼此並不相同，《都司廟學碑記》則可對
《遼東志》、《全遼志》相關內容進行補闕。

遼陽都司文廟儒學建築大事記

時　間	人　物	建　築	出　處
洪武辛酉（洪武十四年，1381 年）開建，壬戌（洪武十五年，1382 年）	都指揮潘敬、葉旺	先師殿三間，東西廡各九間，戟門五間。	《遼東志》、《全遼志》、《都司廟學碑記》
洪武戊寅（洪武三十一年，1398 年）		建明倫堂五間，志道等四齋各三間，神廚九間，觀德亭三間。	《全遼志》、《都司廟學碑記》
永樂壬辰（永樂十年，1412 年）	都指揮巫凱	塑先師以下像。	《遼東志》、《都司廟學碑記》
正統丙寅（正統十一年，1446 年）	都督王祥	重修。	《遼東志》
景泰癸酉（景泰四年，1453 年）	御史謝嫌	建尊經閣四間。	《遼東志》、《全遼志》、《都司廟學碑記》
天順戊寅（天順二年，1458 年）	御史桂怡為	龕於兩廡。	《都司廟學碑記》

〔註10〕（明）畢恭等纂修：《遼東志》卷二《建置・儒學》，瀋陽：遼瀋書社，1984 年，
　　　　第 378 頁。
〔註11〕張士尊：《明代遼東儒學建置研究》，《鞍山師範學院學報》，2010 年第 1 期。
〔註12〕張士尊：《明代遼東儒學建置研究》，《鞍山師範學院學報》，2010 年第 1 期。

天順己卯（天順三年，1459 年）	御史田景暘	再加整葺。	《都司廟學碑記》
成化辛卯（成化七年，1471 年）	副總兵韓斌	重修。	《遼東志》
乙未（成化十一年，1475 年）	御史潘宣	改造祭器。	《遼東志》
弘治壬子（弘治五年，1492 年）	御史宋鑑	建東西號房，各十五間。	《遼東志》、《全遼志》
戊午（弘治十一年，1498 年）	御史羅賢	改建欞星門三間。	《遼東志》、《全遼志》
辛酉（弘治十四年，1501 年）	御史車梁	建尊經閣。	《遼東志》
正德乙亥（正德十年，1515 年）	御史劉成德	設雅樂。	《遼東志》、《全遼志》、《都司文廟新置雅樂記》
嘉靖庚寅（嘉靖九年，1530 年）	御朱孔陽	增修學宮。	《增修學宮碑記》
嘉靖己丑（嘉靖八年，1529 年）	御史王重賢	拓其南方，壘石為山，鑿泮池。	《遼東志》、《全遼志》
嘉靖甲午（嘉靖十三年，1534 年）	御史常時平	開拓尊經閣後地基數十丈，增置尊經閣五間。	《遼東志》、《全遼志》
丁酉（嘉靖十六年，1537 年）	御史史襃善	重修殿廡堂齋，增新學坊三，東興賢，西育才，南化龍，增建教授宅一，訓導宅二，大門三間。	《遼東志》、《全遼志》
甲子仲春五月（嘉靖四十三年，1564 年）	御史黃襄	先師殿兩廡、戟門俱災，重建。	《全遼志》

　　學者根據《全遼志》對都司儒學文字記載，參考明代有關建築資料，對都司儒學建築布局做出如下分析：儒學位於都司治東南方，總體布局坐北朝南，分為東、中、西三路。以中路建築群為主軸線，南起三開間的欞星門，向北經過泮池，即是三開間的大門。大門後是戟門庭院和五開間的戟門。進入戟門首先看到的是三開間的敬一箴亭，而後是這個庭院的主體建築——三開間的先師殿。先師殿庭院內東廡、西房各九開間，殿後是五開間的明倫堂。繼續向北是以由四開間增建成五開間的尊經閣為主體建築的庭院，尊經閣東有三開間

的名宦祠和三開間的鄉賢祠。東路建築南起雅樂，而後是三座學坊半圍合成的院落，東側的學坊名為興賢，西側的學坊名為育才，南側的學坊名為化龍，學坊以北是十五間東號房和一套教授宅。西路建築南起觀德亭，向北是包括志道齋在內的四座三開間學齋，繼續向北是十五間西號房和兩套訓導宅〔註13〕。在此基礎上做些許補充，《遼陽鎮城圖》中標記「文廟儒學」，即遼東都司儒學其實是祭祀孔子與學校教育互為一體官學機構，在空間布局上體現出「廟學合一」的特點，在建築布局上體現出「前廟後學」的特點。都司儒學內其實還有假山、亭臺、水池、水井等附屬建築。嘉靖九年（1530年），御史朱孔陽對遼東都司儒學建築進行局部規劃，這在《遼東志》、《全遼志》中並未記載。都司儒學內的假山高度不低「南有山初成，屹而拱」，御史朱孔陽對假山進行設計，修建亭臺種植草木。朝鮮使臣筆記中所記載，「堂（明倫堂）北有石假山，其高與城齊，細逕盤紆石間，築臺其上，間樹雜木」〔註14〕，可為佐證。在山下修建水池開鑿水井，山為「龍顙」，池為「龍吻」，兩井為「龍眼」，作亭額曰「仰高」，並購買附近民居對學宮進行擴建。具體經過，在《增修學宮碑記》中有詳細記載。

　　《增修學宮碑記》　參議　吳郡查應兆

　　　嘉靖庚寅歲，侍御古瀛朱公孔陽觀風遼左，憲度聿修，兼董學政，丕振教化。一日詣闔司學宮，曰：「厥惟養賢，是取諸《易》之《頤》，頤之義大矣哉！」盡備諸？乃視宮路，維南有山初成，屹而拱，曰：「胡為乎童哉？」布令載築載培，繁植草木，高下錯列，英華炳若。蓋取諸《賁》，賁者，飾也，文之敷也。其曰：「文明以止，人文也。」又曰：君子以懿文德，美哉其形而著乎？見山下有沼惟墳，曰：「胡為乎燥也？」於沼之傍，爰卜其泉，爰鑿其井，以汲以引，勿幕有孚，水乃鍾。蓋取諸《大畜》，畜者，大容受也。甃井者，修也。引而靡竭者，習也。君子多識前言往行，以畜其德，淵哉其本乎！見堂室，以後無間歎曰：「奚若是隘，隘匪君子所由。」乃相宮址，乃購民居，既闊既廣，俾之寬衍。蓋取諸《益》，益者，益所未充也。其曰：「益，德之裕也。」又曰：「寬以居之，言優優如

〔註13〕　楊馥榕、王颯：《明代遼陽城主要建築平面結構與布局探析》，《2016年中國建築史學年會論文集》，第401頁。

〔註14〕　（朝鮮）金中清：《朝天錄》，見林基中編《燕行錄全集》（第11冊），第438～439頁。

也博哉！其恢恢乎有餘也哉！」又擬形以肖名，以山為「龍顙」，池為「龍吻」，兩井為「龍眼」，法變化也。作亭以覆梁，額曰「仰高」。以山巍巍，譬道峻極，顯聖模也，曰「景行」。以路蕩蕩，譬道歸極，遵洪範也。夫明王設校以布經訓，憲臣推廣以宣德意。圖養育俊髦，卒於成學，是故文學之興也、畜學之器也、寬學之廓也、仰學之則也、景學之履也、變學之融也。用是以養，養道斯備，夫養成之學以致用也。龍體之變，以時勤也。故曰：「頤之義大矣哉！」侍御公代後以設教，尚象以盡意，鼓舞以立方，其至矣乎！今茲多士，朝夕是遊，當觀象思體，玩義舞繹，圖惟不悖，以全厥學。若時登庸，期為國華、為令器、為弘基、為嶽、為逵、為龍、為光。隨地而見，以驗厥學。斯無忝國典，無負憲令，多士其勗哉！教職劉紀、張磬、楊鵬暨諸生王尚說輩三百餘人，聞余言，拜而受之。請勒諸石。嘉靖九年六月立〔註15〕。

有明一代是中國科舉制度日趨完善直至鼎盛時期，有別於前朝，在三甲進士之下增加了舉人、監生和生員等功名。為安撫鄉試中式特別是會試落第舉人，明太祖把前代僅作為一次性參加會試資格的「舉人」，變成僅次於進士的終身功名，士子只要鄉試中式，成為「舉人」，就獲得了連續參加會試和選官的資格。而且自明太祖起，鄉試的應試者和落第者——國子監生與府、州、縣學生員——也被確認為固定的功名，監生由此具有了選官資格；生員雖無選官資格，卻獲得了不同於一般百姓的待遇：穿著生員冠服，見縣官不用下跪，「免其家二丁差徭」，「廩生」還可享受官學的免費伙食。把監生和生員也納入功名系列，既是科舉影響力持續擴張的必然結果，更是朝廷擴大統治基礎的需要〔註16〕。在此歷史背景下，隨著遼東地區政治和軍事形勢逐漸穩定，「倉廩實而知禮節」，遼東文風也隨之不斷發展，「承平日久，煦濡浹深，禮樂文物彬彬然矣」〔註17〕。整個社會對科考也充滿熱忱，形成習文應考之風。從地方發現碑刻記載內容可知，萬曆三年（1575 年）曾在都司儒學明倫堂之左立有劉成

〔註15〕（明）畢恭等纂修：《遼東志》卷二《建置·儒學》，瀋陽：遼瀋書社，1984 年，第 377～378 頁。

〔註16〕《光明日報》，從《制度建設看科舉制度的歷史意義》，2022 年 8 月 3 日第 11 版。

〔註17〕（明）畢恭等纂修：《遼東志》卷一《地理·風俗》，瀋陽：遼瀋書社，1984 年，第 363 頁。

德撰寫的《遼東進士題名記碑》，激勵士子努力向學獲得仕途與榮耀，「以節義、文章、功業進輔列聖，固閭裏之光，邦家之榮」〔註18〕。根據《明堯東岩墓誌》記載，「余家係籍軍伍，久處罷敝衛所，而差役冗繁，非高大其門第不可。而欲高門第，非文、武二途無以自振也」〔註19〕。不難看出，為了擺脫軍籍身份所帶來的差役繁重，遼東軍戶子弟「屢試場屋」，科舉是該群體改變人生命運重要途徑。

圖十：明遼東進士題名碑

〔註18〕鄒寶庫輯錄：《遼陽碑誌選編》，瀋陽：遼寧民族出版社，2011年，第218頁。
〔註19〕鄒寶庫輯錄：《遼陽碑誌選編》，瀋陽：遼寧民族出版社，2011年，第84頁。

　　學者研究統計明代遼東士子考中進士始於正統十年，至明末累計達七十二人〔註20〕，其中明確為遼陽籍進士二十三人。在此基礎之上，狗尾續貂略作補充論述。《明代遼東進士考述》大作中認為徐景嵩屬籍為遼東都司官籍〔註21〕，並未明確具體籍貫，實則應為遼陽籍。理由如下：一、明代有為科考中式者、為政有聲者立牌坊的風俗傳統。根據《遼東志》記載，明代遼陽城內為徐景嵩立有進士坊、司諫坊〔註22〕，客觀證明徐景嵩為遼陽籍，只是具體州衛不明。二、傳世《刊崔顥詩集序》中有「知咸寧縣事遼陽徐景嵩書」字樣〔註23〕，顯而易見徐景嵩籍貫為遼陽，亦可證明徐景嵩為遼陽人。因此將徐景嵩列為明代遼陽籍進士，最終統計明代遼陽籍進士二十四人。另外，《明代遼東進士考述》大作中將定遼右衛軍籍「丘霽」寫作「邱霽」百密一疏實屬筆誤，《遼東志》、《明鎮國將軍都指揮陳通墓誌銘》均寫作「丘霽」〔註24〕。由此可見，位於遼陽城的遼東都司儒學不僅規模遠遠大於其他遼東都司衛學，而且考中進士數量也名列遼東地區首位。

明代遼陽籍進士統計表〔註25〕

姓名	科　年	分甲	屬　籍	鄉試簡況	出　處
周正	天順元年	三甲	東寧衛籍	景泰四年山東中式	《全遼志》、《江西通志》
顧能	天順元年	三甲	定遼前衛軍籍	景泰四年山東中式	《全遼志》、《碑錄》
丘霽	天順四年	三甲	定遼右衛軍籍	景泰四年山東鄉試第18名	《全遼志》、《登科錄》

〔註20〕郭培貴、孫珊珊：《明代遼東進士考述》，《故宮學刊》，2009 年，第 229 頁。

〔註21〕郭培貴、孫珊珊：《明代遼東進士考述》，《故宮學刊》，2009 年，第 229～231 頁。

〔註22〕參見（明）畢恭等纂修：《遼東志》卷二《建置・坊表》，瀋陽：遼瀋書社，1984 年，第 381 頁。

〔註23〕萬競君注：《崔顥詩注　崔國輔詩注》，上海：上海古籍出版社，1982 年，第 48 頁。

〔註24〕參見（明）畢恭等纂修：《遼東志》卷二《建置・坊表》，瀋陽：遼瀋書社，1984 年，第 381 頁；李智裕：《〈明鎮國將軍都指揮陳通墓誌銘〉考釋》，《北方文物》，2012 年第 3 期。

〔註25〕此表根據《明代遼東進士考述》刪改而成，參見郭培貴、孫珊珊：《明代遼東進士考述》，《故宮學刊》，2009 年，第 229～231 頁。

胡深	天順八年	三甲	定遼後衛軍籍	景泰四年山東鄉試第27名	《全遼志》、《登科錄》
畢用	成化二年	三甲	定遼前衛官籍	成化元年山東鄉試第64名	《全遼志》、《登科錄》
李恭	成化五年	三甲	定遼左衛官籍	天順三年山東鄉試第59名	《全遼志》、《登科錄》
高升	成化八年	三甲	定遼中衛軍籍	天順六年山東中式	《全遼志》、《碑錄》
佟珍	成化十一年	三甲	定遼中衛軍籍	成化元年山東鄉試第12名	《全遼志》、《登科錄》
魯義	成化十四年	三甲	定遼右衛官籍	成化四年山東鄉試第17名	《全遼志》、《登科錄》
孫磐	弘治九年	三甲	定遼中衛軍籍	弘治五年山東中式	《全遼志》、《碑錄》
崔哲	弘治十二年	二甲	定遼右衛官籍	弘治八年山東中式	《全遼志》、《碑錄》
王鍇	弘治十五年	三甲	定遼中衛官籍	弘治二年山東鄉試第68名	《全遼志》、《登科錄》
王鉉	弘治十五年	三甲	定遼左衛人	弘治八年山東鄉試第11名	《全遼志》、《登科錄》
高文豸	正德六年	三甲	定遼中衛軍籍	弘治五年山東鄉試第39名	《全遼志》、《登科錄》
徐景嵩	正德九年	三甲	遼東都司軍籍	正德五年山東中式	《全遼志》、《碑錄》
魯綸	正德十二年	三甲	定遼右衛官籍	正德十一年山東鄉試第21名	《全遼志》、《登科錄》
佟應龍	正德十六年	二甲	定遼中衛軍籍	弘治十一年山東中式	《全遼志》、《碑錄》
劉悌	嘉靖二年	三甲	定遼右衛官籍	正德十一年山東鄉試第22名	《全遼志》、《登科錄》
徐文亨	嘉靖十七年	三甲	定遼後衛官籍	嘉靖十三年順天鄉試第113名	《全遼志》、《登科錄》
萬善	嘉靖二十三年	三甲	定遼前衛官籍	嘉靖十六年順天鄉試第77名	《全遼志》、《登科錄》

呼為卿	嘉靖三十二年	三甲	定遼左衛軍籍	嘉靖二十二年順天鄉試第 87 名	《全遼志》、《登科錄》
何文維	嘉靖四十一年	三甲	定遼後衛官籍	嘉靖四十年順天鄉試第 98 名	《全遼志》、《登科錄》
洪敷教	萬曆四十一年	三甲	東寧衛官籍	順天中式	《碑錄》
佟卜年	萬曆四十四年	三甲	定遼中衛官籍	順天中式	《碑錄》

　　明代朝鮮使臣對文廟建築以及遼東都司儒學境況有更加真實記錄。朝鮮鄭士信於庚戌年，即萬曆三十八年（1610 年），以冬至使身份出使明朝途徑遼陽城，在《梅窗先生朝天錄》中對遼陽城內文廟儒學有詳細介紹，給我們留下難得珍貴史料。此時遼陽文廟依舊宏偉，最外邊是命名為「雲路」的三間大門，「雲路」門之前東西兩側建門，分別題其匾「魯東聖域」、「遼左賢閭」。從雲路門而入，庭中修建有大池當為泮池。通過虹橋來到刻有「文廟」牌匾的正門，其左右立有碑刻。從西門進入後，整個庭院以及甬路均為片石構造並種植有松樹。正前方即是先師殿，掛有金字牌匾「先師之廟」。廟裡正中供奉有孔子牌位，東西兩側是四聖牌位各自一龕。四聖之下東西排列為十哲，為同一龕。先師殿兩側建有東西廡分別供奉七十子及歷代從祀者。先師殿之後為明倫堂，其階下東西兩側分別建有「求道」、「遊藝」兩齋。明倫堂之後建一樓題曰「首經閣」，當為《全遼志》中所言「尊經閣」。其後是御史朱孔陽設計的假山，高數十丈有路可登其上，遼陽城盡收眼底。

　　　　建三間大門書其額曰「雲路」，雲路之前又建門於東西，東則題其匾曰「魯東聖域」，西曰「遼左賢閭」。由雲路門而入，建大池於庭中，周可數十步，跨虹橋於其上，人之出入者由之。池之四岸甃壁如削，繞以石欄。又建三間之門，懸金額曰「文廟」。左右建大碑。由門西入此，片石為路，庭亦如之。植矮松五六成行，聖廟翼然。於階上石欄以繞之，極其精緻。掛金匾曰「先師之廟」，正中安位版曰「至聖先師孔子之位」，以金書之。四聖位版分東西而坐，以青書，各專一龕，十哲次於四聖之下而東西同一龕。階下建東西廡，以安七十子及歷代從祀者。聖廟之北建明倫堂，如我國之制。匾書乃晦庵筆也。聖廟後壁正當堂之前故懸忠孝廉節四大字，筆勢飛動乃都御史徐元所題也。階下建東西齋，東曰「求道」，西曰「遊藝」。堂之後建一樓題曰「首經閣」。庭有碑七八，皆構屋以覆之，乃鍾渤王益謙等所建也。樓之後築石假山，周可百餘步高數十丈，屈曲作路

以便登陟。草木叢生於石隙，矮老不能長。試登而望之，城中百萬
家皆在腳下〔註26〕。

　　如果說朝鮮使臣鄭士信於萬曆三十八年（1610年）參觀遼陽城內文廟儒
學還呈現出井然有序十分氣派，但短短三年過後，遼陽文廟儒學出現嚴重衰
敗。由於管理不善以及遼東局勢惡化影響，導致「教官遞去，近欠看護耳」，
文廟儒學呈現衰敗，這在朝鮮使臣記述中有直接體現。萬曆四十一年（1613年）
十二月，朝鮮使臣金中清作為書狀官出使明朝。到達遼陽後，堅持對儒家文化
忠貞信仰金中清等人，懷著敬慕先賢之情拜謁遼東都司儒學文廟，所見到的情
景已是衰敗。廟門不鎖庭院荒蕪，先師殿供奉的孟子牌位顛倒床下無人復位，
東西兩廡所供奉的牌位也是次序顛倒，呈現出一片無序與淒涼，朝鮮使臣也不
免發出「不忍見也」的感慨。這在深受儒家文化影響朝鮮使臣心目中，感到不
解與失望。最後也只能疏通關係，「呈雪花紙二十片」以及「別扇三把」，手摸
「明倫堂」三字聊表慰藉，以示對儒家文化的仰慕。

　　　　歷謁文廟，廟門不鎖，階庭蕪沒，蟲塵鳥涸，積楊成塊。孟聖
　　位牌顛倒床下，掃灑奉安。其題牌用金字書「至聖先師孔子神位」，
　　朱書「復聖顏子神位」，「宗聖曾子神位」云。東西廡位牌，顛亂失
　　序。不忍見也。齊生左萬重巾服出見，語詰其故，曰：「教官遞去，
　　近欠看護耳」。明倫堂北壁金字書一魁字，此則科舉勉人者，非明倫
　　之意。而左楹書：父子也君臣也昆弟也夫婦也，道達古今，昭率履；
　　右楹書：博學之審問之慎思之明辨之篤行之，聖垂謨訓，有章程。
　　雲堂額朱文公筆，凜然使後人起敬。堂北有石假山，其高與城齊，
　　細逕盤紆石間，築臺其上，間樹雜木，攀躋層頂，俯臨里井城碟，
　　周遭鋪肆鱗簇繁華，文物可謂盛矣！

　　　　余等欲摸搨「明倫堂」三字，語楊武祥諸人，則諾。使康忠立
　　投揭帖曰：專恃諸大人高義，呈雪花紙二十片，幸寵諒遠人敬慕先
　　賢之誠，必踐君子重壓千金之諾，且呈別扇三把。答曰：吾輩三人
　　俱入學堂，模此三字及覆手耳〔註27〕。

〔註26〕（朝鮮）鄭士信：《梅窗先生朝天錄》，見林基中編《燕行錄全集》（第9冊），
　　　　第263頁。
〔註27〕（朝鮮）金中清：《朝天錄》，見林基中編《燕行錄全集》（第11冊），第438
　　　　～439頁。

第二節　正學書院

根據《全遼志》記載：「正學書院，都司治西南。中廳三間，後廳三間，講堂三間，東西號房各二十間，北號房十一間，儀門三間，大門三間，西倉房三間，東教官房三間，弘治甲寅，巡按御史樊祉創建。嘉靖乙丑，巡按御史李輔增建改扁今名，選取遼東都司等學生員講習於中示科條，給薪粟，日稽月試」〔註28〕。

正學書院位於遼陽城內西南隅，其前身是弘治七年（1494年）遼東巡按御史樊祉創建的「遼左書院」。遼左書院「在都司西南，弘治甲寅御史樊祉創建，右參議杜整為之記」〔註29〕。明弘治六年（1493年），樊祉以監察御史巡按遼東。明代巡按御史負有督察學政之職，樊祉見遼東地處邊疆文化落後，此前更無書院設立，即籌劃創建遼右書院、遼左書院，以精進儒學造就人才，一改遼東書院文化落後的局面。「弘治癸丑秋，南燕樊公按治東土，以教育人才為首務。乃選河東西諸生之優等者，麼各有差，建遼右、遼左二書院，以分處之，讀書其中，以相切磨，期於僻壤之士，咸克造就。延學行老成師儒主之，覆命官典其薪米供佬之費」〔註30〕。

正德十三年（1518年），巡按御史高鉞見遼左書院沒有鄉賢祠，提議修建，但由於邊務繁忙沒有立即實行。正德十四年（1519年），遼左書院原先十賢堂改為鄉賢祠，祭祀管寧、王烈、李敏、張昇、胡深、賀欽等六人，並將十賢移至中堂。同時對遼左書院屋宇、階級、戶牖等建築設施進行維修。遼東著名士子徐景嵩所撰寫《遼陽鄉賢祠記》中有詳細記載。

> 《遼陽鄉賢祠記》　郡人兵備副使　徐景嵩
>
> 　　郡所在，祠鄉賢於學宮，勵來學也。遼故為郡，顧獨無祠，非缺典與？正德戊寅秋，監察御史鳳陽高公鉞奉命按遼，下車即垂意此舉，值邊務方殷，乃不果。越今年己卯，百度就緒，人吏用和。自春徂夏，膏雨以時。公乃按志，漢得三人，流寓二人：北海管氏寧、平原王氏烈，襄平一人：河內太守李氏敏。國朝三人，遼陽二

〔註28〕（明）李輔等纂修：《全遼志》卷一《圖考·遼陽城》，瀋陽：遼瀋書社，1984年，第501頁。

〔註29〕（明）畢恭等纂修：《遼東志》卷二《建置·學校》，瀋陽：遼瀋書社，1984年，第379頁。

〔註30〕王樹楠主編：《奉天通志》卷一四九，《教育志·教育一·明·書院》，瀋陽：東北文史叢書編輯委員會，1983年，第3471頁。

人：萬全儒學訓導張氏升、河南道監察御史胡氏深；義州一人：戶
科給事中賀氏欽。論功與德，咸應祭法，其諸不與是列者，俟論定
而後入，懼泛及也。既已，乃用前分守參議、睢陽蔡君天佑議，乃
以遼左書院之十賢堂改祀諸賢，乃以十賢移祀於中堂，蓋即寓祠於
學之意也。於是，分守參政王君炫暨太僕寺丞束鹿楊君睿協志同懷，
樂成休美。凡屋宇之欹墜者、階級之傾圮者、戶牖之破缺者，治之
則已，力不重勞，財不重費，人兩便之。祠既成，二公乃以公命，
命某為記。辭之不得，因竊歎：「夫諸賢之生之不幸也。」又歎：
「夫諸賢之不幸乃有大幸也。」夫以諸賢之功之德，生於鄒魯宋衛
諸郡，將必與顏之仁、仲之勇、游夏之文學同不泯矣。不幸棄置是
鄉，漫為榛莽，高風峻節，下同凡人。往來過者，付之太息。而公
於案牘倥傯之際，獨能尊而事之，以風示吾人，俾巍然靈光如在其
上，如在其左右。歲時薦奠，敬共登降如先聖先師，詎可不謂大幸
乎！雖然諸賢在天之靈固不以祠之有無為幸不幸，然今世之士大
夫、之宦遊吾鄉及吾鄉之士大夫之尚友古人者，非祠則無以致其嚮
往也。繼自今，苟有登諸賢之堂者，愓然曰：「某也可師，某也可友。」
拜其位則想見其人，聞其風則思齊其美。雖或不謂之諸賢之徒吾不
信也。反是，則自暴自棄而已矣，而亦何顏於諸賢哉。故曰：「勵來
學也。」嘗考吾遼地方，自秦漢以來率為郡縣。我聖祖酌古立法，
乃以衛所易之，一時武備雄於三邊，亦既效矣。及觀學效校之教、
俎豆之習、科第之盛，無異郡縣，容或過焉。乃知聖祖睿意所寓蓋，
不專於武，且將借文事以固吾圉也。然則是祠之設，豈曰小補之哉。
是為記〔註31〕。

　　學者根據《全遼志》對正學書院文字記載，參考明代有關建築資料，對正
學書院建築布局做出如下分析：正學書院在都司治西南方向，總體布局分為
東、中、西三路，其中，以中路建築群為主軸線，整體基本對稱。中路建築起
點為最南端的三開間的大門，而後是三開間的儀門。通過儀門進入書院的主體
建築庭院，由南向北，依次是三開間的中廳、三開間的後廳、三開間的講堂。
書院中路建築群最北部是十一間號房。東路建築群中，從對應主建築庭院的位

〔註31〕　（明）李輔等纂修：《全遼志》卷五《藝文上‧記》，瀋陽：遼瀋書社，1984 年，
　　　　第 654 頁。

置開始，由南向北，依次是二十間號房和以三開間的教官房為主的教官居所院
落。西路建築群與東路對稱，從對應主建築庭院的位置開始，由南向北，依次
是二十間號房和三開間的倉房院落〔註32〕。那麼遼左書院這種建築格局始於
何時？推測應該是在嘉靖二十三年、二十四年，即重新維修遼左書院後。根據
明代朱屏《重修書院記》記載，嘉靖甲辰年（嘉靖二十三年，1544 年）、嘉靖
乙巳年（嘉靖二十四年，1545 年），遼左書院經過維修後，「建號宇各二聯，後
址二聯，共八十四間，容弟子員百人有奇」，不難看出遼左書院經過此次維修
後規模再次擴大，《全遼志》中所記載的建築格局在此時形成。需要關注的是，
在朱屏撰寫《重修書院記》中記載「聞有議毀之者何？子產不毀鄉校，朱子創
建白鹿洞，迄於今頌之不衰，況遠人來於文德之修乎」，以往並沒有引起學者
注意。結合歷史背景分析，「聞有議毀之」應指的是嘉靖年間發生的禁燬書院。
顯而易見，遼左書院並未受其影響，而且經過修繕後建築規模擴大。

　　《重修書院記》　太僕寺少卿　　朱屏

　　　書院記何？記書院之成也。成書院何？拔士之尤者聚而養之，
　　以人事君義也。聞有議毀之者何？子產不毀鄉校，朱子創建白鹿洞，
　　迄於今頌之不衰，況遠人來於文德之修乎。夫遼自作書院，彬彬然
　　得人之盛，樹勳業於中外者歷歷可數。是可毀也，孰不可毀也？考
　　厥址在城西南隅，弘治甲寅柱史南陽樊公創焉，日久湮廢。嘉靖乙
　　未，江都曾公修飾如初。甲辰，慈谿劉公拓地增建號宇十一間，取
　　弟子員六十有九人，以南昌苑馬寺卿張子鰲提調之。乙巳冬十月，
　　金陵秋渠張公以翰苑儲器秉鉞至，大剔吏治，百度維新，複試集弟
　　子員八十人，乃命都閫劉子通董其事。乃廣東西地四十六丈，建號
　　宇各二聯後址二聯，共八十四間，容弟子員百人有奇。舊時多士供
　　給，取諸贖刑錢穀，似非經久計。公乃諭分守大興榮子愷暨劉子通，
　　檢各衛起科地二百三頃五十一畝，歲輸穀六百九十三石三斗七升，
　　輸折色銀九十六兩八錢，又清出納銀餘丁一百六十六名，共輸銀五
　　十一兩七錢，及湯站之稅計其入者無定數，咸輸於書院倉庫，擇指
　　揮一員領之器具，館夫門役罔不周悉。我公造士之心其盛矣乎。嗚
　　呼！維垣平平然矣，維門將將然矣，維堂巍巍然矣，維號宇倉庫翼

〔註32〕楊馥榕、王颯《明代遼陽城主要建築平面結構與布局探析》，《2016 年中國建
　　　　築史學年會論文集》，第 401 頁。

翼然矣，維饒廩陳陳然矣。二三子沐公循循然之教，其曷以答公哉？《傳》曰：「學，猶植也，不學將落。」其自植之，勿若學，宇然頹落而待植也。孫子記學曰：「荊藍之璞，其在於斯。其自韞哉？以待價哉？為圭為璋，斯可矣。若曠而弗居，舍而弗由，不鹿豕其場，則榛蕪其地，是棄其植，壞其寶也。嗚呼！是豈徒貽執政者之羞〔註 33〕。

遼左書院從弘治七年（1494 年）到嘉靖四十四年（1565 年），總計七十餘年時間，遼左書院經歷過多次的維修，「御史汪賜、劉成德、葛禬、楊百之、王重賢、常時平、曾銑相繼修葺，作養人材」。樊祉、杜整、汪賜、劉成德、葛禬、楊百之、王重賢、常時平、曾銑等人都曾為遼左書院的建設做出過貢獻，遼左書院也是「名獨甲於全鎮」。

在正學書院發展史中，離不開一位重要人物即李輔。嘉靖四十四年（1565 年），遼東巡按御史李輔見遼左書院，「垣垝、戶廢、瓦墮、級夷，弗可以居士也」書院建築破損嚴重，難以維持日常教學，「乃檄都司加葺焉」於是命令遼東都司進行維修。遼左書院正是經過此次維修後，改名為「正學書院」。「正學」，顧名思義就是崇尚正統儒學。李輔巡按遼東二年，雖然時間比較短，但維修整理書院，各衛儒學，對遼東地區文化事業作出了不少貢獻。學者研究認為，據《江西通志》記載：「李輔，字子卿，進賢人，嘉靖進士，授中書舍人，選監察御史。萬曆初督學南直，行部不攜胥史，蠱一清。復刷卷京畿，會江陵相遭父喪，欲奪情，言路伺旨保留。輔獨不預。歷山東巡撫，工部尚書卒」。李輔離開遼東以後，隆慶二年（1568 年）被任命提督北直隸學校。萬曆二年（1574 年）被任命為提督南直隸學校，這樣的任命，可能與其在遼東的維修整理書院和儒學的成就不無關係〔註 34〕。

《新修正學書院記》　巡按御史　李輔

臺史氏出按遼左者，制得督察學政，故前後至者，悉加意造就人才，以藉手報天子。而遼陽鎮城乃駐紮之所，其於政教之施也，為專且近。先年，胙城樊公建遼陽書院，拔士之秀者羣於其中，令相觀摩，以成其德業。而士之獲遊於是者，類能蜚英騰茂，彬彬然振於殊俗。四方之士聞風向化者，思欲挾策、鼓篋，以窺其門牆而

〔註 33〕（明）李輔等纂修：《全遼志》卷五《藝文上・記》，瀋陽：遼瀋書社，1984 年，第 646 頁。

〔註 34〕張士尊：《明代遼東書院述略》，《鞍山師範學院學報》，2009 年第 5 期。

不可得。於是書院得人為最，而名獨甲於全鎮矣。歲甲子秋七月，余既至遼之明日謁先師廟已，即書院課士，則見垣垝、戶廢、瓦墮、級夷，弗可以居士也，乃檄都司加葺焉。易蠹、植頹、繩踦、補敝，而又為之增建二齋堂舍，規制視昔加備。築基負土，取諸軍餘之丁；良材堅甓，取諸公家之羨。諸有不給者，以官貲補之。堂構就緒而民不知，齋舍告成而士相慶。余於是易其扁曰「正學書院」，乃拔各衛士之俊彥者合五十餘人居之。日有課，月有試，以較其勤惰而辨其低昂，士顯顯然向風矣。居頃之，余將以期滿代去，教官張獻猷等率諸生來請記。余惟遼雖絕徼，而衣冠之士代不乏人，況今密邇畿輔，衣被聖天子文明之化，則含風吐雲，緒章繪句，以決科發策固多士，余事何筴。余言：顧士之所以為士者，不徒在於聲華之末，而必有以為之本者。本者何？道德性命之蘊是已。士而得於是，則其出而大用於世也。不阿時，不詭俗，進而唱和廟堂之上，謨明弼諧；退而奔走郡邑之下，修政立事。即又不幸而厄於幾會之弗偶，則亦屯膏懷寶，留光巖穴，不與草木同朽腐。故曰：「士窮不失義，達不離道，得志澤加於民，不得志修身見於世，此養之素定然也。」遼故青州之地，南望泰山，亀繹鄒魯，遺澤可以想見。而鄉之先正賀醫閭者，亦能振拔流俗，講明道德性命之蘊，與嶺表陳白沙南北為伯仲，茲皆非爾多士之可以觀感而興起者歟。夫今多士之羣於是也，余將以大用期之也。明時登崇俊傑，惟恐不逮，固弗患於機會之弗偶也已，即幸而雲蒸霧集，矯翼奮飛，苟徒工伎倆以獵聲華，而無得於敦本之義，則非吾所謂「正學」也已。余又將何藉以報天子？諸士勉旃。是舉也，太僕劉君奈、少參張君邦土丕謨經畫，副總兵韓子承慶、都司王樸、趙斌、管儒彈力贊襄，而都指揮曹崑、指揮王承祖課工督程，與有勞焉者也，於法得書〔註35〕。

另外需要關注的是，無論是遼左書院，還是更名後的正學書院，其新建伊始便由遼東地方官員籌建管理，包括以後的維修和日常維護以及教學，均具有濃厚的官方色彩，這也是明代遼東地區書院一大特點。學者認為，經過明朝中期長期的發展，到了正德朝和嘉靖朝，明代官辦書院的數量達到了頂峰，實現

〔註35〕 （明）李輔等纂修：《全遼志》卷五《藝文上·記》，瀋陽：遼瀋書社，1984 年，第 646 頁。

了飛速發展〔註36〕。受此歷史背景影響，嘉靖朝也是正學書院發展高光時期，即使嘉靖朝兩次下令禁燬書院，也並沒有波及遼東地區的正學書院。

書院是儒家文化的學習與傳承場所，朝鮮使臣出使明朝途徑遼陽城時，曾帶著敬仰的心情經常拜訪遼陽正學書院，去尋訪儒家文化宗脈以及與正學書院學子進行交流探討。朝鮮使臣所記述正學書院內容，可補《遼東志》、《全遼志》所闕。根據《燕行錄》記載，朝鮮使臣許葑於萬曆二年（1574年）曾到訪過遼陽正學書院，記載比較詳細。

> 正學書院額釘於門穿中，門詣樂育堂。堂中豎鄉賢祠記碑，正德十四年秋八月立。知咸寧縣事徐景嵩撰，鄉賢凡六先生，即後漢流寓北海管寧、平原王烈、襄平河內太守李敏、國朝遼陽萬全儒學訓導張昇、河南道監察御史胡深、義州戶科給事中賀欽也。瞻仰起敬，凜然如在。壁上列書隸院生員名字，蓋御史試文選士於院。日食公廩，令自在知州提督云。由樂育堂又過義重，取「樂樂育英才」。二堂有嘉靖乙丑巡按御史李輔重修書院碑。凡四□額皆御史朱文科之筆。最後廳壁寫一「魁」字。傍有近臺書三小字，字形滿壁，奇偉異常。人言李輔所書也〔註37〕。

萬曆五年（1577年），朝鮮使臣金誠一一行出使明朝途經遼陽，一行人前去參觀遼陽城內的正學書院。正學書院由於缺少有效管理，呈現破敗跡象。在與正學書院學子交談中，也感到正學書院學子讀書只為考取功名，充滿功利主義思想。此時的正學書院狀況，讓金誠一感到十分驚歎。《金誠一朝天日記》記載：

> 臣等聞遼東城裏有正學書院，是日往觀之。學舍頹毀不修，學生只數人。正堂壁上大書魁字乃御史李輔所書也。問書魁字何意？曰欲令後生讀書取巍科也。曰然則士之事業，止此而已乎？其人無以對。又問今日登望京樓，望白塔寺重修如新，而學舍則如是頹毀，豈非君輩之羞乎？答曰：「寺剎則緇流誑惑愚民，故容易成之，書院重修則公家所管也〔註38〕。

〔註36〕白新良：《明清書院研究》，北京：故宮出版社，2012年版，第105頁。

〔註37〕（朝鮮）許葑：《朝天記上中下》，載林基中編：《燕行錄全集》（第6冊），第119～120頁。

〔註38〕（朝鮮）金誠一：《朝天日記》，載林基中編：《燕行錄全集》（第4冊），第271頁。

不難看出，金誠一在正學書院所見到的一切，已與「正學書院」創辦者李輔所提倡的「士窮不失義，達不離道，得志澤加於民，不得志修身見於世，此養之素定然也」更是相去甚遠。正學書院也由於「書院重修則公家所管也」緣故，具有準地方官辦性質，但不同於納入國家教育體制之內的都司、衛學，正學書院發展具有不穩定性，經費不足是其發展弊端，日常運轉日趨困難。也折射出正學書院由於受到遼東地方官員管理疏忽、不受社會重視等原因，呈現衰敗跡象。

三十餘年後，萬曆四十一年（1613 年）十二月十三日，金中清作為書狀官隨使出訪。到遼陽後，欲前去書院拜謁管寧、王烈等先賢，結果正學書院荒廢已久。「聽聞有書院奉安管寧、王烈諸賢，將欲討謁，而荒廢已久云，亦不果」〔註39〕。

第三節　遼陽武書院

遼陽武書院，原名遼左習武書院。《遼東志》記載：「遼左習武書院，在都司西北，巡按御史王重賢建」〔註40〕。相對比較，《全遼志》記載相對詳細。

> 武書院都司治西北。中堂五間，東西號房各十間，觀德亭三間，箭樓一座，大門三間，武弁群英坊一。嘉靖戊子，巡按御史王重賢創建。甲子，巡按御史李輔重修，增建號房三間，取本科鄉試武舉群居其中，定會示程優以供給，俾各閒習騎射，精通韜略。乙丑會武中式二十人。〔註41〕。

學者研究認為，明代武書院僅遼陽武書院和九江肄武書院。根據《九江府志》記載：明代九江武書院設置於九江府城東九江衛城內，稱「九江肄武書院」。

> 肄武書院在（九江）府治東九江衛門內東南隅。嘉靖六年，兵備何棐以武臣子弟無教，乃創正廳，旁翼兩廊，前為大門，計楹三

〔註39〕（朝鮮）金中清：《朝天錄》，載林基中編：《燕行錄全集》（第 11 冊），第 449 頁。

〔註40〕（明）畢恭等纂修：《遼東志》卷二《建置・學校》，瀋陽：遼瀋書社，1984 年，第 379 頁。

〔註41〕（明）李輔等纂修：《全遼志》卷一《圖考・遼陽城》，瀋陽：遼瀋書社，1984 年，第 501 頁。

十餘，中甃甬路，圍以石垣，命知文學者一人領其教，習武經、六
藝焉〔註42〕。

　　和遼陽武書院一樣，這座書院也設置於嘉靖年間，由九江兵備何棐創建。
肆武書院有正廳，兩廡，建屋三十餘楹，興盛一時，但很快廢棄。嘉靖四十三
年（1564 年），李輔巡按遼東，曾經大力維修擴建遼東的學校，遼陽武書院也
在此之內。「增建號房三間，取本科鄉試武舉群居其中，定會試程，優以供給，
俾各閒習騎射，精通韜略。」由於得到重視，在嘉靖四十四年（1565 年）會試
中，成績斐然「中式」者多達 20 人。遼陽武書院是遼東社會環境下的產物，
它的創建和存在，使東北地區的教育呈現出更為明顯的邊疆特色〔註43〕。遼陽
武書院的修建，寄託美好理想願景。「使賢有材者得以盡乎其間而業益精，於
是選拔武士之雋異者來書院習武讀書」，「由是而出以應有司之求，以膺閫外之
寄」。不難看出武書院的創建，一方面為了解決遼東地區軍事後備人才匱乏的
問題，另一方面也為適應封建統治者對邊陲之地管理需要。其實史實並非如
此。有明一代，武舉制度雖然得以施行，一定程度上起到了培養尚武之風、選
拔人才作用，但中舉者停滯不用現象十分嚴重，成為一大頑疾。在「首重世職」
武官選拔背景下，還是看重世蔭承襲。遼左武書院建立以後，曾經進行過較大
規模的維修，並留下由陳暹撰寫的《重建遼左武書院記》。陳暹，字德輝，嘉
靖乙未進士，歷官廷尉評、兩淮運使、廣西參政、廣東布政使。

　　《重建遼陽武書院記》陳暹

　　　暹嘗謂：人才之生，必聚而後見，養而後成，有所觀感而後奮。
彼其渙然而處，即有賢者、材者，固與庸眾人不異。而養之不預，
即賢且材者，亦或拘於風氣，染於積習而業不精，又何望於中人之
性，觀感興起翕然思奮，以期適用也耶？遼左古稱多才之地，勳庸
相望，載籍具存。邇來科第罕徵，韜鈐鮮績者，此其故何也？聚之
未能，養之不預，而倡率觀感之機或廢焉耳。嘉靖庚申冬，安邑仁
庵王公奉命按遼，既劾黜官邪，察舉吏治矣，尤拳拳以作興人材為
務。明年，乃下令大修學宮。已又擇諸士雋異者，養之於遼陽書院，
給以廩餼，躬為課督。於是，諸士人各自奮，翕然向方，德業、藝
文彬彬然盛矣。已又於暇日按故跡，得武書院遺址於城之西北隅，

〔註42〕張士尊：《明代遼東書院述略》，《鞍山師範學院學報》，2009 年第 5 期。
〔註43〕張士尊：《明代遼東書院述略》，《鞍山師範學院學報》，2009 年第 5 期。

鞠為茂草，瓦鑠山積，頹垣圮階，殆不可辨。公乃喟然謂暹曰：「文武二途，粵為國紀，而儲養造就人才斯盛，興廢起敝，非余與二三大夫之責也乎？」乃出贖金若干，謂帶分守僉憲王君可立曰：「君為余畫其可。」謂副總兵黑君春曰：「君為余總其成。」遂以今年七月之吉興工，以武舉鎮撫王惟屏理其事，而又申命都司曹君勳左右之焉。咸奉命唯謹。再閱月而工告成。外為大門三間，門內為坊一，題曰「武俊聯輝」，列嘉靖歷科會武名其上。坊北為箭道，長二百步有奇，廣十之一。道盡為揖讓堂，蓋取射禮雍容尚德之義。堂前列碑亭者二：右則備載登國朝會武名次，以紀全遼武俊之盛而示勸於後；左則勒修武書院記，以紀日紀事也。道東偏為講武堂五間，翼以號舍、庖廚，以為誦法遊息之所。揖讓堂後為磴道若干級，適與城平，乃因臺構亭其上，題曰「象兆登壇」，言異時有登壇大拜者皆兆於此也。臺下百里內外、山川夷落，城郭市裏，映帶俯伏，宛在階下。若大將登臺，而三軍懾伏不敢仰視，又若聯百萬之眾進壓敵壘，而旌麾翁張，部伍整肅不可向邇，蓋遼左一大觀云。公將以吉日聚武士之秀者讀書習射其中，如文書院制，懼夫後來者不知建學儲才之意，而或如往者之廢焉，則無以垂久遠，而甄陶不匱矣。乃命暹書其始末於石，以詔來者。暹竊惟：古者之養士也，五、兩、卒、旅、軍、師之眾，莫非比閭族黨鄉國之民，而比閭族黨鄉國之師，即為五、兩、卒、旅、軍、師之長。聚有常居，教有定業。所以觀聽而服習者，又本乎孝友、睦姻、任恤之事。故其民皆服孝悌忠信之行，而懷親上死長之心。入則足以羽儀王朝，出則足以威懷敵國。此有周之人材所以為盛，而肅肅兔置之詩所以由作也。後世比閭族黨之制既不復存，所以儲養教導之者又皆無法。工鉛槧者，則以武生為粗鄙不足為。而稍知擊刺者，則以儒生為專務浮華而無實用。蓋不惟不知古之所謂文，而亦並其所謂武者而失之也。然則，又何怪乎今人不如古人，而勳業文章之愈趨愈下也？即今制武科取士，較之以騎射，試之以論策，而其得與試者又必清修無過之士，其於古之所以取士者雖不盡同，所以補其偏而救其弊者，亦庶乎合文武而一之也。而有識之士猶竊然歎，以為無豪傑之士出乎其間，至舉其科而並去之。嗚呼！此武書院之所為建也，夫聚之有地，則

賢有材者得以盡力乎其間，而業益精；養之有道，則服吾教者心無
外慕，而才可成。將見相觀相感，磨礱砥礪，非惟賢者可以樹勳揚
名，而凡中材之不至於自棄者，皆可以干城」而腹心矣。由是而出，
以應有司之求，以膺閫外之寄。雖不能盡如古人，其所以設施而建
立者，當有出於尋常丈尺之外，而不至如有識者之所竊歎也已。諸
士之聚於斯也，其亦思所以自見，以無為庸眾人所嗤，以古人相期，
而毋負於公之所養也哉。暹既述公之意以告來者，且以是而申告夫
多士云。公名得春，字一元，仁庵其別號也。登嘉靖丙辰進士，由
推官異等召授今職。其按遼也，進良退貪，彰善癉惡，風裁獨持，
百廢具舉，蓋更僕未易數云。碑既成，乃並以其工費之目與諸執事
之吏，附諸碑陰〔註44〕。

學者根據《全遼志》對遼陽武書院文字記載，參考明代有關建築資料，對
武書院建築布局做出如下分析：武書院位於都司治西北方向，總體布局分為
東、中、西三路，以中路為主軸線。武書院大門外有一座武弁群英坊跨立於街
道之上，三開間的大門上是一座箭樓，通過大門進入主庭院即見五開間的中
堂。東路建築是先後兩次建成的十三間號房，西路建築是三開間的觀德亭，以
及其北的十間號房。需要說明的是，武書院的箭樓是其他城內建築都不具有的
建築類型，僅此一例；原建東西號房各十間，所以推想按照對稱布置，後在其
中一側增建三間號房；因記載不詳，觀德亭的使用功能和布局形態參考察院中
的方式，布置在建築群西路中〔註45〕。學者根據《全遼志》相關記載，對武書
院建築布局進行論述進行有益探索。但忽略了其中重要一點，即由於受成書時
間條件所限，《全遼志》對遼陽武書院建築記載未必全面，在此略作補充說明。
「武書院大門外有一座武弁群英坊跨立於街道之上」未必準確。根據陳暹《重
建遼陽武書院記》記載，「（遼陽武書院）外為大門三間，門內為坊一，題曰「武
俊聯輝」，列嘉靖歷科會武名其上」。由此可知牌坊應該立在大門之內。「坊北
為箭道，長二百步有奇，廣十之一。道盡為揖讓堂，蓋取射禮雍容尚德之義」，
牌坊北為箭道，直通「揖讓堂」。「揖讓堂」懷疑是五開間的中堂別名。武書院
偏東側有「講武堂」五間，「道東偏為講武堂五間，翼以號舍、庖廚，以為誦

〔註44〕（明）李輔等纂修：《全遼志》卷五《藝文上·記》，瀋陽：遼瀋書社，1984 年，
第 646～647 頁。

〔註45〕楊馥榕、王颯：《明代遼陽城主要建築平面結構與布局探析》，《2016 年中國建
築史學年會論文集》，第 401 頁。

法遊息之所」。揖讓堂後面有高臺建築並修建亭子題名「象兆登壇」，臺階千級與城牆相平甚是雄偉，可以俯瞰全城以及周圍山川。

第七章　明代遼陽城忠烈祠

　　忠烈祠是祭祀戰爭中為國捐軀官民的神聖場所，由於其籌建與管理處於國家管控之下，因此除了具有傳統的祭祀功能外，還被賦予了特定的政治功能和內涵。明代遼東為邊疆地區「三面環虜」，歷史上民族矛盾和衝突是普遍存在的現象，由此產生諸多忠勇悲壯之士以及治邊能吏。明朝政府為褒獎英烈激勵人心，「流風遺愛，係思後人，均法得祀焉」〔註1〕，在遼東地區修建諸多忠烈祠，並將其納入祀典之中。目前所發現與之相關的有《明昭勇將軍都指揮鄧佐墓誌銘》、《明鎮國將軍遼東副總兵韓斌墓誌銘》，對其進行考釋。

第一節　遼陽忠烈祠

　　根據《全遼志》記載，到嘉靖末年，遼東境內共建有十六座忠烈祠。其中位於遼陽的有七座，即鄧將軍祠、褒功祠、忠毅將軍祠、忠節遺愛祠、群烈祠、王忠烈祠、閻忠愍祠等，構成獨特的邊疆忠烈祠文化。

　　鄧將軍祠　位於遼陽，祭祀遼東都指揮鄧佐。成化三年（1467年），鄧佐因建州女真寇邊於東山，交戰時戰死。成化四年（1468年）八月，建立祠堂進行祭祀。「祠在遼陽，祀都指揮鄧佐。成化丁亥，東山與虜血戰陣歿。戊子八月，詔立祠諭祭，事見宦業」〔註2〕。鄧佐因建州女真寇邊而戰死，引起後來

〔註1〕　（明）李輔等纂修：《全遼志》卷四《人物·祀典》，瀋陽：遼瀋書社，1984年，第630頁。

〔註2〕　（明）李輔等纂修：《全遼志》卷四《人物·祀典》，瀋陽：遼瀋書社，1984年，第631頁。

著名的「成化之役」。鄧佐死後被朝廷追贈建廟祭祀並一度神話,《全遼志》中
對鄧佐有詳細記載。

> 鄧佐,定遼前衛指揮使。儀表魁梧,性資剛勇。提督軍務王公
> 翱喜其善騎射,有膽力,保升署都指揮僉事。成化三年春,隨總兵
> 施英按奉集堡,賊眾二千餘人來寇,佐率五百騎為前鋒,奮勇身先
> 斬賊千餘級,賊敗去,急追至樹遮裏,峻山四壁,復殺數賊,鼓戰
> 而前。賊並力鏖戰,久之有一校策馬西走,眾遂潰,惟餘五十騎與
> 佐殊死戰。佐悉令土卒下馬拒賊歸路,賊不能支,下馬羅拜乞退。
> 佐怒罵,督戰益急,右手拇指別弦見骨,賊伐柳為楯,進逼餘卒,
> 死傷殆盡。佐知不可為,乃歎曰天乎,吾力竭矣!吾豈可入賊手乎?
> 遂引佩刀自刎,五十人無一生。還者報未至,遼人遙見佐乘馬挾弓
> 鼓吹前導,自東而西,僚屬皆出迎,竟不至。佐家亦聞鼓吹聲入門,
> 老少驚惶迎之,不見。守臣奏其事,立祠旌表,諭祭,都御史吳禎
> 為撰碑記。至今撫順夷人凡有疾厲,必易中國豬禱享。乃應其忠節,
> 顯著如此〔註3〕。

襃功祠 位於遼陽,祭祀遼陽副總兵都指揮韓斌。明朝景泰、天順、成化
年間北部邊防軍事壓力嚴重,邊疆地區少數民族不斷壯大頻繁內侵。韓斌生前
曾任職於延綏和遼東地區,先後參與對兀良哈、建州女真、韃靼軍事行動,並
修築遼東東部邊牆城堡,頗有建樹和聲望。參加成化年間兩次征討建州女真。
從戎三十年,大小百戰,俘斬三千五百餘人,被明朝賞賜蟒衣銀幣,《全遼志》
中有詳細記載。

> 韓斌,字延用,寧遠衛指揮備禦。戰虜小圍山,又解圍山圍。
> 出義州八塔兒,破圍,升都指揮充延綏參將。擊毛里孩於環縣,還
> 遇圍,夜擊出襲,擊保安縣。成化丁亥,薦改游擊將軍,同都御史
> 李秉東征,以右偏出清河,捷,進遼陽副總兵。建東州、馬根單、
> 清河、鹻場、靉陽、鳳凰、湯站、鎮東、鎮夷、草河十堡,拒守相
> 屬千里。會兵西出義州,抵興中,捷升都指揮同知。壁古城,掩清
> 河,擣城廠,步出將在峪,急走趙二舍寨皆赴。己亥,從撫寧侯朱
> 勇東征,出至泊珠江,免胄降下,虜首宋管只入。部眾誣逮詔獄,

〔註3〕 (明)李輔等纂修:《全遼志》卷四《宦業·國朝》,瀋陽:遼瀋書社,1984年,
第617頁。

明年虜侵東邊，詔釋復任，乃赴撫順關，召責賊首卜花禿等，謝罪去。復定斌為將。三十年大小百戰，俘斬三千五百有奇，賜蟒衣銀幣，率讎其功致仕，卒。撫按舉開建功達祇，詔春秋致祭，賜額「褒功」。子輔，都督；轍，舉人，建昌知府；孫璽，都督；瑋，舉人〔註4〕。

弘治乙丑（弘治十八年，1505 年），遼東地方官員上奏建立祠堂祭祀。正德丁卯（正德二年，1507 年），賜額「褒功」，春秋兩季遼東都司官員進行祭祀。「祠在遼陽，祀副總兵都指揮韓斌。成化戊午，開設靉陽以北諸堡，拓地數百里，保障居民。弘治乙丑，守官奏立祠祀。正德丁卯，賜額「褒功」。春秋都司官致祭，事見人物」〔註5〕。另外，傳世有明翰林學士唐皋於正德辛巳年（1521 年）應韓斌之子建昌知府韓轍請託，撰寫《褒功祠碑記》。褒功祠位於遼陽城南五里，屋內牆壁繪製有韓斌生前征戰壁畫，碑記比較詳細記載韓斌生平與功績。

《褒功祠碑記》　明翰林學士　唐皋撰

遼陽城南去未五里許，有祠曰「褒功」，故鎮國將軍、遼東副總兵韓公斌之祠也。公以武蔭，自指揮使膺受鉞分閫之寄，屢樹邊功，有遺澤於遼人，卒凡若干年，遼人不能忘，乃述公所建立之功，陳之當道，疏之於朝，下禮官議，遂檄實以聞，乃勅有司建祠，賜額「褒功」，春秋饗，蓋至於今又十越暑寒矣。乃正德辛巳冬，今上皇帝嗣位改元，詔告海內及諸藩國。余因備使朝鮮，取道遼左，晉謁祠下。顧瞻屋壁，皆繪公戰伐之事。徘徊嗟歎，安得起公九原，與之上下邊議，為柄兵者之一助也。踔節間，公之子建昌守轍過予，請為褒功祠記，且曰：先人之功具載信史，藏之秘府，猝不可得而考也。報功享祀，恩至渥矣。非假一言，以鑱諸石，以詔後人，不將寖遠寖微而跡幾於熄乎！轍抱此志久而未遂，茲幸使過吾土，此天與之便也，其敢以煩執事。予謝不敏。畢使，還至遼，建昌復申前請。時予同年侍御湯泉楊子按治東土，風節懍然，而獨於鄉賢每加之意以昭激勸，為之贊說甚力，遂不果辭？

〔註4〕（明）李輔等纂修：《全遼志》卷四《宦業‧人物》，瀋陽：遼瀋書社，1984 年，第 626 頁。

〔註5〕（明）李輔等纂修：《全遼志》卷四《人物‧祀典》，瀋陽：遼瀋書社，1984 年，第 631 頁。

按傳：公之先，山後興州人。祖福原，國初猶隸尺籍，考春始事文廟，以從征伐，累官至東勝衛指揮使。公生三歲，而失所怙，年十有六而補蔭，視衛篆，藉藉有聲，既而充禆將，提偏師，衝鋒破陣，所至克捷。若解團屯之圍，奏八塔之俘，潰定邊之重圍，奮清河之搗巢，連長營興中之勝，至於臥古城之雪，懸清河之賞，逸靉陽之騎，趨二舍之急，納管尺八之降，壁黑松林之守，蓋皆畫奇製變，冒危履險，出萬死於一生，以造此汗馬之勞。其行陣之功如此，又受備禦之寄，持副將之節，若守寧遠，守義州，分延綏、遼陽之閫，以謀則審，以守則固，以撫則順，以戰則克。金帛不足賞其勞，鐃歌不足頌其美，其邊鎮之功如此，而又能相地勢之阨塞，跡胡寇之出沒，長顧遠慮，為之奏設東州以至靉陽，湯站以至甜水諸營堡凡千餘里，斬伐林木，修築牆垣，增立墩臺，填實軍伍，平斥道路，勸督屯種，使黠虜無所施其謀，邊人得以享其利，其開拓之功又如此。

夫人臣之事功，固先定其志，以自樹立，凡以求盡職業而已。初豈邀目前之譽，而希身後之寵哉？然功懋於身而加於民者甚眾，跡著於今而垂於後者無窮。則人心若何而不積其感，國典又若何而不崇其報也耶？若公之功，予以為得於行陣者，猶曰一時之勞也。其成於開拓，以遺後來之利，雖謂之百世可也。今夫士者之行，係重一鄉，猶獲祭於其社，而況近者有功於一時，遠者有功於百世，如公者所宜深念而嘉錄之也！此人心之所歆動，而享祀典於弗替者歟！雖然往者來之轍也，後者前之續也，上者下之表也。公之功，固足昭往轍以固來者之守，使非真能利今而善後，亦奚感人之深，而國家之令典，尤未有不本之群情而濫及之也。公雖謝世而遺德在，人合口陳詞，為崇報之舉，無間遠邇。廷議因俯從之，而公之大名遂以不朽。文纓武弁所以立身，斯其律令也。後來者居公之位，膺公之任，豈可不勵公之志，懋公之功，以圖榮譽於無窮也哉！茲固先朝樹祠賜額之深恩，勸功賞善之微意已。故曰：下之表也，是為記〔註6〕。

〔註6〕（明）李輔等纂修：《全遼志》卷五《記‧藝文上》，瀋陽：遼瀋書社，1984年，第654～655頁。

　　忠毅將軍祠　位於遼陽，祭祀定遼前衛千戶張斌。嘉靖己亥（嘉靖十八年，1539年）七月建立祠堂。「祠在遼陽，定遼前衛千戶張斌，在廣寧擒叛卒陣歿。嘉靖己亥七月立祠，事見宦業」〔註7〕。張斌是定遼前衛正千戶，嘉靖己亥（嘉靖十八年，1539年），廣寧發生兵變，張斌英勇作戰攻擊叛軍過程中陣亡。明朝追升其二級，巡撫與巡按為其立祠，扁曰「忠毅」。「張斌，定遼前衛正千戶，嘉靖己亥，廣寧兵變，斌奮勇先登，擊叛逆被害。事聞，陞二級，撫按為立祠，扁曰『忠毅』」〔註8〕。嘉靖初年，遼東地區發生多次兵變，均被明朝政府鎮壓，「首惡雖誅，漏網者眾」雖然為首者伏誅，但漏網者不少，為日後兵變埋下隱患。嘉靖十八年（1539年）閏七月，廣寧再次發生兵變。廣寧軍卒佟伏、張鑒等乘天旱鬧饑荒鼓動軍卒叛亂。「悍卒無所憚，結黨叫呼，動懷不逞。廣寧卒佟伏、張鑒等乘旱饑，倡眾為亂，諸營軍憚永無應者」。佟伏等人登上譙樓鳴鼓叫囂，遼東總兵馬永率領家兵進行仰攻，千戶張斌英勇異常率先登樓，在進攻叛卒過程中被殺「伏等登譙樓，鳴鼓大噪，永率家眾仰攻。千戶張斌被殺，永戰益力，盡殲之」〔註9〕，此事在《明實錄》中有詳細記載。

　　遼東廣寧衛達軍佟伏等作亂，總兵官右都督馬永督兵與戰，殲之。遼東自十四年軍變後，雖擒首惡數輩，於時務安人心，遺孽未正憲典者竟置不問。鎮卒凶狡者狃於前事，時有不逞心。是年歲饉，伏與軍丁於禿子、張鑒等俱有勇力為市井所憚。乃糾惡少四十餘人，以朔日之夜，鼓嘯倡眾為亂。城中人無應者，欲出城集眾，索門鑰不得，乃群登譙樓鳴鍾鼓以駭眾。永率家丁、夜不收三百餘人捕之，呼噪仰攻。千戶張斌先登被殺，我兵益憤怒，急進擊斬首四十級，生擒二賊，眾無一人脫者。事聞，上以逆軍悖亂，變起倉卒而鎮巡官能應時底定，深嘉悅之。乃詔升永左都督、巡撫右副都御史劉漳為左副都御史，各賚以銀幣。賜敕獎諭諸有功將吏，升賞有差。斌先恤其家，其餘官軍功次行。巡按御史勘奏升錄〔註10〕。

〔註7〕（明）李輔等纂修：《全遼志》卷四《人物·祀典》，瀋陽：遼瀋書社，1984年，第631頁。

〔註8〕（明）李輔等纂修：《全遼志》卷四《宦業·國朝》，瀋陽：遼瀋書社，1984年，第618頁。

〔註9〕（清）張廷玉等撰：《明史》卷二一一《馬永傳》，北京：中華書局，1974年，第5577頁。

〔註10〕《明世宗實錄》卷二百二十七，嘉靖十八年閏七月己亥條。

　　忠節遺愛祠　位於遼陽，祭祀殉節於「朱宸濠之變」的許逵。許逵，《明史》有傳。正德十二年（1517年）擔任江西按察司副使。由於寧王朱宸濠在江西一帶橫征暴斂，許逵秉公執法不畏強權。朱宸濠發動叛亂時，面對生死存亡，許逵選擇堅貞不屈而死。

　　　　十二年遷江西副使。時宸濠黨暴橫，逵以法痛繩之。嘗言於孫燧
　　　　曰：「寧王敢為暴者，恃權臣也。權臣左右之者，貪重賄也。重賄由於
　　　　盜藪，今惟翦盜則賄息，賄息則黨孤。」燧深然之，每事輒與密議。
　　　　及宸濠縛燧，逵爭之。宸濠素忌逵，問許副使何言，逵曰：「副使惟赤
　　　　心耳。」宸濠怒曰：「我不能殺汝邪？」逵罵曰：「汝能殺我，天子能
　　　　殺汝。汝反賊，萬段磔汝，汝悔何及！」宸濠大怒，並縛之，曳出斫
　　　　其頸，屹不動。賊眾共推抑令跪，卒不能，遂死，年三十六〔註11〕。

　　祭祀許逵的忠節遺愛祠為何在遼陽？許逵原先曾任分巡遼瀋東寧道，在遼東一地「禮神愛民，謙恭下士，聽獄詳明，人以不冤」，為政有聲後升任江西按察司副使。正值「朱宸濠之變」不屈而死，贈禮部尚書，諡「忠節」。嘉靖四十年（1561年）巡按王得春建立祠堂。嘉靖四十三年（1564年）巡按黃襄春秋致祭。

　　　　祠在遼陽，祀原任分巡僉事、後升江西副使寧濠謀逆死節，贈
　　　　尚書諡忠節許逵。嘉靖辛酉，巡按王得春建祠。甲子，巡按黃襄行
　　　　春秋致祭，事見宦業〔註12〕。

　　　　許逵，河南固始人。正德戊辰進士。逵沉靜有謀略，授樂陵知
　　　　縣時，流賊猖獗攻城殺人禍連三省。他縣閉門自守，或遺賊芻粟酒
　　　　食，縱橫虜掠，官軍不能支。逵募死士千人，人持一木棍，迎賊突
　　　　擊，人馬俱斃。賊不敢近縣境。超昇山東按察司僉事，分巡遼瀋東
　　　　寧道，禮神愛民，謙恭下士，聽獄詳明，人以不冤。尋升江西按察
　　　　司副使，宸濠之變，逵以不屈死。贈禮部尚書，諡「忠節」，今祀廣
　　　　寧名宦祠〔註13〕。

〔註11〕（清）張廷玉等撰：《明史》卷二八九《列傳第一七七‧忠義一‧許逵傳》，北京：中華書局，第7431頁。

〔註12〕（明）李輔等纂修：《全遼志》卷四《人物‧祀典》，瀋陽：遼瀋書社，1984年，第631頁。

〔註13〕（明）李輔等纂修：《全遼志》卷四《宦業‧國朝》，瀋陽：遼瀋書社，1984年，第614頁。

群烈祠 位於遼陽，祭祀靉陽守備都指揮李漢等人。查閱《明實錄》，嘉靖二十一年（1542 年）十一月有巡按御史胡汝輔奏報李漢等人戰死的記載，「巡按御史胡汝輔隨奏：建州達賊從鳳凰城入寇，殺守備李漢、指揮佟恩等，所過鹵掠無算」〔註14〕。《全遼志》記載「嘉靖癸卯」即嘉靖二十二年（1543 年），李漢率兵迎擊建州女真，與提調都指揮莊重、千總指揮金潮、李景、守堡指揮佟恩、孫承祖、把總指揮盧恩、劉經、百戶李鐸等陣亡。從時間來看，《全遼志》「群烈祠」條記載有誤，李漢等人陣亡時間不應該是「嘉靖癸卯」即嘉靖二十二年（1543 年）而是《明實錄》中記載的嘉靖二十一年（1542 年）。遼東巡撫、巡按商議建立祠堂祭祀，並祔祀清河死陣都指揮趙奇、佟勳、指揮王鎮等人。誠如張士尊先生所言，但這個決議並沒有馬上付諸實施〔註15〕。直到嘉靖四十四年（1565 年），也就是過去二十二年後，李輔巡按遼東時才將此事付諸於實際，「督造祠宇，扁曰「群烈」，祀如初議」，群烈祠由此而來。

> 祠在遼陽，祀靉陽守備都指揮李漢等。嘉靖癸卯，漢率兵迎擊東夷，與提調都指揮莊重、千總指揮金潮、李景、守堡指揮佟恩、孫承祖、把總指揮盧恩、劉經、百戶李鐸，死於陣，事見宦業。撫按議建祠祀，祔祀清河死陣都指揮趙奇、佟勳、指揮王鎮。乙丑巡按李輔查行都司，督造祠宇，扁曰「群烈」，祀如初議〔註16〕。

> 李漢，復州衛指揮，以武舉守備靉陽。虜犯孤山，漢率兵迎擊，虜走據險，官軍鏖戰久之，援兵不至，漢死。同死者千總指揮金潮，守堡指揮佟恩等九員。事聞勘復，各升二級，漢蔭一子，立祠〔註17〕。

王忠烈祠 位於遼陽，祭祀指揮王相。王相本是東寧衛指揮，後備禦前屯。嘉靖壬子（嘉靖三十一年，1552 年），北虜入犯興營堡，王相率領所部四百人與數萬敵人交戰。又於沙河驛交戰，外無援兵弓矢已盡，最後不幸陣亡。這在明朝嘉靖年間遼東邊患嚴重歷史背景下，王相作為中下極武官如此忠勇，確實

〔註14〕《明世宗實錄》卷二百六十八，嘉靖二十一年十一月辛亥條。

〔註15〕 張士尊：《明代遼東忠烈祠的修建與邊疆文化特色》，吉林師範大學學報（人文社會科學版），2009 年 5 月第 3 期。

〔註16〕（明）李輔等纂修：《全遼志》卷四《人物·祀典》，瀋陽：遼瀋書社，1984 年，第 631 頁。

〔註17〕（明）李輔等纂修：《全遼志》卷四《宦業·國朝》，瀋陽：遼瀋書社，1984 年，第 618 頁。

少見。後來被贈都督同知，蔭一子正千戶世襲，賜祭葬，諡「忠烈」。

> 祠在遼陽，祀指揮王相。任前屯備禦，與北虜血戰二日陣歿，事見宦業。嘉靖壬子，贈都督同知，立祠〔註18〕。

> 王相，東寧衛指揮，備禦前屯，嘉靖壬子，北虜入犯興營堡，相率兵馬僅四百，攻敵數萬，至沙河驛，鏖戰兩晝夜，援兵不繼，矢盡而死。事聞，贈都督同知，蔭一子正千戶世襲，賜祭葬，諡「忠烈」〔註19〕。

關於此事《明實錄》中有詳細記載。嘉靖三十一年（1552年）四月，「虜二萬餘騎犯遼東前屯」，備禦指揮王相聞訊後率四百人參戰，「與虜遇於寺兒山」，傷亡相當。王相雖然受傷而且敵眾我寡有機會撤出戰鬥，但是義無反顧以「吾家世為將，惟有此一腔血報國恩耳」慷慨之言，決定再次與外敵交戰。第二天王相率部與敵人再次交戰，表現更為英勇，「帥麾下殊死鬥，已而力竭，相勇氣益厲，持刀左右擊，身被十餘創而死」。在王相精神鼓舞下，部眾勇猛異常也是慷慨赴義大多陣亡。嘉靖皇帝聞訊後，感其忠勇大加封賞「詔贈都督同知，蔭一子正千戶，賜祭葬如例」。

> 丙寅虜二萬餘騎犯遼東前屯，自新興堡入。守堡百戶常祿、指揮姚大謨，率堡兵二百據三道溝扼虜。虜縱其圍之，提調指揮劉棟、團練指揮劉啟基共率軍捨四百餘盡銳沖之，入重圍與祿、大謨合力戰圍不克，四人者俱死。我兵傷亡大半，虜亦創甚。備禦指揮王相問報，統所部兵四百人赴之，與虜遇於寺兒山，大戰移時殺傷略相當。虜捨去相包月首被重創，移營沙河驛，千戶葉廷瑞調團練卒百餘佐之。相裹瘡欲復戰，或曰：虜充斥如此，爾以寡弱卒當之，戰必無幸。相曰：吾家世為將，惟有此一腔血報國恩耳。且虜驕而無律，雖眾不足憚。明日虜驅掠人畜歌歸。相疾趨出其前，邀之戰於蠟黎山。虜悉眾來，相帥麾下殊死鬥，已而力竭，相勇氣益厲，持刀左右擊，身被十餘創而死。指揮張策、百戶程克改、胡鎮及麾下士死者無慮三百人，廷瑞面受數刀昏僕，次日乃蘇，餘卒無幾無不

〔註18〕（明）李輔等纂修：《全遼志》卷四《人物·祀典》，瀋陽：遼瀋書社，1984年，第631頁。

〔註19〕（明）李輔等纂修：《全遼志》卷四《人物·祀典》，瀋陽：遼瀋書社，1984年，第618頁。

帶傷者，虜遂即日引去。事聞上嘉相忠勇，詔贈都督同知，蔭一子
正千戶，賜祭葬如例〔註20〕。

閻忠愍祠　祠在遼陽，祭祀都指揮閻懋官，擔任游擊。嘉靖丙辰（三十五年）與外敵交戰於廣寧城北塔兒山，外敵進攻閻懋官陣營沒有成功，於是進攻鎮守殷尚質陣營。閻懋官率兵進行增援，鎮守殷尚質已經陣亡，閻懋官血戰而死。閻懋官之父閻振嘉靖二十六年（1547年）陣亡於廣寧城東三十里，不到十年其子閻懋官又陣亡於廣寧城北二十里，堪稱一門忠節，讓人感歎。都御史齊宗道，為閻懋官立《忠節傳》。閻懋官被贈都督同知，蔭一子正千戶，世襲。賜祭葬，立祠。

> 祠在遼陽，祀都指揮閻懋官，任河西游擊，與北虜戰於廣寧城
> 北，陣歿，事見宦業。嘉靖丙辰，贈都督同知，立祠〔註21〕。

> 閻懋官，定遼左衛指揮，任中路游擊。嘉靖丙辰四月十四日，
> 虜犯廣寧，懋官同鎮守殷尚質追至塔兒山遇賊。賊攻懋官營不動，
> 乃馳攻鎮守營。營潰，懋官率驍騎援至，殷已死，血戰而歿。鎮城
> 人哭之哀，郡人都御史齊宗道，為懋官立《忠節傳》，論其父振以丁
> 未戰死鎮城東三十里，不十年，其子又死於鎮城北二十里。忠節萃
> 於一門，為之三歎息焉。事聞詔贈都督同知，蔭一子正千戶，世襲。
> 賜祭葬，立祠〔註22〕。

《明實錄》中對此也有記載，嘉靖三十五年（1556年）十一月，打來孫等率眾十餘萬騎深入遼東廣寧等處劫掠，殷尚質等人陣亡。明朝贈殷尚質少保，左都督，謚「忠勇」，蔭一子指揮同知世襲；贈閻懋官都督同知，蔭一子正千戶世襲。仍各立祠祭葬。另外《全遼志》中記載閻懋官擔任「中路游擊」、「河西游擊」彼此不同，查閱《全遼志》「廣寧游擊」條有閻懋官記載〔註23〕，當為廣寧游擊。

> 戊午，北虜打來孫等率眾十餘萬騎深入遼東廣寧等處，總兵官

〔註20〕　《明世宗實錄》卷三百八十四，嘉靖三十一年四月丙寅條。

〔註21〕　（明）李輔等纂修：《全遼志》卷四《人物·祀典》，瀋陽：遼瀋書社，1984年，第631頁。

〔註22〕　（明）李輔等纂修：《全遼志》卷四《人物·祀典》，瀋陽：遼瀋書社，1984年，第618頁。

〔註23〕　（明）李輔等纂修：《全遼志》卷三《職官·廣寧游擊》，瀋陽：遼瀋書社，1984年，第585頁。

般尚質率游擊閻懋官等御之。虜眾不敵，尚質等死之，亡其卒千餘人。總督薊遼右都御史王忬以聞且自劾調度無策，並論巡撫蘇志皋輕率寡謀之罪。兵部覆奏。詔贈尚質少保，左都督，蔭一子指揮同知世襲。懋官都督同知，蔭一子正千戶世襲。仍各立祠祭葬，賜尚質諡「忠勇」〔註24〕。

第二節　《〈明昭勇將軍都指揮鄧佐墓誌〉考釋》〔註25〕

　　《明昭勇將軍都指揮鄧佐墓誌》1968 年出土於遼陽市遼陽縣響山子，誌石長 47 釐米，寬 43 釐米，志文 19 行，滿行 32 字。該墓誌刻於明成化三年（1467 年），現藏於遼陽博物館。遼陽地區出土的《明昭勇將軍都指揮鄧佐墓誌》是一方非常具有學術研究價值的石刻文物。通過對志文釋讀可知，墓誌主人鄧佐祖父鄧榮、父親鄧瑛生前曾任職過明朝武職。墓誌記載部分內容與史書不符並非偶然，推測是鄧氏後人為親者諱，有意將鄧榮與鄧瑛生平事蹟相混淆進行美化修飾，掩蓋鄧瑛因罪貶戍遼東史實。墓誌主人鄧佐因建州女真寇邊而戰死，引起後來著名的「成化之役」。鄧佐死後被朝廷追贈建廟祭祀並一度神話，與學術界探討多年滿清「堂子」祭祀「鄧將軍」人物身份有很大關係。根據《全遼志》記載，鄧佐戰死後被朝廷追贈建祠堂祭祀，成為當時明代遼東邊疆文化顯著特色〔註26〕，也是清史學者研究一大重點。著名清史研究學者孟森先生曾研究發表《清代堂子所祀鄧將軍考》一文，考證堂子所祭祀者即為明代遼東將軍鄧佐，其後又有多位學界老師對此撰文論述。雖然鄧佐墓誌早在 1968 年出土於遼陽地區，但未公開整理發表，實屬遺憾。2002 年出版的《遼寧碑誌》一書中收錄了墓誌原文，但沒有進行系統考釋，也沒有刊載墓誌文物和拓片照片，難窺全貌〔註27〕。職此之故，為了更加科學地利用這一石刻文物歷史價值，筆者對志文進行嘗試性釋讀，不足之處在所難免，敬請各位方家指教。為方便閱讀進行標點斷句，以「□」表示該字磨損脫落不清。

〔註24〕　《明世宗實錄》卷四百四十一，嘉靖三十五年十一月戊午條。
〔註25〕　參見拙文：《〈故昭勇將軍都指揮鄧佐墓誌〉考釋》，《遼寧省博物館館刊》（2016年），瀋陽：遼海出版社，2017 年，第 32～37 頁。
〔註26〕　張士尊：《明代遼東忠烈祠的修建與邊疆文化特色》，吉林師範大學學報（人文社會科學版），2009 年 5 月第 3 期。
〔註27〕　王晶辰主編：《遼寧碑誌》，瀋陽：遼寧人民出版社，2002 年，第 151～152 頁。

圖十一：明鄧佐墓誌銘拓片

一、鄧佐墓誌原文

　　遼東都司儒學泮宮生楊傑　撰書丹

　　　　公諱佐，字廷輔，姓鄧氏。好仁恕，推恩於下，不隨人諛事，
多建功於邊。起家直隸太平之當塗。遠祖諱榮，由前元為萬戶。初
以武功授昭信校尉，後階陞平陽衛指揮，嘉賜之，陞任山西行都司
僉都指揮使。未幾，遷於遼陽。正統間，荷蒙恩詔，後循例，遂僉

遼東都指揮使司事。生男八人：名瑛、斌、琳、瑄、玘、璃、璉、琮者是也。瑛居長，以身後事寄瑛，亦為人不忝赤心，報稱多有功跡，任遼東都指揮僉事，督總六堡人馬，備保東藩，命終於景泰三年二十八日。有子七人：曰佐、曰佑、曰儀、曰健、曰傷、曰佺、曰倧者，咸尚義，為人英邁。佐，其嫡嗣，襲除定遼前衛指揮使，娶兵馬指揮楊瑛女。生子二：長曰鈺、次曰鎮。鈺婚遼東都指揮崔勝女，鎮未娶。女二：一適定遼前衛指揮陳震，一待聘東寧衛鎮撫楊森嫡男名泰。佐善騎射，驍絕於人，鎮守咸知之，擢備禦於遼堡。見其材器非小，調廣寧，總總戎司人馬，擢賊先勇，蒙朝廷白金之賜。成化二年九月，內奉保字五百八十號勘合，特陞署都指揮僉事，取京營，總五軍。未行，因遼東左邊烽屢驚，要與用人，左都御史袁愷奏准，就遼東署都指揮僉事，仍廣寧督軍。不時，東山等處屢有賊窺我境土，掠我人畜，特調為之保障。成化三年正月初八日，隨副總兵施英伏人馬娶奉集之堡。本月十六日，管家屯有賊，掠我人畜，領士卒當其前鋒，意以虜乃東方之小丑，我為命國之大臣，敢知知有身家而不忠以報上乎？故交鋒，獲首一顆，則虜酋傾亂，猶不縱其奔，竟追至樹摭屯。賊覦後軍不續，散集賊有七百之眾。佐督子弟，先於士卒，戰逾三時，殺賊橫道，令子弟□□不發，奮不顧身，忠於自殺而死。故興葬於城南三十里曰鍾家之峪。書此以為之記云。銘曰：

良哉鄧均，義以殺身。忠以報國，仁義撫民。物有終毀，美均蚩名。為臣得此，永為播勳。成化歲次丁亥四月初二日吉

二、鄧佐的譜系和姻親

根據墓誌記載，鄧佐祖先「起家直隸太平之當塗」，遠祖鄧榮曾在元朝任職，後來以「前元萬戶」身份歸附朱明。初以武功授昭信校尉，任職平陽衛指揮，後來升任山西行都司僉都指揮使。鄧榮生子八人，即鄧瑛、鄧斌、鄧琳、鄧瑄、鄧玘、鄧璃、鄧璉、鄧琮。關於鄧榮生平仕歷正史中語焉不詳，推測應是生前仕宦不顯軍功不大。根據志文記載，鄧榮家族後來由山西遷於遼陽。

鄧榮之子鄧瑛在墓誌中內容信息也不多，而且鄧氏家族由「山西行都司僉都指揮使」一職遷入遼陽一事，多有不詳較為含蓄似有隱諱。查閱《明實錄》

可知，鄧瑛在山西一地任職期間，因外虜寇邊畏縮觀望而貽誤戰機，導致逮捕入京按律當斬，後受到皇帝恩免，懲治戍邊遼東。《明實錄》中關於此事有兩條詳細記載內容。一條是宣德十年（1435年）六月，「虜騎千餘入大同境，肆掠官軍，死者十五人傷者百餘人。太子太保成國公朱勇及給事中王永和等論，鎮守總兵官方政誤事失機。上念政臨邊未久，特宥之。既而政奏所部都指揮鄧瑛等畏縮觀望，遂詔逮瑛等赴京」〔註28〕。由此可知，鄧瑛因為貽誤戰機被逮捕入京。一條是宣德十年（1435年）冬十月，「謫山西行都司都指揮僉事鄧瑛等戍遼東，法司論瑛等失機當斬，上宥其死故有是命」〔註29〕。這與志文中記載的「未幾，遷於遼陽」一事多有應和，指的應是明朝法司按律治罪，鄧瑛貽誤戰機本應當斬，後來新皇帝登基「上宥其死」，鄧瑛最後戍邊遼東。

志文中記載的「（鄧榮）正統間，荷蒙恩詔，後循例，遂僉遼東都指揮使司事」內容，反覆推敲多有疑問，此處志文內容未必指的是鄧佐之祖鄧榮生前之事。從上文《明實錄》記載內容來分析，不難看出應該指的是鄧佐之父鄧瑛生前之事。形成強烈反差的是，志文記載內容卻非常明顯與鄧瑛之父鄧榮有關。這種張冠李戴現象頗有意思讓人不解充滿詭異，表面上看可能因為時代久遠，鄧氏後人記述訛誤所致。但實際上很有可能鄧氏後人對先人進行隱諱，掩蓋其歷史污點有意美化修飾。此種做法既提高鄧榮身份地位，又掩蓋鄧瑛曾受到嚴厲懲處，典型文過飾非障人耳目。鄧瑛曾在山西擔任「山西行都司都指揮僉事」一職，貽誤戰機受到懲治，但入遼東後卻繼續擔任重要官職。究其原因應是明宣宗駕崩新皇帝明英宗登基後，「荷蒙恩詔」逃過嚴厲懲處，得以調任在遼東地區擔任「都指揮僉事」一職。

根據志文記載鄧瑛任遼東都指揮僉事，曾「督總六堡人馬，備保東藩」，此處與《明實錄》記載內容相似。《明實錄》記載「升遼東都指揮僉事王祥為都指揮同知，署都指揮僉事畢恭實授本職，同祥提督都司在城軍馬。廣寧操備署都指揮僉事巫英，實授本職。與都指揮僉事鄧瑛，同管都司事，仍分督長勇等四堡軍馬。俱從總兵曹義奏請也」〔註30〕。鄧瑛於景泰三年（1452年）二十八日去世。鄧瑛有子七人，即鄧佐、鄧佑、鄧儀、鄧健、鄧僖、鄧佚、鄧倧。

墓誌主人鄧佐娶兵馬指揮楊瑛女。生子二人即鄧鈺、鄧鎮。鄧鈺在鄧佐戰

〔註28〕《明英宗實錄》卷六，宣德十年六月癸卯條。
〔註29〕《明英宗實錄》卷十，宣德十年冬十月己酉條。
〔註30〕《明英宗實錄》卷九十四，正統七年秋七月乙丑條。

死後，襲職都指揮僉事職務。「丙戌命故遼東都指揮僉事鄧佐子鈺襲升都指揮僉事以佐殺賊陣亡也」〔註31〕。鄧鈺娶婚遼東都指揮崔勝之女，鄧鎮當時未娶。鄧佐有女二人，一適定遼前衛指揮陳震，一待聘東寧衛鎮撫楊森之子楊泰。值得關注的是，根據《明實錄》中記載成化二十三年（1487 年）秋七月，「丁未，兵部議上遼東都指揮使鄧鈺所奏備邊事宜」可知，鄧佐之子鄧鈺生前曾擔任遼東都司都指揮使要職。這與《全遼志》中記載內容遼東都司掌印「鄧鈺，定遼前衛人」相互印證〔註32〕。從鄧氏家族姻戚也可以看出當時明朝邊陲地區軍官武將之間相互聯姻的現象極其普遍。在專制社會中，這種門當戶對的姻戚關係也是鞏固本家族社會地位的一種有效政治手段，鄧佐家族中有關姻戚關係的記載也正是當時明代遼東邊陲社會生活狀況的真實反映。

三、鄧佐的仕歷和生平

鄧瑛死後，鄧佐按例襲職，「提督遼東軍務左都御史王翱，以故遼東都指揮同知李弼子宗襲為定遼後衛指揮僉事，吳凱子謹襲為義州衛指揮使，鄧瑛子佐襲為定遼前衛指揮使署都指揮僉事」〔註33〕。通過墓誌內容可知，此時鄧佐由於善於騎射，驍勇異常，而不斷受到重用和升遷。成化二年（1466 年）九月，特升署都指揮僉事，「取京營，總五軍」應指鄧佐曾在京師部隊任職。後由於遼東地區邊境緊張，調任駐守廣寧。「東山等處屢有賊窺我境土，掠我人畜」，應指的是建州女真南遷居住在蘇子河流域後實力不斷壯大，在與明朝保持一段和平交往後，其首領李滿柱率眾不斷寇邊侵擾。

在此歷史背景下，成化三年（1467 年）正月初八日，鄧佐奉命隨副總兵施英前往奉集堡。十六日管家屯有賊寇邊，鄧佐率軍追擊，至樹遮屯附近敵軍伺機發現鄧佐兵少，聚集兵力七百人重新交戰。鄧佐雖然英勇殺敵但寡不敵眾，最終力竭不屈自殺而死。關於此事《明實錄》以及《全遼志》中均有記載。由於副總兵施英救援不力，導致鄧佐等人不幸戰亡，而受到遼東左都御史李秉參奏。「總督遼東軍務左都御史李秉等奏：海西、建州等虜入鴉鶻關，抄掠佛僧洞等處。副總兵施英等分兵御之。遣都指揮鄧佐率軍五百前哨至雙嶺，遇伏戰死。一時陷沒者餘百人。時英亦次樹遮嶺，與參將周俊兵合，去佐不遠，不

〔註31〕《明憲宗實錄》卷四十二，成化三年五月丙戌條。

〔註32〕（明）李輔等纂修：《全遼志》卷三《職官·鄧鈺》，瀋陽：遼瀋書社，1984 年，第 586 頁。

〔註33〕《明英宗實錄》卷一百九十九，景泰元年十二月戊戌條。

能應援，致損士馬，挫軍威，罪不可宥。事下兵部言：施英向以啟釁要功被劾，令立功自贖。今復行師失律，致陷佐等，誠宜逮問。但兵興之際用人方急。上是之，曰：施英姑不問，仍令殺賊贖罪」〔註34〕。不難看出，這次戰役發生在明代成化三年（1467年）二月，當時，海西和建州女真聯合入侵，從鴉鶻關進入明朝遼東內地，先在佛僧洞等處搶奪劫掠。遼東副總兵施英派遣鄧佐率五百兵士先往抵禦，兵至雙嶺，遭遇女真人的埋伏，鄧佐與百餘兵士戰死。戰鬥中，施英也率兵至樹遮嶺，與參將周俊所率兵馬會合。這裡雖然距離雙嶺不遠，但施英卻貽誤戰機未及時赴援。李秉在戰後的奏摺中認為，鄧佐兵敗戰死一事，施英應負主要責任。兵部考慮當時形勢，未對施英予以「逮問」，成化皇帝贊成兵部意見，命施英「殺賊贖罪」。關於鄧佐戰死一事，在《清史稿》中也有記載，但比較簡略。「是月，海西、建州諸衛復入鴉鶻關，都指揮鄧佐禦諸雙嶺，中伏死，副總兵施英不能救」〔註35〕。

　　《全遼志》中「宦業」部分對鄧佐戰死經過也有記載，顯而易見其內容與墓誌原文以及《明實錄》、《清史稿》相比，過於渲染誇張鄧佐英雄主義，讓人感到充滿神話色彩與事實相差甚遠。「佐率五百騎為前鋒，奮勇身先斬賊千餘級。賊敗去，急追至樹遮裏，峻山四壁復殺數賊，鼓戰而前。賊並力鏖戰，久之有一校策馬西走，眾遂潰。惟餘五十騎與佐殊死戰。佐悉令土卒下馬拒賊歸路，賊不能支，下馬羅拜，乞退。佐怒罵，督戰益急，右手拇指剔弦見骨，賊伐柳為楯進逼，餘卒死傷殆盡。佐知不可為，乃歎曰：「天乎，吾力竭矣！吾豈可入賊手乎！」遂引佩刀自刎，五十人無一生還者。報未至，遼人遙見佐乘馬挾弓，鼓吹前導，自東而西，僚屬皆出迎，竟不至。佐家亦聞鼓吹聲入門，老少驚惶迎之，不見」〔註36〕。不難看出，《全遼志》中記載內容與鄧佐墓誌記載內容有些方面相差懸殊。誠如張士尊先生大作所言，墓誌並沒說殺敵多少，《全遼志》變成了千人，顯然誇大其辭。至於成神返鄉之說，更是荒誕不經〔註37〕。李秉另有奏摺關於鄧佐戰死內容，「雙嶺之戰，隨徵官軍署都指揮

〔註34〕《明憲宗實錄》卷三十九，成化三年二月己亥條。
〔註35〕趙爾巽等撰：《清史稿》卷二二二《列傳第九》，北京：中華書局，1976年，第9121頁。
〔註36〕（明）李輔等纂修：《全遼志》卷四《宦業·鄧佐》，瀋陽：遼瀋書社，1984年，第617頁。
〔註37〕張士尊：《明代遼東忠烈祠的修建與邊疆文化特色》，《吉林師範大學學報》（人文社會科學版），2009年5月第3期。

鄧佐、達官指揮使李剛等九十八人陣亡，請以遼東都司官庫棉布人給四匹，以備喪具。」皇帝答應了這個請求。

鄧佐去世後，由於其寧死不降氣節受到明政府嘉獎，受到立祠旌表高規格待遇。「守臣奏其事，立祠旌表，諭祭。都御史吳禎為撰碑記。至今撫順夷人凡有疫癘，必易中國豬禱享，乃應其忠節顯著如此」〔註38〕。著名清史研究學者孟森先生在《清代堂子所祀鄧將軍考》一文中認為，有清一代「堂子」祭祀「鄧將軍」即為鄧佐，在撫順邊外建州聚居地修建墳墓和祠堂。一直以來孟森先生的觀點影響很大，但現在看來還是很值得認真商榷。內部文物資料表明，1968 年在遼陽市區城南三十里響山子發現鄧佐的墓地，並出土刻於成化三年的《明昭勇將軍都指揮鄧佐墓誌》和刻於成化十四年的《明昭勇將軍都指揮鄧佐夫人楊氏墓誌》，為這一問題探討和解決無疑是提供了可靠文物歷史信息。另外，張士尊先生對孟森先生觀點進行重新修正，認為孟森先生所提觀點堂子就是祠墓之說，只是推論而已。即使如孟森先生所說那樣，堂子祭祀來源於對鄧佐祠墓的崇拜，也經不住事實的檢驗。況且《全遼志》明確記載鄧佐祠就在遼陽，成化四年立。根本沒有必要在撫順邊外建州聚居地再修建墳墓和祠堂，而孟森認為堂子原為鄧佐祠墓之說也就沒有了根據〔註39〕。

鄧佐去世後不久，建州女真毫無收斂再次寇邊，此舉引起明朝政府高度重視決定採取軍事行動，不久發生明政府征討建州女真「成化之役」。二月甲辰，李秉建議對在京的海西女真使臣進行審譯，查詢夥同建州女真「抄掠邊境」，京城裏的海西女真使臣認為罕河、兀者、肥河三衛距離建州女真居地較近，是他們「黨比為寇」，入境掠奪。明朝皇帝下聖旨對此三衛進行嚴厲斥責〔註40〕。三月，建州和海西女真再次寇掠遼東，入連山關、通遠堡、撫順等地搶劫。建州女真接連寇邊劫掠行徑激怒明朝統治者，最終決定採取武力解決事端。五月，「己丑命左都御史李秉、提督軍務武靖伯趙輔佩靖虜將軍印充總兵官，往遼東調兵徵建州女直」。明政府命左都御使李秉提督軍務，武靖伯趙輔佩靖虜將軍印充總兵官，做征討建州女真的準備〔註41〕。九月，明軍在趙輔和李秉的

〔註38〕（明）李輔等纂修：《全遼志》卷四《宦業·鄧佐》，瀋陽：遼瀋書社，1984 年，第 617 頁。

〔註39〕張士尊：《盛京「堂子」考——以朝鮮文獻為中心》，《鞍山師範學院學報》，2013 年第 2 期。

〔註40〕《明憲宗實錄》卷三十九，成化三年二月甲辰條。

〔註41〕《明憲宗實錄》卷四十二，成化三年五月乙丑條。

率領下，逾過今新賓蘇子河，殺入建州左、右衛住地〔註42〕。本次戰爭，朝鮮出兵萬餘進行策應，殺入今桓仁渾江及其支流富爾江流域，斬殺建州衛都督李滿住等人〔註43〕。

第三節　《〈明鎮國將軍遼東副總兵韓斌墓誌銘〉考釋》
〔註44〕

《明鎮國將軍遼東副總兵韓斌墓誌銘》解放前出土於今遼陽市慶陽化工廠廠區內高峰山韓斌家族墓地「韓家墳」。韓斌生前曾任職於延綏和遼東地區，先後參與對兀良哈、建州女真、韃靼軍事行動，並修築遼東東部邊牆城堡，頗有建樹和聲望，另外，韓氏家族是明代遼東地區名門望族，家族中多名成員擔任武官要職，多次得到朝廷封賞、祭葬。韓斌墓誌發現較早，歷經時局動盪保管不力現已不知所終。但頗感欣慰的是，《明鎮國將軍遼東副總兵韓斌墓誌銘》見於明朝遼東賀欽編纂《醫閭先生集》卷四中，由此可補墓誌丟失之遺憾。墓誌銘撰文者賀欽，字克恭，別號醫閭，是明朝遼東地區著名文人，頗有時名。其先祖為浙江定海人，後遷至遼東義州衛。賀欽為成化二年（1466年）進士，授戶科給事中。弘治初年，任職陝西參議，因母親去世乃上疏懇辭遂不復出，有《醫閭先生集》九卷傳世，生前與韓斌家族交往密切。《明鎮國將軍遼東副總兵韓斌墓誌銘》內容涉及到明代中期延綏地區、遼東地區諸多歷史事件和重要人物，顯得彌足珍貴，可與《明史》、《明實錄》、《遼東志》、《全遼志》等史志內容互證及補闕，所以頗有學術研究價值。職此之故，本人不避愚陋，對墓誌銘內容進行嘗試性考證，不足之處在所難免，敬請各位方家指正。韓斌墓誌銘內容附後，標點為後加。

一、韓斌早期生平仕歷

根據志文記載，韓斌十六歲時按例襲職，掌印本衛後事務練達，軍事方面素養逐漸顯現。景泰年間，在小團山一戰韓斌曾斬殺外虜酋長。天順元年（1457年），韓斌升職遼東都指揮僉事，備禦寧遠。在任上韓斌充分發揮軍事才能，

〔註42〕《明憲宗實錄》卷四十七，成化三年冬十月甲寅條。

〔註43〕此處內容可參看梁志龍著：《明代本溪水洞的名稱》，《沸流集》，瀋陽：遼寧人民出版社，2015年，第225頁～226頁。

〔註44〕參看拙文：《〈明鎮國將軍遼東副總兵韓斌墓誌銘〉考釋》，《遼寧省博物館館刊》（2017年），瀋陽：遼海出版社，2018年，第82～94頁。

由於遼西地區義州等地一直是兀良哈南下侵擾重災區，韓斌曾主動向總兵官成山伯王琮領兵剿賊，並在八塔以少勝多擊退外敵而受到綵緞白金賞賜，此事在《全遼志》中也有記載〔註45〕。志文中記載韓斌守備義州一事，在《明實錄》中也有記載，「命遼東寧遠備禦都指揮僉事韓斌分守義州地方」〔註46〕。根據志文記載韓斌曾協同懷柔伯施聚鎮守該地，修築軍事設施保護耕牧，後因守邊不力被貶秩二等。雖然志文與史書對此事語焉不詳，推測韓斌是因為犯下不小過錯導致受懲處。

即便如此，韓斌由於卓越的軍事才能受到當時刑部主事丘霽、巡撫遼東都行御史史滕昭等極力推薦。志文「甲申，巡撫都御史史滕昭、巡按御史常振、刑部主事丘霽，交章薦公抱大將奇才」一事，《明實錄》中有詳細記載。

> 刑部主事丘霽言：寧遠衛指揮韓斌，諳練韜略屢立戰功，雖因事降職，效力愈勤有將才，可任。兵部言：巡撫遼東都行御史史滕昭等，亦嘗連章舉斌，乞召試，觀其方略量為擢用，特命召斌馳驛赴京〔註47〕。

天順六年（1462年）四川發生嚴重饑荒，饑民搶劫州縣，趙鐸趁勢起義稱「趙王」，以川北為主，南到內江東到湖廣的荊襄一帶流動作戰，聲勢浩大。成化元年（1465年），韓斌被朝廷徵召充參將，「成化乙酉，上命公署都指揮僉事，充參將，征四川」，參加平定四川趙鐸起義。此事在《明實錄》中有詳細記載。

> 巡撫四川都御史汪浩等奏：強賊趙鐸愈肆猖獗，乞敕兵部計議，調兵剿捕，尚書王竑等請以五軍營管操襄城伯李瑾充總兵官，升遼東寧遠衛指揮同知韓斌為署都指揮僉事充參將，請敕統率京營並陝西漢達官剿捕之。上曰：「韓斌如所請，李瑾不可動，兵部別舉之」〔註48〕。

不久下詔命令廣義伯吳琮佩徵夷將軍印充總兵官，同贊理軍務右僉都御史吳琛，參將署都指揮僉事韓斌，往四川征剿夷賊。志文「未行，捷報，公辭厥任。上命公仍署職，協贊京營事」，指的是由於趙鐸起義失敗，韓斌未隨軍

〔註45〕（明）李輔等纂修：《全遼志》卷四《人物・韓斌》，瀋陽：遼瀋書社，1984年，第626頁。
〔註46〕《明英宗實錄》卷三百四十三，天順六年八月庚辰條。
〔註47〕《明憲宗實錄》卷十四，成化元年二月己丑條。
〔註48〕《明憲宗實錄》卷十六，成化元年夏四月壬辰條。

開拔四川就傳來捷報，仍然署職協同坐營官管操。志文記載內容與《明實錄》記載內容相互印證。

> 罷征西四川兵，命總兵官廣義伯吳琮，納徵夷將軍印，贊理軍務，右僉都御史吳琛於都察院管事，參將署都指揮僉事韓斌革參將，協同坐營官管操〔註49〕。

韓斌後來被任命為參將，分守延綏西路，「尋奉敕充左參將，分守延綏西路」，《明實錄》中對此有記載。

> 命延綏總兵官都督僉事李杲佩征西將軍印充總兵官，鎮守寧夏左參將都指揮同知房能佩靖虜副將軍印充總兵官，鎮守延綏等處署都指揮僉事韓斌充左參將，分守延綏西路〔註50〕。

關於志文中所記載的韃靼重要人物毛里孩「擁眾十餘萬，從定邊營入寇圍環縣」，韓斌「率精騎五千擊之，擒一人，斬首六十七級」一事，受眼力所限，《明史》、《明實錄》等傳世史料並未詳細記載，難以結合史書進行全面考證。《明史》中記載，成化元年（1465 年）的秋天與冬天，以及成化二年（1466 年）的夏天，孛來均夥同小王子與毛里孩「大入延綏」，志文所記述內容很有可能即指此事。雖然《明史》、《明實錄》等傳世史料對該歷史事件難窺全貌，但在《全遼志》中記載韓斌率軍抗擊毛里孩於環縣，與志文內容相互印證。「擊毛里孩於環縣，還，遇圍。夜擊出襲，擊保安縣」〔註51〕。至於韓斌所部被圍困後奮力突圍殲敵，「巡撫都御史盧祥作《饒歌橫吹曲》刻於石，以襃其功」也難以查詢考證。讓人質疑的是，志文中記載如此重要戰役正史中語焉不詳，很有可能疏漏所致。明代寧夏花馬池是當時南北軍事力量逐鹿戰略要地，韓斌面對韃靼部落南下侵邊，排兵佈陣於城下，最終「賊見有備，解去」。

二、韓斌中期生平仕歷

建州女真在明中葉南遷至婆豬江、蘇子河一帶後，由於該地區有適於發展農業生產的土壤和氣候，又臨近明遼東與朝鮮，充分利用臣服明朝受到庇護客觀條件，建州女真社會經濟得到迅速發展並不斷壯大。與此同時，建州女真表面臣服明朝並不能掩蓋急劇膨脹野心。成化初年，遼東地區山海關至鳳凰山一

〔註49〕《明憲宗實錄》卷十七，成化元年五月乙丑條。
〔註50〕《明憲宗實錄》卷十八，成化元年六月己卯條。
〔註51〕（明）李輔等纂修：《全遼志》卷四《人物·韓斌》，瀋陽：遼瀋書社，1984 年，第 626 頁。

線，受到以建州女真為主的軍事壓力越來越大。為了達到掠奪人畜與財富的目的，李滿柱與董山對明與朝鮮採取「陽為孝順，陰為抄掠」的兩面手法，表面接受招撫，暗地繼續犯邊[註52]。面對建州女真頻繁入寇擾邊不斷，明朝政府也逐步改變以往策略，採取軍事手段維護該地區穩定。韓斌由於出色的軍事素養，在延綏地區局勢暫緩背景下，受李秉推薦重新回到遼東任職。志文中記載的「丁亥，遼東建州賊數寇邊，都御史李秉薦公武略出眾，深知夷情地利。上敕公改充游擊將軍」一事，在《明實錄》中有相關記載。「丁亥」，即成化三年（1467年），當時提督軍務左都御史李秉極力推薦韓斌回遼東任職。

> 臣見延綏等處參將都指揮韓斌生長遼東，曾守備義州，號令嚴明，夷狄畏讋，今延綏邊警已寧，乞將韓斌取回遼，命充游擊將軍，聽調殺賊[註53]。

志文記載的「同李公征之，領右哨，出清河，斬首二百餘級，俘男婦一百七十餘口」，證明韓斌也參加成化三年（1467年）征討建州女真軍事行動。「李公」應指的是李秉，遼東邊將鄧佐去世後不久，明政府命左都御使李秉提督軍務，武靖伯趙輔佩靖虜將軍印充總兵官，征討建州女真[註54]。志文中記載的「升實授都指揮僉事，仍充游擊將軍，分守遼陽等處」，表明韓斌因參與征討建州女真因功升職，這在《明實錄》中也有詳細記載。

> 論平建州虜寇功：太監黃順，米歲二十四石，升少監；張璘為太監右監丞；韋朗為右少監加左都御史；李秉太子少保仍舊職進武進伯；趙輔為武靖侯轉右僉都御史；張岐為左僉都御史，支正三品俸。升都督僉事王瑛、王銓俱為都督同知；署都督僉事武忠、署都指揮使黃欽、署都指揮僉事韓斌、周俊俱實授升都指揮同知。……
>
> 兵部言：自正統十四年，虜寇也先犯順嘗令當先殺賊者量加升授以激人心。然勢大事重不為常例，至天順間累定征虜功次，止以有擒斬功者照例升授。余若奮勇當先等功，俱量給賞不升，已是定例。今征建州有功官軍，宜準此例行庶恩賞公平，不致冒濫，事體均一無復紛更。上悉從之[註55]。

〔註52〕刁書仁：《成化年間明與朝鮮兩次征討建州女真》，《史學集刊》，1999年第2期。

〔註53〕《明憲宗實錄》卷四十三，成化三年六月丁酉條。

〔註54〕《明憲宗實錄》卷四十二，成化三年五月乙丑條。

〔註55〕《明憲宗實錄》卷五十，成化四年春正月庚寅條。

志文記載的「戊子春，改充副總兵官，分守開原。提督遼陽鎮巡等官會奏仍移公為遼陽守，上可其請」。「戊子」即成化四年（1468 年），此事在《明實錄》中記載十分詳細，「壬寅命都指揮僉事韓斌充副總兵，分守開原，兼提督遼陽等處軍馬」〔註 56〕。

明朝成化三年（1467 年）第一次東征建州女真後，雖然建州女真元氣大傷但部落屬眾未被全部殲滅，為了防止遼東地區建州女真入寇劫掠，明朝開始修築遼東東部地區邊牆。志文記載的「己丑，以建賊寇邊，不堡兵遏之非久計也，乃緣邊自撫順關抵鴨綠江，相其地勢，創東州、馬根單、清河、城場、靉陽等五堡，後又設鳳凰、鎮東、鎮夷等三堡，廣袤千餘里，立烽堠，實兵馬，關灌莽，廣屯田，迄今虜不敢深入，而居民樂業，公之功也」內容，與明代遼東東部地區修建邊牆大規模開發有關。「己丑」，即成化五年（1469 年），韓斌創設此八堡可以說是明朝在遼東地區「甌脫」地帶進行開發重要歷史信息。此舉一改遼東東部地區軍事防禦部署，大量軍民遷入有力推動了當地開發〔註 57〕。

志文記載的「公擒賊首王沙魯等十餘人，不殺，諭而縱之，賊皆畏服」一事，史書中沒有明確記載，可補史之闕，推測王沙魯是當時建州女真所屬小部落首領。志文「庚寅，賊犯長營堡，公率兵逐出境外，斬首四級，擒三十人，獲馬牛器仗而還。」「庚寅」即成化六年（1470 年），外敵入侵長營堡，韓斌率兵出擊一事在明代史料中沒有明確記載，可補史之闕。志文「癸巳，賊屢犯廣寧，總兵官歐信等會公出義州，直抵興中，克捷凱還，升都指揮同知」，「癸巳」即成化九年（1473 年），韓斌與總兵官歐信等人殺敵有功，升任都指揮同知。此事在《明史》中有詳細記載。

> 成化元年，頭目朵羅干等以兵從孛來，大入遼河。已，復西附
> 毛里孩，東合海西兵，數入塞。又時獨出沒廣寧、義州間。九年，
> 遼東總兵歐信以偏將韓斌等敗之於興中，追及麥州，斬六十二級，
> 獲馬畜器械幾數千〔註 58〕。

由於韓斌卓越的軍事才能和系列戰功被世人稱頌，被朝廷賜封為鎮國將軍，同時被譽為可堪任大將。與此同時，韓斌其祖、父兩代也被朝廷追贈。志

〔註 56〕　《明憲宗實錄》卷五十一，成化四年二月壬寅條。

〔註 57〕　參看拙文：《明代中朝之間「甌脫」地帶人口變遷考》，《東北史地》，2012 年
　　　　　03 期。

〔註 58〕　（清）張廷玉等撰：《明史》卷三二八《朵顏福餘泰寧傳》，北京：中華書局，
　　　　　1974 年，第 8506～8507 頁。

文「甲午，廷臣會舉天下堪任大將者三人，公居其一。丙申，公受誥封鎮國將軍，配楊氏封夫人，祖、考皆贈如公官，祖妣、妣皆贈太夫人」。「甲午」，即成化十年（1474 年），朝廷大臣推舉明朝可擔任大將共三人，韓斌是其中一位。「丙申」，即成化十二年（1476 年），韓斌被封為鎮國將軍，其妻子楊氏被封為夫人；韓斌去世的祖、父也按例被贈鎮國將軍，其祖妣、妣被贈太夫人。

　　隨著建州女真不斷發展壯大，頻繁入寇遼東邊境地帶，此區域軍事衝突日趨嚴重。韓斌做為遼東都司重要官員，曾多次與建州女真發生交戰，這在志文內容中多有反映。志文「丁酉秋，建賊寇邊，公率兵截殺，斬首一級。頃之，復入寇，公率兵追至古城。時盛寒，公每夜屯兵要路，臥雪以伺，禁勿燃火。平明遇賊，塵戰至日中，流矢中公頰，血出，卒驚以告，公但曰：『木枝傷耳』，一軍皆安。乃張左右翼夾擊，賊敗，斬首十三級」，「丁酉」即成化十三年（1477年），建州女真寇邊遼東，韓斌率兵截殺斬首一級。不難看出，志文記載的古城之戰，充分顯示出韓斌統兵時遇事沉著冷靜。賀欽雖對此事記述詳細，但同年發生韓斌受懲處之事卻隻字未提。查閱《明實錄》可知，成化十三年（1477年）外敵入侵清河、靉陽，韓斌曾因「逗遛不進」導致外敵劫掠而受到明朝政府懲處。

　　　　巡撫遼東右副都御史陳鉞奏：十月中，建州虜寇清河、靉陽二
　　　　堡，副總兵韓斌逗遛不進，虜大掠而去。上曰：「韓斌失機當罪，但
　　　　時方用人，令停俸戴罪殺賊」〔註59〕。

　　志文詳細記載「戊戌春」，即成化十四年（1478 年），韓斌率兵激戰外敵入侵清河堡一事堪稱經典戰例，讀後感覺如臨其境，十分生動。「戊戌春，賊眾八千餘寇清河堡，掩伏谷中，而數騎薄城挑戰。時公屯兵堡中，將佐爭出擒之。公不可，曰：『餌兵也。』已而，賊果大至。公乃出兵，背城列陣，番休更戰，又使卒執銀瓶示眾曰：『先擒賊者賞之。』皆鼓躍而進，賊遁去。次日，賊復圍堡，公登城分布將士御之，隊長王慶被矢射目，不少移。賊喧謂槁人，慶拔矢還射。賊駭公令嚴，不可攻，遂散去。公乃縱兵追擊，至舍人寨，斬首十四級。頃之，會兵出城河搗巢，斬首一百七級，又出十岔口等處設伏，斬首七級。賊寇靉陽還，公遣健步，夜斫其營，得五級。賊復大舉寇靉陽，公率兵要其歸路，值淫雨三晝夜，令士卒皆下馬徒行。浮言騰沸，士或以諫。公曰：『寧勞於人，勿勞於馬，令見賊時可用也。』至將在峪，分設伏兵，戒勵諸將，

〔註59〕《明憲宗實錄》卷一百七十二，成化十三年十一月壬午條。

賊果入算。舉號，伏兵四起，賊眾奔潰，馳擊數十里，馬無疲乏，斬首六十三級。人皆服公謀遠不可及也。其別路伏兵亦斬三級」。

不難看出，賀欽在此處頗費筆墨，人物問答言語更是繪聲繪色，字裏行間無疑充分顯示出韓斌卓越軍事指揮才能。但需注意的是，查詢《明實錄》可知志文相關記載內容並非完全符合客觀史實，經不起推敲考證，賀欽撰文多有曲筆隱諱。遼東靉陽等地是建州女真南下寇邊重要地點，歷史上在此區域殺掠眾多。韓斌雖然在此地作戰有過戰功，但根據《明實錄》記載，成化十四年（1478年）二月，遼東總兵官歐信、副總兵韓斌等人曾因遺失戰機，而受到朝臣參劾。

> 兵部以虜犯遼東靉陽堡殺掠甚眾，劾奏鎮守太監葉達，總兵官歐
> 信，贊理軍務都御史陳鉞，方命罔上，致副總兵等官韓斌等失機宜，
> 遣指揮吳儼齎敕督責，仍令儼具所見邊情軍務緩急以聞。從之〔註60〕。

在遼東東部地區外敵入侵十分嚴重背景下，副總兵韓斌等人屢失戰機。更具諷刺意味的是，遼東主政官員陳鉞等人卻謊報軍情欺君罔上，隱瞞真相以求蒙混過關。成化十四年（1478年）五月，此事終於被巡按監察御史王崇之揭發。此事在《明實錄》中有詳細記載。

> 己丑巡按山東監察御史王崇之奏：遼東自本年正月以來，累有
> 虜賊從鴉鶻墩等處入境殺掠居民，殘破地方。副總兵韓斌、右參將
> 崔勝、都指揮李宗等，既累失機，都御史陳鉞、總兵官歐信、太監
> 葉達，亦俱誤事，並宜治之。下兵部看詳，謂鉞等累奏捷音，今御
> 史乃言賊屢入境，會無一人御之，則鉞等罔上，飾辭冒功，掩罪甚
> 明。宜從究治，但今侍郎馬文升奉敕招撫，若遽易諸將，不免致彼
> 疑懼，待事寧之後，通核各官功過，以定賞罰。報可〔註61〕。

由此可知，賀欽撰文時極力描述韓斌在清河等地作戰勇猛殺敵頗多還是有原因的。妄圖極力描述外敵入侵人數眾多、韓斌率兵作戰勇猛以掩蓋其多次失職受處史實，實則欲蓋彌彰，如此這般只不過是文過飾非障人耳目手法而已。

志文「同事者忌公，陰中之當道，參以失機，取赴京，貶秩三等，將士解體」，可以看出韓斌受到嚴厲懲處，逮捕入京審訊，最終被貶秩三級。細查其中原因，緣自遼東地區建州女真屢次入寇侵犯遼陽、開原、靉陽等地，殺伐肆

〔註60〕《明憲宗實錄》卷一百七十五，成化十四年二月庚子條。
〔註61〕《明憲宗實錄》卷一百七十八，成化十四年五月己丑條。

掠嚴重。多年隱情在此時終於隱瞞不住，成化十五年（1479 年）包括韓斌在內，上至遼東太監葉達、都督同知歐信，下至衛所官員多人因串通一氣隱瞞不報軍情，受到監察御史彈劾後而遭到嚴厲懲處，此事在《明實錄》中有詳細記載。

> 辛卯治遼東守臣太監葉達，都督同知歐信，都指揮韓斌，崔勝，
> 陳雄，葉廣，羅雄，文寧，常凱，白祥，李宗，定遼等衛指揮夏時、
> 王鑒、張宏、田俊、劉旺、石俊、蕭凱、傅斌罪，各降級罰俸有差。
> 而宥都御史陳鉞、太監韋朗、都指揮周俊。初達鎮守遼東，信、斌
> 克正副總兵……虜賊屢入遼陽，開原，靉陽堡等處，虜掠殺傷官軍，
> 達等不能御，為監察御史所劾，時信、斌已受代回京下都察院獄，……
> 詔以斌等失機誤事貽患地方，論法當重治，但各有微勞，姑從輕處
> 治，斌降三級，信、達降一級，俱閒住〔註62〕。

至於「同事者忌公，陰中之當道，參以失機」也不難理解，不過是有意掩蓋韓斌受處罰真實原因，實屬託詞藉口而已。「忌」、「陰」等字的描述，頗顯不實與虛偽。從中不難看出，韓斌失職之事，史書記載十分明確詳實。至於監察御史參劾一事，也本是其公務職責所在，無可厚非。此處志文記載內容，從中也可窺探出當時遼東地區官場沆瀣一氣瞞上造假不良風氣。

三、韓斌晚期生平仕歷

成化十五年（1479 年），在建州女真屢次犯邊嚴重威脅地方背景下，明朝命太監汪直擔任監管軍務，撫寧侯朱勇配靖虜將軍印統領軍隊第二次大規模征討建州女真，參與軍事行動的韓斌由於戰功出色再次受到封賞。「己亥冬，上命撫寧侯朱勇等征建虜，舉公同總兵官緱謙為右哨，出鴉鶻關，抵泊珠江，斬首五十級，俘男婦二百八十口。適賊首宋管尺八等據險，欲夜下劫營。公免冑出示，遂降其眾，納營中。軍還，公謂緱公曰：『我軍凱還，賊必據險邀擊我後，某願為殿。且日昃，當至黑松林，公可屯兵以待。』緱公徑度。公至，賊果衝突。公督官軍奮擊，而時已薄暮，公急令屯營一揮而定，賊不能擾」。「己亥冬」，即成化十五年（1479 年），明朝中央政府命撫寧侯朱勇等人統兵征討建州女真。「緱公」即遼東總兵緱謙，韓斌與其為「右哨」一同參加此次征討行動。「宋管尺八」正史中不見記載，推測是建州女真所部小首領。由於

〔註62〕《明憲宗實錄》卷一百八十九，成化十五年夏四月辛卯條。

韓斌卓越軍事才能，緱謙與之比相形見絀。此役之後韓斌受到獎賞，被升職為都指揮僉事一職。志文記載「比會公，公不言，緱公赧顏而謝。朱公等議公功能超拔，即軍前奉欽給勘合，升指揮使。捷奏，上以公當一面，升都指揮僉事，還京」，此事在《明實錄》中也有詳細記載。

> 錄平建州功，加太監汪直食米歲三十六石，韋朗十二石；升右
> 副都御史陳鉞為右都御史，領兵官右監丞藍瑩、都督同知馬儀、都
> 督僉事白全、緱謙、王鍇、白瑜，都指揮同知崔勝、周俊，署都指
> 揮使韓斌俱一級〔註63〕。

韓斌因向當時權傾一時太監汪直行賄，事發後遭遇嚴厲懲處仕途再次受挫。但當時遼東邊疆地區外患不斷，韓斌再次被委以重任。「明年冬，北虜侵開原，而建賊復擾遼陽。時公遭謗繫獄，上素重公名，特召大司寇速擬公罪聞，釋之，俾仍充副總兵，分守遼陽，且命速往。北虜聞公至，乃遁去」。「明年冬」即成化十六年（1480年），遼東戰略要地開原、遼陽戰事不斷。此時韓斌「時公遭謗繫獄」，志文中沒有記載因何緣故。細查後發現，韓斌因向當時權傾一時太監汪直行賄，事情敗露後而受到懲處，此事在《明實錄》中有詳細記載。「閒住都指揮僉事韓斌，用銀三百兩，託太監汪直所任指揮尹通謀管事，事露逮斌下，刑部擬罪坐徒當贖，特命免贖釋之。」由於朝廷正值用人之際，韓斌「免贖釋之」，被任命為副總兵分守遼陽。此事在《明實錄》中有詳細記載，「丁酉命都指揮僉事韓斌充副總兵，都督僉事李英充右參將，分守遼陽、錦、義，都督同知王鍇守備寧遠」〔註64〕。

韓斌被委以重任後頗有建樹，在遼東地區城廠、朵羅合佃子、馬場岩等地與建州女真交戰，均有所斬獲。「辛丑春，公詣撫順關招徠建賊卜花禿等，渝以恩威，皆稽首，誓言不敢復犯邊。公益設備，乃伏兵城場等堡。已而，賊果竊掠，伏兵追出境，戰於朵羅合佃子，斬首十一級，欽賞白金綵緞。秋，又調靉陽兵至馬場岩，遇賊，斬首五級」。「辛丑」即成化十七年（1481年），建州女真頭目卜花禿等嚮明廷示好，表示不敢再犯邊。「卜花禿」即不花禿，凡察之子。此事在《明實錄》中記載。

> 分守遼陽副總兵韓斌奏：建州三衛殘賊遁逃窮困，託夷首哈哈尚
> 赴闕，控訴乞賜，撫諭容其仍舊朝貢，事下兵部以為建州諸夷自永樂

〔註63〕《明憲宗實錄》卷一百九十八，成化十五年十二月辛未條。
〔註64〕《明憲宗實錄》卷二百七，成化十六年九月丁酉條。

間立衛，授官蓋羈縻之以屏蔽邊，方今乃犯順，以致興師問罪，固不
容誅，但王者不治夷狄，今既勢窮悔過，宜容其自新。上不允〔註65〕。

最終朝廷認為建州女真反覆無常，拒絕其朝貢請求。志文記載韓斌因功受
賞一事，在《明實錄》中也有這方面內容記載。「賞遼東副總兵韓斌，指揮僉
事李雄、王裕，綵幣白金有差，其下升賞者三百一十一人，錄其前後斬獲虜寇
功也」〔註66〕。

志文記載的「丙午，大理寺丞李介舉公堪任主將，上命錄之兵部。丁未夏，
朵顏賊掠長營堡，公遣兵追至境外半邊山，斬首二級，並獲原掠牛畜而還。自
是，夷虜畏威不敢復犯矣。上念公功，錫蟒衣一襲」。「丙午」即成化二十二年
（1486年），大理寺丞李介舉薦韓斌可以擔任主將，皇帝命令兵部記錄在冊。
這與《明實錄》中記載「斌頗有時名」相互應和。「丁未」，成化二十三年（1487
年）。朵顏蒙古寇邊，被韓斌率軍擊退。由於韓斌作戰有功，被皇帝賜蟒衣一
襲。弘治初年，韓斌雖有時名「宜為大將」，但年已六十頗有人生感歎，多次
以「老疾」為由提請辭職。雖經勉勵挽留，但還是於弘治三年（1490年）允許
辭職，「分守遼陽副總兵都指揮僉事韓斌，以老疾乞致仕，許之」〔註67〕。

根據志文記載，韓斌戰於沙場幾十年頗有戰功，尤其善於以少勝多。韓斌
不僅精通諸家兵書、善於用兵，而且從善如流注重下屬建議。每次戰鬥之前，
召集諸將仔細研究作戰方案，即使是普通士兵有獻計者，也傾心聽取謀定而
戰，因此多有功績。韓斌治軍有方，在嚴守軍令方面身先士卒率先垂範。志文
記載「嘗行兵途間，司食者獻糗」行軍途中屬下獻食物於他，被其嚴厲斥責曰
「軍未食，焉得先食」將士聽後倍受感動，韓斌以實際行動贏得了全體將士的
愛戴。另外，韓斌雖為武將，但同時也具備一定文化修養，尊重儒生並經常向
其請教誦讀史傳。或因賀欽撰文疏漏所致，志文中並未提及韓斌主持修訂《遼
東志》一事，在此略作補充。成化末年，韓斌在擔任遼東副總兵期間，與巡按
御史陳寬主持了對《遼東志》的修訂。「特命所司禮延文儒」，「因其舊而增其
新，正其訛而補其闕」，弘治元年（1488年）戊申秋，書成共九卷。「公復捐俸
鳩工，刻梓以傳」，〔註68〕韓斌更是捐獻俸祿用以刊刻發行。根據志文記載，

〔註65〕《明憲宗實錄》卷二百十三，成化十七年三月丙申條。
〔註66〕《明憲宗實錄卷》卷二百二十，成化十七年冬十月丁卯條。
〔註67〕《明孝宗實錄》卷三十五，弘治三年二月庚寅條。
〔註68〕（明）畢恭等纂修：《遼東志》卷九《外志·後序》，瀋陽：遼瀋書社，1984年，
　　　　第472頁。

韓斌退休後不談兵事，與客人聚會宴請時，惟「雅歌投壺」毫無亂性之舉動，也不討論時政人物與是非。弘治庚申七月二十二日去世，即弘治十三年（1500年），終年七十二歲。韓斌去世後，由於其卓越戰功受到明朝禮遇。根據《全遼志》記載，給予韓斌「春秋致祭，賜額襃功」殊榮〔註69〕。

四、韓斌姻親與譜系

　　根據墓誌記載，韓斌祖先為山後興州人。山後移民是明朝洪武初年北方移民中數量龐大的群體，主要居住在今太行山以北、北鄰沙漠地區，洪武初年為了防禦蒙古陸續遷移。此興州並非山西興縣，而是位於今河北承德市灤河鎮西南。根據史書記載，洪武五年（1372年）七月革媯川、宜興、興、雲四州，徙其民於北平附近屯田〔註70〕，遂有韓斌祖父韓福原入密雲衛軍籍。韓斌祖父韓福原、父親韓春，均曾擔任過武職。韓春曾隨明成祖朱棣征討，升任東勝右衛指揮使，後來調任遼東寧遠衛。韓斌原配夫人楊氏，為當時寧遠衛指揮使楊政之女，不幸先去世，側室為王氏。韓斌共有子七人，即韓輔、韓軏、韓轍、韓軒、韓軾、韓輪、韓輅，女一人。根據志文記載，當時韓輔任職定遼中衛指揮使一職，文武兼備有其父韓斌風範，可堪大將。韓轍，丙午舉人，即成化二十二年（1486年）舉人。韓軏、韓軒學業未成就不幸去世。韓軾學習兵策，韓輪、韓輅皆為庠生。女一人嫁於前屯衛指揮同知鄧俊。由於受到時間客觀因素所限，志文記載韓輔信息不全，在此略作補充論述。韓斌之子韓輔，字良弼，幼年聰慧讀史書與兵法，跟隨遼東著名文人賀欽學習。成年後屢立戰功，仕宦顯赫生前曾擔任要職官至遼東總兵鎮守遼東，守邊多有建樹屢受封賞，死後賜葬。其個人生平仕歷，在《全遼志》中有詳細記載。

　　　　韓輔，字良弼，斌之子，幼穎敏，讀史傳、兵法，從醫閭賀先生遊。弘治己酉，襲改定遼中衛，備禦撫順、海蓋。庚申，擢右參將，分守錦義，懸賞募士，據險設伏，虜三入皆大敗之。九月，大舉入唐帽山，援至遇賊，張左右翼，餌引入伏，四面伏發，斬獲無算。捷聞，賜綵幣。癸亥，修築清河等十一堡，建屯堡百十座，耕守應援相依，升署都督僉事，鎮守遼東。設高平驛，以便行旅，修鎮寧、鎮夷二堡，築邊垣，起廣寧至開原，長亙千里，功聞賜金幣，

〔註69〕　（明）李輔等纂修：《全遼志》卷四《人物·韓斌》，瀋陽：遼瀋書社，1984年，第626頁。

〔註70〕　《明太祖實錄》卷七五，洪武五年七月戊辰條。

武廟登極賜蟒衣。廣寧舊與夷通市，以釁侵擾廢市。時滿蠻雄諸部，輔遣譯者招，滿蠻至，宣諭犒賞，結以恩信。朵顏酋胮當、福餘酋那孩，聞風相率入市，不復擾邊。奏聞，賜璽書褒獎，後僉中府，致仕。卒賜祭葬。輔為將識大體，善因事立功，每軍行戒之，曰：「賊敗乘勝亟擊，毋貪馘首，分我兵力且多則費爵賞、啟爭端，於我弗利」，知兵者以為名言〔註71〕。

　　根據志文記載，韓斌共有孫六人，但只記載有五人，即韓璽、韓玠、韓塗、韓玫、韓瑋，或為筆誤疏漏所致，或有其他原因。其中韓璽最為著名，也是一名重要將領。韓璽，字國信，中弘治武舉，成年後從軍任職，因平叛兵亂抵禦外敵多次受到封賞，擔任遼東總兵一職期間很有建樹，死後享受賜葬。其子韓承恩、韓承慶均擔任邊疆武職，但韓斌志文中並未記載，因此限於文章體例不做詳細探討另有他文專門對此論述〔註72〕。韓璽個人生平仕歷，在《全遼志》中有詳細記載。

　　　韓璽，輔之子，字國信。中弘治乙丑會武，襲加授署都指揮僉事，薦充游擊將軍。正德戊辰，義州軍亂，總鎮欲以兵平之，璽持議不可，遂以身任其事，單騎入撫。眾皆為璽危，璽獨無難色，卒能已亂，尋升遼陽副總兵。虜犯海州，追斬其眾，虜遂遠遁，升署都督僉事，充遼東鎮守總兵，賜蟒衣五表裏，白金二十兩。在鎮，簡賢能逐庸弱，申令僚屬，選閱兵馬，寬猛時，行威惠，並用。時南山僧孟法泰者，以妖法惑人，璽擒伏之，真於法被惑者不究。癸酉，朵顏千餘寇寧遠，璽率兵追斬甚眾，盡還所掠，欽賞彩段表裏白金。賊犯清河、廣寧、開原，每戰告捷。戊寅，升都督同知，己卯，提獲奸細白紅山保，並制服夷人胡當哈等，欽賞銀二十兩，紵絲一表裏。履任十年，屢辭，及得命，已疾革。聞家人求取南杉木於他州，止之，曰：「吾東人以松為棺從俗可也」。又問議殉葬玉帶，乃誦「昨日玉魚蒙葬地，早時金盌出人間」之句，曰：「此無用者，具數可爾」，遂卒。所著有《軍門論眾錄》、《入陣圖法》，詔賜祭葬。子承恩，武舉，都指揮，歷任建昌營參將；承慶，歷升都督同知，

〔註71〕（明）李輔等纂修：《全遼志》卷四《人物·韓輔》，瀋陽：遼瀋書社，1984年，第626～627頁。

〔註72〕參看拙文：《略論明代遼東韓斌家族——以地區出土石刻為中心》（待刊）。

鎮守延綏、山西、大同，今為遼陽副總兵〔註73〕。

附：明故鎮國將軍遼東副總兵韓公墓誌銘〔註74〕

公姓韓氏，諱斌，字廷用，其先山後興州人。祖諱福原，洪武間占民籍密雲衛。至考諱春，從太宗文皇帝征討，陞東勝右衛指揮使，調守遼東，選管寧遠衛事，卒，公三歲，叔考借職。年十六，襲蔭，視篆本衛，若素練達者。景泰甲戌，鎮守官調兵寧遠，小團山截殺，公摧斬一巨首，賊遂敗北。天順丁丑，陞遼東都司都指揮僉事寧遠備禦。壬午，賊眾復寇小團山，指揮張禮遇難，而官軍王順等二百人被圍。公馳赴，手刃數賊乃解。時賊屢犯義州等處，上敕責總兵官成山伯王琮。公言諸王公曰：「兵在多算者勝耳，某願為前驅破賊。」王公奇之。無何，調公義州，領兵剿賊，戰於八塔，誤時，賊四千餘而公部下才五百人。賊恃眾攻圍，公下馬督戰，賊乃開一面，或幸之。公曰：「圍師必缺，賊誤我耳！」即令聯馬營中，督戰益急，無不一當百。賊潰，諸軍亦斬首十三級，擒一人，獲馬五百匹，器仗稱是，而被創死於禾內者，復十餘賊。捷奏，欽賞綵緞白金。已而，上敕公守備義州，協同懷柔伯施聚，乃遍築堡圍，保障耕牧，至今人利之。癸未冬，坐寧遠邊事，貶秩二等。甲申，巡撫都御史滕昭、巡按御史常振、刑部主事丘霽，交章薦公抱大將奇才。成化乙酉，上命公署都指揮僉事，充參將，征四川。未行，捷報，公辭厥任。上命公仍署職，協贊京營事。尋奉敕充左參將，分守延綏西路。北虜毛里孩擁眾十餘萬，從定邊營入寇圍環縣。公率精騎五千擊之，擒一人，斬首六十七級。比還，虜眾奄至，圍數重。其酋約俟夜半月出盡殺之。公得其情，乃令將卒衣白為號，夜潰虜圍而出。或謂公曰：「東南虜寡，可出。」公曰：「若然，虜將弱我而乘之矣。」遂率勵將卒，奮呼持刀躍馬向虜眾馳擊而出，虜不敢當。然所擒斬者多失之，止存七級焉。公復遣指揮神英，出奇分擊，至保安縣復斬二級。巡撫都御史盧祥作《鐃歌橫吹曲》刻於石，

〔註73〕　（明）李輔等纂修：《全遼志》卷四《人物‧韓璽》，瀋陽：遼瀋書社，1984年
　　　　3月，第627頁。

〔註74〕　（明）賀欽：《醫閭先生集》卷四《明故鎮國將軍遼東副總兵韓斌墓誌銘》，瀋
　　　　陽：遼瀋書社，1984年，第1087～1089頁。

以褒其功。已而，虜復寇寧夏花馬池，眾三萬餘。公曰：「彼眾我寡，不可輕戰。」乃悉列車城下，出精兵三千立車前。賊見有備，解去。丁亥，遼東建州賊數寇邊，都御史李秉薦公武略出眾，深知夷情地利。上敕公改充游擊將軍，同李公征之。領右哨，出清河，斬首二百餘級，俘男婦一百七十餘口，陞實授都指揮僉事，仍充游擊將軍，分守遼陽等處。戊子春，改充副總兵官，分守開原。提督遼陽鎮巡等官會奏仍移公為遼陽守，上可其請。己丑，以建賊寇邊，不堡兵遏之非久計也，乃緣邊自撫順關抵鴨綠江，相其地勢，創東州、馬根單、清河、鹻場、靉陽等五堡，後又設鳳凰、鎮東、鎮夷等三堡，廣袤千餘里，立烽堠，實兵馬，關灌莽，廣屯田，迄今虜不敢深入，而居民樂業，公之功也。方興作時，賊眾寇擾，公擒賊首王沙魯等十餘人，不殺，諭而縱之，賊皆畏服。庚寅，賊犯長營堡，公率兵逐出境外，斬首四級，擒三十人，獲馬牛器仗而還。癸巳，賊屢犯廣寧，總兵官歐信等會公出義州，直抵興中，克捷凱還，陞都指揮同知。甲午，廷臣會舉天下堪任大將者三人，公居其一。丙申，公受誥封鎮國將軍，配楊氏封夫人，祖、考皆贈如公官，祖妣、妣皆贈太夫人。丁酉秋，建賊寇邊，公率兵截殺，斬首一級。頃之，復入寇，公率兵追至古城。時盛寒，公每夜屯兵要路，臥雪以伺，禁勿燃火。平明遇賊，鏖戰至日中，流矢中公頰，血出，卒驚以告，公但曰：「木枝傷耳」，一軍皆安。乃張左右翼夾擊，賊敗，斬首十三級。戊戌春，賊眾八千餘寇清河堡，掩伏谷中，而數騎薄城挑戰。時公屯兵堡中，將佐爭出擒之。公不可，曰：「餌兵也。」已而，賊果大至。公乃出兵，背城列陣，番休更戰，又使卒執銀瓶示眾曰：「先擒賊者賞之。」皆鼓躍而進，賊遁去。次日，賊復圍堡，公登城分布將士禦之，隊長王慶被矢射目，不少移。賊喧謂檎人，慶拔矢還射。賊駭公令嚴，不可攻，遂散去。公乃縱兵追擊，至舍人寨，斬首十四級。頃之，會兵出鹻河搗巢，斬首一百七級，又出十岔口等處設伏，斬首七級。賊寇靉陽還，公遣健步，夜斫其營，得五級。賊復大舉寇靉陽，公率兵要其歸路，值淫雨三晝夜，令士卒皆下馬徒行。浮言騰沸，士或以諫。公曰：「寧勞於人，勿勞於馬，令見賊

時可用也。」至將在峪，分設伏兵，戒勵諸將，賊果入算。舉號，伏兵四起，賊眾奔潰，馳擊數十里，馬無疲乏，斬首六十三級。人皆服公謀遠不可及也。其別路伏兵亦斬三級。夏，賊眾深入。公聞報曰：「此不可緩圖也」。即勒兵馳二百里至趙二舍寨。賊依山木為險，戰移時，無所得。公令編木為盾，魚貫而進，遂擒五人，斬首六十四級。會大雨畫晦，餘賊遁去。秋，灑馬吉設伏者，復斬首二級。同事者忌公，陰中之當道，參以失機，取赴京，貶秩三等，將士解體。己亥冬，上命撫寧侯朱勇等征建虜，舉公同總兵官緱謙為右哨，出鴉鶻關，抵泊珠江，斬首五十級，俘男婦二百八十口。適賊首宋管尺八等據險，欲夜下劫營。公免冑出示，遂降其眾，納營中。軍還，公謂緱公曰：「我軍凱還，賊必據險邀擊我後，某願為殿。且日昃，當至黑松林，公可屯兵以待。」緱公徑度。公至，賊果衝突。公督官軍奮擊，而時已薄暮，公急令屯營一揮而定，賊不能擾。比會公，公不言，緱公赧顏而謝。朱公等議公功能超拔，即軍前奉欽給勘合，陞指揮使。捷奏，上以公當一面，升都指揮僉事，還京。明年冬，北虜侵開原，而建賊復擾遼陽。時公遭謗繫獄，上素重公名，特召大司寇速擬公罪聞，釋之，俾仍充副總兵，分守遼陽，且命速往。北虜聞公至，乃遁去。辛丑春，公詣撫順關招徠建賊卜花禿等，諭以恩威，皆稽首，誓言不敢復犯邊。公益設備，乃伏兵釀場等堡。已而，賊果竊掠，伏兵追出境，戰於朵羅合佃子，斬首十一級，欽賞白金綵緞。秋，又調靉陽兵至馬場岩，遇賊，斬首五級。丙午，大理寺丞李介舉公堪任主將，上命錄之兵部。丁未夏，朵顏賊掠長營堡，公遣兵追至境外半邊山，斬首二級，並獲原掠牛畜而還。自是，夷虜畏威不敢復犯矣。上念公功，錫蟒衣一襲。通政使田景暘舉公宜為大將，弘治戊申，延臣復會舉之，上皆命錄之兵部。已而，公復辭職不報。明年，公年六十，喟然歎曰：「功成身退，時乃天道，勢位可久居乎？」乃復章上懇辭。上知公宿將，特命鎮巡諸臣勉留。公志益堅，乃覆奏，上嘉允焉。公天性孝友嚴毅，失怙甫三歲，即解哭泣，服衰絰，後喪母夫人，哀毀甚。居家教子弟有法，學文武事者靡敢怠，且無驕貴氣。晚年痛瘡，盛暑不跣足。凡飲酒雖不醉，

亦不答署一人。嘗遊郡庠，通語孟大義，尤好諸家兵書。身長七尺
有咫，膂力過人，精射藝，多謀略，士卒最下者見輒不忘。善以寡
擊眾，每戰必召諸將佐謀之，卒有獻謀者亦傾心納采。謀定而戰，
戰無不勝，以故人鮮及焉。嘗行兵途間，司食者獻糗糒，公斥曰：
「軍未食，焉得先食！」一軍皆感。雅重儒生，每政暇，必延致誦
說史傳。及致政，口不言兵。會客惟雅歌投壺，終席不亂，亦不議
時政人物。公自為將三十年，名著四方，功收東僥，開拓邊防，懾
服夷虜，為一代名將。其未及侯封者，命也。弘治庚申七月二十二
日，以疾終於正寢。時口北虜患方殷，而各邊亦皆騷動。訃音一播，
朝野尤痛惜之。夫人楊氏，寧遠衛指揮使楊公諱政之女，有懿行，
先卒。生男四人：輔、軏、轍、軒；女壹人。側室王氏生男三人：
軾、輪、輅。輔襲定遼中衛指揮使，兼資文武，有父風，備禦海蓋
二衛，薦剡將才者數矣。轍，丙午舉人；軏、軒，學未成而歿。軾習
兵策，輪、輅皆痒生。前屯衛指揮同知鄧俊，其婿也。孫六人，璽
有遠器，玠、璧、玫、瑋俱幼。公生於宣德己酉十月十七日，壽七
十有二。輔等喪公，能以文公正禮，是年九月二十有二日葬塋在遼
陽城東高峰山之陽。輔嘗遊余門，以余知公深且言不敢妄，乃走書
乞銘其墓。余自辭瑣闈，病林下餘三十年，鮮與外事，惟公奇謀偉
績冠絕壹世，義不可謝，遂述而銘之。銘曰：

於赫韓公，維世虎臣。藩屏王朝，屢屈屢伸。

屈伸維何，匪人置我。我才自天，靡所不可。

功樹東陲，威行夷虜。曰今將臣，覓公前古。

奇謀偉烈，言也可詳。維此貞瑉，聊舉其綱。

我公不侯，人則惜之。相公子姓，天不益之。

矧我東人，德公靡忘。口祝我公，厥維久長。

（《明故鎮國將軍遼東副總兵韓斌墓誌》志文內容由李大偉先生
幫助提供，在此表示感謝！）

第八章　明代遼陽城州衛

　　明代遼東都司下轄二十五衛二州，由於遼陽城是遼東都司治所所在地，戰略十分重要，城內設有自在州、定遼中衛、定遼左衛、定遼右衛、定遼前衛、定遼後衛、東寧衛等州衛〔註1〕，其中自在州、定遼右衛、東寧衛比較特殊。自在州設置於明永樂七年（1409年），衛治原在開原，正統八年（1443年）自在州遷治遼陽城。定遼右衛設置於洪武六年（1373年），衛治原在遼陽，嘉靖四十四年（1565年），遷治於遼東東部山區的鳳凰城。東寧衛設置於洪武十九年（1386年），在遼陽城的北城。經過對自在州、定遼右衛、東寧衛進行分析探究，從中可以瞭解到明朝幾位皇帝治國理念巨大差異，以及遼東邊疆勢力此消彼長歷史現象。

第一節　從明代遼東邊疆形勢變化分析自在州遷治遼陽城原因〔註2〕

　　自在州是明代遼東都司下轄二十五衛二州之一，衛治原在開原。明永樂七年（1409年）設置以安置北方降人，隸遼東都指揮使司，治所在三萬衛城，在今遼寧開原北。後遷治今遼寧遼陽市，與都司及定遼中衛等五衛同治一城。自在州從原先開原遷治遼陽城是明朝政府針對遼東地區民族管理結構

〔註1〕（明）李輔等纂修：《全遼志》卷一《圖考·遼陽城》，瀋陽：遼瀋書社，1984年，第501～502頁。

〔註2〕參見拙文：《從明代遼東邊疆形勢變化分析自在州遷治遼陽城原因》，《遼寧省博物館館刊》，（2014年），瀋陽：遼海出版社，2015年，第376～381頁。

上的一次重要調整，也是明代遼東邊疆防禦結構的一次重要調整。關於明代
自在州的研究學界多從民族安置政策、民族管理角度方面入手進行探討〔註
3〕，而對自在州遷治遼陽城這一歷史現象產生的原因缺少深入探討和研究。
在諸多學界前輩研究基礎上針對自在州遷治遼陽城這一歷史現象結合遼東
邊疆形勢變化進行嘗試性分析，正統八年（1443年）自在州遷治遼陽城根本
原因是明朝政府在堅持「招徠遠人」這一國策下，根據遼東邊疆地區女真、
蒙古兩大勢力消長情況對該地區歸附的少數民族人員在管理模式上進行新
嘗試，其最終目的是維護遼東地區邊疆穩定。不足之處在所難免敬請各位方
家指正。

一、自在州的產生

　　朱元璋在南京建立明王朝後不久命徐達、常遇春等領兵北伐攻佔元大都
（北京）。而此時的遼東地區處於戰亂狀態殘元勢力各據一方「彼此相依，互
為聲援」〔註4〕。洪武四年（1371年）明朝政府正式設置定遼都衛，並以馬雲、
葉旺為指揮使領軍向北推進。明朝控制遼東地區後殘元勢力逐漸退出該地區，
同時隨著明朝國內政局穩定明王朝為了宣揚國威穩定邊疆施行「招徠遠人」的
政策，開始對東北地區少數民族有計劃地進行大規模招撫活動並對歸附的少
數民族進行安置。永樂時期該項政策更加制度化從招徠、賞賜、待遇、安置和
管理都有比較具體的規定。隨著明朝對東北地區招撫力度不斷加大，政府面臨
一個現實問題即如何安置這些不斷經過招撫而歸附明朝政府少數民族人員，
明政府解決這一問題而採取的辦法是設置專門組織機構自在州、安樂州進行
安置。

　　自在州的雛形是自在城。自在州是在原先開原城中自在城基礎上設置的，
關於這方面《明太宗實錄》中有詳細記載。永樂六年（1408年）五月甲寅條記
載：「命於遼東自在、快活兩城，設自在安樂兩州。」〔註5〕而自在城產生又與
東北少數民族內遷有直接關係，主要用來安置內遷的女真部。「朕（朱棣）即
位以來，東北諸胡來朝者多願留居京師，以南方炎熱特命於開原置快活、自在

〔註3〕參看奇文瑛：《論明朝內遷女真安置政策——以安樂、自在州為例》，《中央民
　　　族大學學報》，2002年第2期；張大偉：《明代遼東都司轄下安樂、自在二州
　　　之分析》，《北方文物》，1998年第2期。
〔註4〕《明太祖實錄》卷六十六，洪武四年六月壬寅條。
〔註5〕《明太宗實錄》卷七十九，永樂六年五月甲寅條。

兩城居之。」〔註6〕自在州第一次出現在史書記載中是永樂六年（1408年）五
月明朝政府命設置「每州知州一員，吏目一員」。六月，又「添設遼東自在、
安樂二州同知判定各一員」〔註7〕。關於自在城改名自在州的原因，奇文瑛老
師認為自在城之所以改名自在州是明成祖迅速調整女真安置措施是適應女真
歸附形勢急劇發展的需要。自在城的命名是優養內遷夷人以宣揚皇恩浩蕩以
吸引招徠未附者建立臣屬關係。到永樂六年（1408年），朝廷對邊外的羈縻衛
所統治已經確立。因此以招徠臣屬為主要目的的明朝女真政策轉到鞏固統治
方面；安置政策的中心也相應轉為加強內遷管理〔註8〕。

圖十二：明自在州印

〔註6〕《明太宗實錄》卷七十八，永樂六年四月乙酉條。
〔註7〕《明太宗實錄》卷八十，永樂六年六月乙酉條。
〔註8〕奇文瑛：《論明朝內遷女真安置政策——以安樂、自在州為例》，《中央民族大
　　　　學學報》，2002年第2期。

二、自在州遷治遼陽城原因

自在州遷治遼陽城原於遼東地方長官曹義的奏請：

> 甲戌，遼東總兵官都督僉事曹義奏：永樂間，開原城設立安樂、
> 自在二州，每州額除官吏四員名，專令撫安三萬、遼瀋二衛歸降達
> 官人等，其東寧衛歸降達官人等，原無衙門官員管屬，乞並自在州
> 達官人等於安樂州管屬，其自在州官吏徙於遼東都司，在城設立衙
> 門，撫安東寧衛並附近海州、瀋陽中等衛歸降達官人等庶為兩便。
> 章下吏部移文，左副都御史李濬覆審，乞如義言，從之。〔註9〕

對原文分析可知自在州遷治遼陽城表面原因是明朝政府就歸附的「達官」
安置地點進行重新調整。從文中也不難看出此時的遼東地區歸降的達官人數
眾多，至少在遼東地區的三萬衛、遼瀋衛、自在州、東寧衛以及遼陽附近的海
州衛、瀋陽中衛等地都有歸降達官，面對這種分散局面明政府迫切需要對其管
轄功能進行統一調整，最終決定將自在州遷至遼陽城，所以才有了正統八年
（1443 年）自在州遷治遼陽一事。日本學者河內良弘先生在《關於明代遼陽
的東寧衛》一文中認為自在州遷治遼陽與東寧衛的改組密切相關在其文中也
有較詳細的論述〔註10〕。國內學者認為正統八年（1443 年）遼東總兵曹義的
奏摺中有「其東寧衛歸降達官人等，原無衙門官員管屬」的記載，由此可知東
寧衛早期無漢官管理歸附達官，自在州官吏又具有管理少數民族事務的豐富
經驗，明朝決定把位於開原的自在州遷至遼陽，「撫安東寧衛並附近海州、瀋
陽中等衛歸降達官人等」〔註11〕。但我們不成熟看法認為自在州遷治遼陽與東
寧衛改組問題是兩個相互關聯現象而並非根本原因所在，所以不在本文討論
之內。

那麼自在州遷治遼陽城根本原因是什麼？這個問題應該結合明朝初年遼
東地區邊疆形勢變化進行分析和探討。明朝洪武、永樂兩朝對蒙古殘元勢力連
續征討基本肅清明朝北部邊疆威脅，而當時明朝國力強盛對遼東周邊地區少
數民族部落施行的「招徠遠人」民族政策實施又十分有效，所以這一歷史時期
遼東邊境地帶較為安全。在「招徠遠人」政策下明政府對歸附的達官給予行動

〔註 9〕《明英宗實錄》卷一百二，正統八年三月甲戌條。

〔註 10〕（日）河內良弘著，楊暘、梁志忠譯：《關於明代遼陽的東寧衛》，《黑河學刊》，
1988 年第 4 期。

〔註 11〕孫軍著：《明代遼東都司所轄安樂、自在二州的初步研究》，大連大學碩士學位
論文 2008 年，第 30 頁。

上的充分自由。歸附達官可以自相統屬其原先下屬並可以探望自己原先部落
和親友，而且明政府明確要求遼東地區官員對達官這種行為不可隨意阻止。

　　　　上謂兵部臣曰：朕即位以來，東北諸胡來朝多願留居京師，以
　　　南方炎熱特命於開原置快活自在二城居之。俾部落自相統屬，各安
　　　生聚，近聞多有思鄉土及欲省親戚者，爾即以朕意榜之，有欲去者，
　　　令明言於鎮守官員勿阻之。〔註12〕

　　由此可知明初歸附明朝被安置在開原的達官享有充分自由。但到了明正
統初年遼東邊疆危機開始出現。正統元年（1436年）蒙古瓦剌部開始崛起並
逐漸向東蒙地區發展，對臨近遼東地區的兀良哈三衛以及女真部落影響日益
強大，甚至一度威脅到明朝藩屬朝鮮，由此造成明朝北部邊疆地區特別是遼東
地區危機日益嚴重。在這裡僅舉《明實錄》中正統初年史書記載內容以說明問
題。「正統二年（1437年）十月壬午敕宣府總兵官都督譚廣等曰比聞瓦剌脫歡
聚兵飲馬河，又遣人交通兀良哈女直部」。〔註13〕瓦剌部進入遼東北部的飲馬
河流域聯合女真諸部以及兀良哈三衛準備南下寇邊，遼東局勢一時變得十分
緊張。而明朝政府也採取相應措施進行積極應對，加強對邊疆地區特別是遼東
地區守備。正統四年（1439年）「甲申敕沿邊諸將近有自虜中來者言，瓦剌脫
歡人馬獵於近塞沙淨州，此賊譎詐叵測，其意不專，在獵爾沿邊諸將當豫為方
略，振作士氣以御之，毋視為泛常。」〔註14〕正統四年（1439年）六月乙酉
條「敕總兵官都督同知王彧曰：近聞兀良哈泰寧朵顏福餘三衛與瓦剌脫歡等交
通，累遣使臣朝貢，實欲覘我虛實。」〔註15〕蒙古瓦剌部勢力在影響兀良哈部
以及女真部同時也對明朝藩屬朝鮮進行脅迫。「正統七年（1442年）冬十月甲
午朝鮮國王李祹遣陪臣崔士康等貢方物，初瓦剌密令女直諸部誘脅朝鮮，祹拒
之而白其事於朝」〔註16〕。明政府為了應對北部瓦剌威脅對曹義、王翱等遼東
地方官員守邊不力行為進行嚴厲斥責。「正統八年（1443年）兵部奏遼東總兵
官都督僉事曹義不嚴督邊備致賊累次入寇，右僉都御史王翱奉命整飭邊務到
彼日久莫展一籌，及達賊入境又不具實奏聞，請治其罪」〔註17〕。通過對上文

〔註12〕《明太宗實錄》卷七十八，永樂六年四月乙酉條。
〔註13〕《明英宗寶訓》卷三，正統二年十月壬午條。
〔註14〕《明英宗實錄》卷六十，正統四年六月甲申條。
〔註15〕《明英宗實錄》卷五十六，正統四年六月乙酉條。
〔註16〕《明英宗實錄》卷九十七，正統七年十月甲午條。
〔註17〕《明英宗實錄》卷一百，正統八年正月丙子條。

分析不難看出當時遼東邊境危機日益嚴重以及明王朝統治者對該地安全局勢的嚴重關切，這也為明朝政府對遼東地區戰略布局重新調整打下伏筆。

在遼東邊境危機日益嚴重形勢下，明政府對遼東地區歸附的達官安置方式也出現新變化。眾所周知，明朝初年明政府對遼東地區歸附的達官集中安排在開原自在州以及安樂州。但到了正統以後邊疆危機日益嚴重經明王朝招撫的歸附者一般被安排到遼陽、廣寧、海州、蓋州、復州、金州等地〔註18〕。關於這種安置並非明政府無意安排，我們認為由於明政府擔心歸附自己的達官特別是女真族達官與北部強敵瓦剌相互內應而進行分而治之結果。如前文所述歸附的達官出入比較自由與遼東周邊地區少數民族部落存在千絲萬縷的聯繫，而此時蒙古瓦剌部實力強盛對兀良哈部以及周邊女真部影響很大也很難保證開原自在州以及安樂州歸附達官沒有裏通外敵的嫌疑，關於這種對歸附者安排在遼東腹地現象，雖然史書中難查直接原因但並非沒有蹤跡可尋。從後來史實證明歸降明政府的遼東地區達官中確實存在與外敵相互勾結事件。「矧近日遼東安插韃人糾合謀叛出城，潛從虜寇者動至一二十，此正其驗，不可不防者。」〔註19〕

對歸降達官內遷遼東腹地這一問題敘述更加詳細的是寇深。「提督遼東軍務副都御史寇深奏：開原等處安插來歸夷人四百餘戶，恐後益多難以鈐制，乞候邊事稍息，移入腹裏地方安住，自茲以後凡來歸者宜遷內地」。〔註20〕作為遼東地區重要官員寇深奏請當中已經明顯看出對開原等處「來歸夷人」問題的關注，而且這一問題並非一時出現而是經過多年積累後才形成。寇深擔心「來歸夷人」愈聚愈多難以管制而建議明王朝將其移往內地進行分散管理。而這種建議根本目的還是圍繞遼東邊疆地區穩定這一前提進行展開。從正統以後明王朝招撫的歸附者安排來看，一般被安排到遼陽、廣寧、海州、蓋州、復州、金州等地，史實證明明朝政府的確將新歸附的達官安置在除開原之外其他地區。所以我們認為自在州遷徙遼陽城原因是明政府針對當時日益嚴重的遼東邊疆危機這一客觀情況，對現有民族政策在管理模式上進行新嘗試，在保障歸附達官行動自由的同時為了杜絕歸附明朝的達官與周邊敵對勢力相互聯繫而重新作出的戰略調整。

〔註18〕張士尊：《明代遼東邊疆研究》，長春：吉林人民出版社，2002年，第161頁。

〔註19〕（明）嚴從簡：《殊域周諮錄》，卷二十一《女直》。北京：中華書局，1993年，第734頁。

〔註20〕《明英宗實錄》卷二百二十，景泰三年九月庚戌條。

需要指出的是在分析自在州遷治遼陽城這一歷史現象時也必須考慮到明朝初年明政府在遼東地區「甌脫」地帶城防設置以及對南下的女真族施行「招徠遠人」政策。明朝初年，明政府對遼東東部山區東南部採取策略是在明朝國土上從鴨綠江到連山關留一段無人或人煙稀少的數百里「甌脫」地區在此不設防也不設治。隨著正統年間遼東邊外形勢的急劇變化，原先居住在朝鮮北部圖們江流域的建州女真不斷南下，遷至遼東地區婆豬江（渾江）和蘇子河流域直接與遼東東部山區中朝之間「甌脫」地帶相臨近，對明朝遼東東部地區邊防安全造成壓力。而明初明政府在遼東地區防禦設置沒有形成完整體系，此時遼東邊牆尚未完全建成，明朝政府在遼河以東的東部山區地帶缺少有效縱深防禦工事而明朝藩屬朝鮮通往明朝的驛路又經由此地，在臨近「甌脫」地帶唯一重兵防禦的城池就只有遼陽城。作為鎮城的遼陽城建築面積比較大從洪武初年起擴建維修不斷。「洪武壬子馬雲葉旺因遺址修築，己未都指揮使潘敬開展東城迤北土城，永樂丙申都指揮使王真完砌周圍二十二里二百九十五步。」〔註21〕特別是遼陽城北城一帶較為空曠。而此時的開原城雖然是遼東北部邊防重鎮但三面臨邊，華夷雜糅，邊疆地區又危機不斷，相對遼陽城而言開原城城體建築面積還是比較小，自在州、安樂州、三萬衛等多個衛州集中在一地而「來歸夷人」越來越多確實難以容納和管理。自在州遷治遼陽城必須考慮到明初遼東地區施行的民族政策。有明一代明朝政府根據女真、蒙古兩大勢力的力量消長情況推行「藉女直制北虜」策略，對女真一貫採取招撫為主的政策〔註22〕。遼陽城建築規模雄偉又臨近南遷女真部，在不改變「招徠遠人」國策下明朝政府既可以對南遷女真部繼續進行招撫活動，同時也可以對其就近安置進行監管以隔斷歸附達官與敵對勢力聯繫，因而將自在州遷治遼陽城一舉兩得不失為權宜之計。

另外，自在州由開原遷治遼陽城也應充分考慮到地理交通方面因素。開原與遼陽均是明代遼東地區重要軍事重鎮同時也是重要交通樞紐，明代東北地區除了以遼陽為中心通往各地的交通驛站以外還有以開原為中心通往東北各地的交通驛站。明代東北各路驛站擔負著繁重的接待和運輸任務〔註23〕。因此這種便利的交通路線在當時缺乏現代化交通工具以及通訊工具條件下，不僅

〔註21〕（明）畢恭等纂修：《遼東志》卷二《建置·城池》，瀋陽：遼瀋書社，1984年，第369頁。

〔註22〕李治廷主編：《清史》，上海：上海人民出版社，2002年，第43頁。

〔註23〕王綿厚、李健才：《東北古代交通》，瀋陽出版社，1990年11月，第299頁。

加強明朝政府對東北地區的經營管理，也促進歸附明朝各族人民之間社會文化交流和社會經濟的發展。

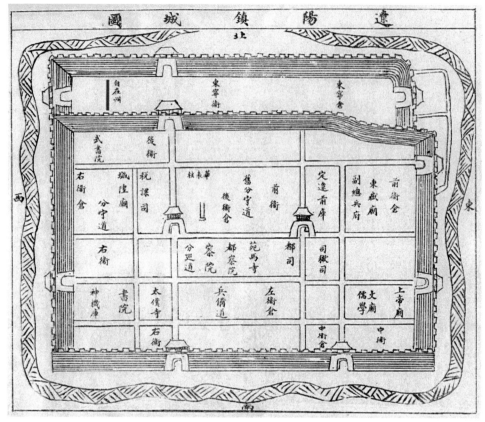

圖十三：遼陽鎮城圖（特殊標記為自在州位置）

三、結語

　　綜上所述自在州遷治遼陽城是明朝正統初年遼東地區邊疆危機背景下的一個歷史縮影。自在州遷治遼陽城根本原因是明朝政府針對邊疆情況而做出的適時戰略調整，同時也是明政府針對現有民族政策在管理模式上的新嘗試，其最終目的還是以維護遼東地區邊疆穩定。遷治遼陽城後的自在州吸收了一部分原隸屬於東寧衛、海州衛、瀋陽中衛的達官，原先所轄的達官州民仍然住在開原，只是改歸安樂州管轄。自在州位於明代遼陽城北城與東寧衛鄰近〔註24〕（見圖一：遼陽鎮城圖），建築雄偉「正堂五間，東西吏房各五間，中堂五

<hr />

〔註24〕（明）李輔等纂修：《全遼志》卷一《圖考・遼陽城》，瀋陽：遼瀋書社，1984年，第502頁。

間，後堂五間，儀門一間，大門三間。」〔註25〕與此同時，在明政府「招徠遠人」這一國策下自在州繼續承擔安置歸降達官以及從征戍邊的任務。「時遣使往招諸夷，有願降中國者，於開原設安樂州，遼陽設自在州居之。皆量授以官，任其耕獵，歲給俸如其官。當時，各衛夷人每入貢，賚賜殊厚，以故凡迤北征討，皆聽調遣，無敢違越。」〔註26〕

第二節　明代定遼右衛遷治鳳凰城探析〔註27〕

定遼右衛是明代遼東都司二十五衛之一，衛治原在遼陽。據《明實錄》記載：洪武六年（1373年）十一月，明朝正式設置定遼右衛「於遼陽城之北」，立五個千戶所，「命定遼都衛指揮僉事王才等領原將山東諸衛軍馬屯守」〔註28〕。以「萊州土軍五千人並本衛軍七百九十四人屬定遼右衛」〔註29〕。定遼右衛設置以後，與其他各衛一樣，有經歷司、鎮撫司、軍器局、軍儲倉、預備倉、鹽場百戶所和鐵場百戶所，同時承擔遼東地區的防務。比如成化年間，「以建州夷人遮殺朝鮮貢使」〔註30〕，朝廷命「於遼東之東八站南別開新道，添設城堡，以便朝鮮往來」〔註31〕。弘治初年，鳳凰城、鎮東、鎮夷各堡，以及二墩臺均以完成，抽調軍士鎮守，其管理完全由定遼右衛負責〔註32〕。嘉靖四十四年（1565年），根據山東巡按御史李輔的建議，遼東都司對東部山區的防禦進行調整，「改置右衛於鳳凰城城堡，添設左右中所，及以金州衛所轄黃骨島堡割隸右衛」〔註33〕。這樣，最初設置於遼陽城的定遼右衛從負責東部山區防務，到最後把衛治遷徙到東部山區的鳳凰城。

定遼右衛為何遷治鳳凰城，明朝兵部給出的理由是：「本鎮東南一帶，地

〔註25〕（明）李輔等纂修：《全遼志》卷一《圖考‧遼陽城》，瀋陽：遼瀋書社，1984年，第502頁。

〔註26〕潘喆、孫方明、李鴻彬編：《清入關前史料選輯》第一輯《撫安東夷記》，北京：中國人民大學出版社，1984年，第5頁。

〔註27〕參見拙文李智裕：《明代定遼右衛遷治鳳凰城探析》，《鞍山師範學院學報》，2011年第1期。

〔註28〕《明太祖實錄》卷八十六，洪武六年十一月癸酉條。

〔註29〕《明太祖實錄》卷八十七，洪武七年春正月甲戌條。

〔註30〕《明孝宗實錄》卷三十，弘治二年九月壬申條。

〔註31〕《明孝宗實錄》卷三十，弘治二年九月壬申條。

〔註32〕《明孝宗實錄》卷三十，弘治二年九月壬申條。

〔註33〕《明世宗實錄》卷五百五十三，嘉靖四十四年十二月癸酉條。

僻海隅，為四方通寇藪，勢難控制。又險山新軍多逃伍，勾補不便。而朝鮮貢道實從此入，人煙荒涼，無以威遠」〔註34〕。具體來看，定遼右衛這次遷治與如下幾個因素密切相關：

第一，建州各部對遼東東部的壓力逐漸加大。明朝初年建州女真主要活動在松花江中下游，後來南遷到圖們江兩岸。永樂初年，明朝政府在其活動地區設置建州衛和建州左衛，但在朝鮮政府的壓力下，被迫遷入遼東東部山區，分別定居在渾江和渾河流域。宣德年間，因為衛印之爭，明朝政府又在建州左衛中分設建州右衛，這樣就形成了建州三衛。為加強對建州各衛的統治，明朝政府在撫順開設「馬市」，通過朝貢貿易的形式，擴大其與內地的經濟文化交流。由於靠近遼東，更因為馬市貿易的刺激，建州各部逐漸強大起來。正統年間，建州酋長李滿柱糾集毛憐、海西各部不斷侵掠東部山區，「盜邊無虛月」，結果導致明朝政府的大規模的討伐。景泰元年（1450 年），據提督遼東軍務王翱奏報：「海西、建州賊徒李滿住、剌塔等累入境肆掠，臣等議調官軍分三路，先擒剿滿住、凡察、董山三寨，然後發兵問罪海西。」〔註35〕成化三年（1467年），明軍出境，結果建州遭到慘重的損失，一千餘人被殺，財產損失更是難以計數，建州諸衛酋長李滿柱等人也先後遇難。成化十四年（1478 年），明軍再次出邊。成化十五年（1479 年）和成化十六年（1480 年），明軍連續深入建州各部居住腹地，剛剛恢復的建州部又一次遭到重大損失。經過這次打擊以後，在以後的半個多世紀裏，建州各部對遼東的壓力有所緩解。到嘉靖中後期，建州女真大規模入邊劫掠事件時有發生。如嘉靖二十一年（1542 年），侵掠鳳凰城，殺守備李漢、指揮佟恩等官員〔註36〕；嘉靖二十三年（1544 年），殺明都指揮康雲、千總都指揮趙奇、佟勳以及把總王鎮，死者 200 餘人〔註37〕。建州女真屢次內侵給明王朝遼東地區造成了巨大的壓力。

第二，流民大批湧入東部山區，迫切需要管理和控制。明朝初年，人口稀少，政府在連山關設立把截，連山關以東地區成了無人區。明朝弘治年間，流民開始潛匿東部山區，到正德九年（1514 年），朝鮮史料中開始出現遼東潛住人口逼近鴨綠江西岸記載，此年八月，平安道觀察使向朝鮮國王報告說：「義州西距十五里許，有婆婆堡古基，唐人漸有造家來居者，鴨綠江十餘里之地亦

〔註34〕《明世宗實錄》卷五百五十八，嘉靖四十五年五月甲辰條。
〔註35〕《明英宗實錄》卷一百九十三，景泰元年六月癸未條。
〔註36〕《明世宗實錄》卷二百六十八，嘉靖二十一年十一月辛亥條。
〔註37〕《明世宗實錄》卷二百八十六，嘉靖二十三年五月丙午條。

立標造家，不無後弊。」從此，明朝與朝鮮雙方為驅逐潛住於鴨綠江西和鴨綠
江中各島潛住人口往來交涉不斷，達百餘年時間，直到明朝與朝鮮政府承認這
種現實為止。鴨綠江邊如此其東部山區更甚。嘉靖年間，東山流民問題日益嚴
重，而且已經不侷限於開荒種地，出現流民越界貿易現象。嘉靖五年（1526 年）
在鴨綠江邊居住的流民越來越多。根據朝鮮特進官金克呈報：「臣前任平安道
監司時，觀之義州鴨綠江越邊唐人來居者甚眾，冬月合冰，則與義州居民交通
買賣。龍川、鐵山等地居民，牛馬盜賣無忌。」嘉靖十年（1531 年）十二月，
御史謝蘭條上遼東邊防事宜。「遼東東南多金銀穴，口內流民誘亡命盜礦，甚
者肆出虜掠，……。」〔註 38〕明朝對東山潛住的流民也是採取禁止政策，但是
屢禁而不止，經過幾十年的鬥爭，終於迫使明朝政府改變單純的限制政策。

圖十四：明定遼右衛指揮使司印

　　第三，為了保護朝鮮驛路「東八站」安全。朝鮮通往明朝驛路從遼陽到鴨
綠江一線設有八站，從西向東依次為：頭館站、甜水站、速山站、龍鳳站、斜
烈站、開州站、湯站、東昌驛站。有明一代承襲前朝將該條驛路稱為「遼左八

〔註 38〕《明世宗實錄》卷一百三十三，嘉靖十年十二月辛丑條。

站」。明朝初期從連山關以東至鴨綠江邊幾百里地區沿途崇山峻嶺道路難行，不僅人煙稀少，而且缺少有效軍事防護措施，以致朝鮮使臣來往其間多有不便。洪武二十八年（1395 年），朝鮮在給禮部的咨文中稱：「竊見小邦鴨綠江西至遼東甜水站，其間人煙斷絕，草木叢茂，若無護送，慮恐盜賊劫擄，虎狼侵害。」

正統元年（1436 年）十二月，朝鮮派通事金玉振嚮明朝提出：「在先本國使臣來往於東八站一路，自來山高水險，一水彎曲，凡八九渡，夏潦泛漲，本無舟揖，冬月冰滑雪深，人馬多有倒損。又有開州龍鳳等站，絕無人煙，草樹茂密，近年以來猛虎頻出作惡，往來人馬，實為艱苦」〔註39〕。在這條道路上，不僅自然條件惡劣，而且不時受到南遷後建州各部的威脅。如正統二年（1437年）和天順四年（1460 年）朝鮮先後兩次出兵征討建州女真李滿柱部，引起建州各部的不滿，揚言要對朝鮮朝貢使臣進行報復，「結怨本國，現已對敵」。「若於汝國邊境未得侵掠，當於東八站一路往來使客，攔截報復」〔註40〕。李滿柱被殺後，其子「不思伊父罪惡，志欲報復」。在這種情況下，朝鮮政府嚮明朝提出把朝貢路線南移的請求。為此，明朝政府派遣官員，實地踏勘，否決了朝鮮政府南移朝貢道路到刺榆寨的要求。但為了保證屬國使臣的安全，維持與朝鮮半島正常經濟和文化交流，從成化年間開始，不斷加強對東八站沿線的建設。

應該說明朝這次行動是很迅速的，到天順八年（1464 年）四月，朝鮮使臣回國向朝鮮王彙報見聞時說：明朝遼東「自伯顏洞至通遠堡列置候望，臣到通遠堡，見指揮劉英問之，答曰：『候望則居民布散，晝則候望，有變則放炮。』」〔註41〕很明顯，為了加強對東八站驛路的保護，遼東都司如同在其他明朝北部邊疆地區一樣，開始在東八站沿邊沿途修築墩臺城堡，加強防禦，同時遼東的軍民也逐漸東遷，可以說，明朝對東八站進行實質性建設在這時開始。

成化五年（1469 年），遼東都司開始在東八站北部修建邊牆，以保護東八站交通安全，但女真各部的侵掠還時有發生。成化十五年（1479 年），建州約三百餘騎，「南下來寇刺榆寨，沙川等處，焚蕩廬舍，殺掠甚眾。」〔註42〕成化十六年（1481 年），據朝鮮方面報告說：朝鮮使團於「本月初四日東八站路

〔註39〕《朝鮮世宗大王實錄二》，十八年十二月乙巳條。
〔註40〕《朝鮮世宗大王實錄二》，二十年正月丙午條。
〔註41〕《朝鮮世祖惠莊大王實錄二》，十年四月庚子條。
〔註42〕《朝鮮成宗康靖大王實錄一》，十一年九月乙酉條。

上遇野人，遮截相戰，我卒四散，獨甲士崔義成、譯學許順等脫來」〔註43〕。
這次朝鮮方面損失有三十餘人。因為女真各部南下騷擾，明朝決心徹底解決東
八站問題。「鳳凰山西北約十五里許，築立一堡名鳳凰城，屯駐馬步官軍一千
名；鳳凰山以西相去約有六十里，地名斜烈站，築立一堡，名為鎮寧堡。斜烈
站西北相去約有六十里，地名新通遠堡之南，築立一堡名寧夷堡，各屯駐馬步
官軍五百名，以為鳳凰城之聲援。如此則朝鮮使臣往回皆有止宿之處，而無被
劫之患。」〔註44〕到弘治二年（1489年）九月，「鳳凰城及鎮東鎮夷二堡，已
如原擬築完，其餘二十二墩臺次第修築，繚望操守之人，止可就招集軍內摘發，
不宜抽調屯軍，鳳凰城該撥軍六百名，鎮東鎮夷各三百名，俱屬定遼右衛代
管。」到弘治五年（1492年）九月，明朝在鳳凰城東設湯站，把防禦前沿進一
步延伸。雖然東八站交通安全得到了基本保證，但女真各部一旦大規模南下，
中朝交通仍然有被切斷的危險，而把定遼右衛東移鳳凰城，則對這條交通線的
長治久安起到重要作用。

　　定遼右衛遷治鳳凰城，是明代遼東邊疆結構的一次重要調整。明朝初年，
由於遼東人煙稀少，故人口主要居住在遼東半島，千山山脈分水嶺以東，遼河
以西，幾乎是無人區。遼東都司在連山關、刺榆關和片嶺關設立把截，稽查人
員往來。洪武二十年（1387年）後，明朝政府開始在遼西設置衛所，但由於人
口很少，其居住區只限於遼西沿海走廊地區，而遼東的情況依然如故。所以後
來遼東修築邊牆，形成一個奇怪的「凹」字形狀。成化末年和弘治初年，隨著
建州各部的南遷，出於東部山區安全的考慮，明朝開始在遼東山區北部修築城
堡、邊牆，安排衛所軍人屯墾駐防，其防禦前沿延伸到鳳凰城以東，遼東邊疆
結構發生了很大的變化。嘉靖時期，中原地區流民問題嚴重，遼東也不例外，
眾多流民掙脫封建統治，進入東部山區，開荒種地，採礦冶煉，其腳步一直前
進到沿海各島和鴨綠江邊。原來明朝政府所設定的人為障礙已經不復存在，這
就迫使明朝政府正視現實，而定遼右衛遷治就是這樣的表現。

　　這次遷治的結果首先使遼東東部邊疆得到了鞏固。此後遼東防禦前沿繼
續前推到鴨綠江畔，一系列的城堡和墩臺都陸續建立起來，如鴨綠江西岸的江
沿臺堡和鎮江城。萬曆初年，在遼東巡撫張學顏的主持下，又向北開拓了寬甸
六堡，其主要的人員都來源於定遼右衛。這樣，遼東的防禦前沿已經不限於鳳

〔註43〕　《朝鮮成宗康靖大王實錄一》，十一年九月乙酉條。
〔註44〕　《朝鮮成宗康靖大王實錄一》，十二年十月辛酉條。

凰城一線，而是向北推進到寬甸，向東推進到鴨綠江，寬甸和鎮江都成為重要的軍事重鎮。在這樣的格局下，原來的東八站貢道幾乎相當於內地，與過去相比，要安全許多，故朝鮮政府再也沒有提出南遷貢道的要求。同時，定遼右衛的遷治也給移民的進入提供了更為安全的環境。此後，明朝文獻中再也見不到驅趕東山移民的記載，事實上，正由於東山設治，移民才大量湧入，萬曆初年，僅寬甸就遷入移民數萬人。因此，從某種意義上說，定遼右衛遷治以後，為遼東都司開發東部山區提供了前提和保障。

第三節　關於明代遼陽東寧衛幾個問題淺談〔註45〕

　　明代遼陽東寧衛是遼東都司所轄二十五衛之一，由於其歷史地位特殊性有別於遼東都司其他衛所。關於東寧衛研究，早期以日本學者河內良弘先生的《關於明代的遼陽東寧衛》一文為代表〔註46〕。河內良弘先生大作發表較早，更多的是對傳世文獻史籍相關內容為對象，進行學術層面研究。由於受客觀條件所限，國內遼陽等地區陸續出土與明代東寧衛有關的墓誌文物，河內良弘先生在其大作中並未引用，頗顯遺憾。2011 年 11 月份遼寧省遼陽市地區出土「東寧衛指揮使司之印」，省內相關媒體以及地方內部刊物多有報導和熱議，其後王成科曾撰文發表《明代遼陽東寧衛——以新出土的東寧衛指揮使官印為例》〔註47〕。實事求是地說，該方官印文物價值雖有，但並非如王成科文中所說的文物價值和歷史研究價值巨大，頗有誇張溢美之嫌。而且作者文中部分觀點也並不贊同，由於眼界所限，也並未引用相關學者現有研究成果。另外，作者僅以出土官印為中心，而研究整個明代東寧衛歷史發展脈絡，確實頗顯不足和不符合研究規範。特別是圍繞明代東寧衛幾個重要學術觀點問題，即東寧衛早期人口結構、東寧衛人的生活方式、自在州南遷與東寧衛改組等方面，還是有必要深入研究探討。職此之故，本人不避愚陋，結合史料以及出土石刻內容對東寧衛相關幾個問題進行嘗試性研究，不足之處在所難免，敬請方家指正。

〔註45〕　參見拙文：《關於明代遼陽東寧衛幾個問題淺談》，《遼寧省博物館館刊》（2015年），瀋陽：遼海出版社，2016 年，第 285～291 頁。

〔註46〕　（日）河內良弘著，楊暘、梁志忠譯：《關於明代遼陽的東寧衛》，《黑河學刊》，1988 年第 4 期。

〔註47〕　王成科：《明代遼陽東寧衛——以新出土的東寧衛指揮使官印為例》，《北方文物》，2015 年第 1 期。

一、東寧衛早期人口結構

我們在論述明代東寧衛早期人口結構時，大都認為無外乎女真人、高麗人與漢人，這種觀點應該是受到《遼東志》記載內容「華人十七，高麗、土著、歸附女直野人十三」影響〔註48〕。淺薄之見，由於受《遼東志》成書時間所限，其內容觀點並非完全符合明初客觀史實。更有甚者，王成科曾在文中認為洪武十九年將起初五個千戶所其地的高麗、女真人遷徙至遼陽，整合成左、右、前、後四個千戶所，另以關內調來的漢族人組成中所，設立東寧衛〔註49〕。受個人學識所限，這種觀點不知出處何處依據何在，缺少史料支撐和細緻分析確實讓人不敢苟同。其實在梳理明代史料以及出土石刻文物時，不難發現東寧衛早期人口構成中還有韃靼人、遼東本地前元官員以及山後人，只是以往未加注意而已。例如曾擔任東寧衛指揮一職的康旺，我們更多關注的是其出使奴兒干內容，根據史料記載其祖先就是韃靼人。

> 乙未命奴兒干都司都指揮使康旺致仕，以其子福代為本司都指揮同。旺本韃靼人，洪武間以父蔭為三萬衛千戶，自永樂以來頻奉使奴兒干之地，累升至都指揮使。至是覆命往奴兒干設都司，旺辭疾乞以福代，故有是命〔註50〕。

另外，史料中也有永樂時期東寧衛韃靼頭目啖哈來朝受到明朝封賞記載。「韃靼都督馬兒哈咎弟也力帖木兒及東寧衛韃靼頭目啖哈等來朝各賜鈔幣及文綺龍衣」〔註51〕。此處的韃靼人應指明朝初年北方草原地區蒙古部落，能賜予文綺龍衣這一高檔精美織品，確實並不多見。

明朝初年，遼東地區前元歸降的官軍由於奉事皇明新朝因而可以繼續在本地駐守，這個群體是早期遼東軍戶重要來源，其中一部分也入籍東寧衛。根據史料記載，明洪武四年遼陽行省平章劉益等奉表來降，大量前元官軍歸附明朝。後有洪保保等殺劉益，遼東局勢出現變動，不久故元右丞張良佐、左丞房嵩等就平息叛亂，為酬其功，朱元璋任命張良佐、房嵩為遼東衛指揮僉事，「其餘將校從本衛定擬職名具奏聞，檢注軍人俾隸籍」〔註52〕，這樣不僅使大批遼

〔註48〕（明）畢恭等纂修：《遼東志》卷一「地理志」，瀋陽：遼瀋書社，1984年，第363頁。

〔註49〕王成科：《明代遼陽東寧衛——以新出土的東寧衛指揮使官印為例》，《北方文物》，2015年第1期。

〔註50〕《明宣宗實錄》卷八十四，宣德六年冬十月壬辰條。

〔註51〕《明太宗實錄》卷二百三十三，永樂十九年春正月丁卯條。

〔註52〕《明太祖實錄》卷六十六，洪武三年六月壬寅條。

東地區降明前元將校得到了提拔任用，並且前元士兵也進行了改編入籍。曾有學者認為，洪武十九年於遼陽設置的東寧衛中左、右、前、後四所，是以故元、高麗、女直來歸官民五丁抽一組成，只有中所為漢軍〔註53〕。但這又與「以遼陽高麗、女直來歸官民每五丁以一丁編為軍」史料內容明顯不符。河內良弘先生在研究東寧衛人口結構這一問題時闡述非常詳細，特別是關於東寧衛中所漢軍構成，就頗有預見性地認為是以降民中的漢人編成，芮恭所統領的只是中所的漢軍〔註54〕。雖然史料中沒有明確記載，但從現在來看河內良弘先生的推測還是有一定道理的。

圖十五：明東寧衛指揮使司之印

在文獻史料記載不明確客觀條件下，地下出土文物對這一問題解決提供了新的途徑。對遼陽地區出土的《昭勇將軍高公墓誌》分析可知，東寧衛人高寶祖先應為明初歸附明朝的遼東地區前元官員〔註55〕。根據墓誌記載，墓誌主

〔註53〕奇文瑛：《明代衛所歸附人研究——以遼東和京畿地區衛所達官為中心》，北京：中央民族大學出版社，2011年，第48～49頁。

〔註54〕（日）河內良弘著，楊暘、梁志忠譯：《關於明代遼陽的東寧衛》，《黑河學刊》，1988年第4期。

〔註55〕王晶辰主編：《遼寧碑誌》，瀋陽：遼寧人民出版社，2002年，第365頁。

人東寧衛昭勇將軍高寶祖父曾為元代官員，先世為遼陽本地石城梁家莊巨族，高氏當為遼陽本地土著居民無疑，「祖嘗前任樞密院客省副使」，後於明朝洪武初年歸附「洪武初年，連以忠義化諭頑民，歸慕我太祖高皇帝」，因軍功授以昭信校尉〔註56〕。高寶出生於永樂庚子年（1420年），去世時任職東寧衛。按照明代衛所武職世官管理體制以及墓誌中有「誥命之榮，傳至於今」記載內容，可推知其祖父洪武初年歸附時應加入東寧衛軍籍。結合歷史背景以及志文內容分析判斷，高寶祖父應為洪武初年歸降的遼東地區前元官員。由此可知，遼東本地歸降元軍群體成員也應有參與東寧衛軍籍。另外，早期東寧衛人口中還應有一定數量的山後人。山後移民是明朝洪武初年北方移民中數量龐大的群體，主要居住在今太行山以北、北鄰沙漠地區，洪武初年為了防禦蒙古陸續遷移。遼陽地區出土的《驃騎將軍楊公墓誌銘》記載，墓誌主人楊五典祖先就是世代居住在山後地區山後人，其始祖楊德歸附明朝，「世裔山後人，始祖德，自北山歸附，任東寧衛，實授百戶」〔註57〕。結合歷史背景以及志文內容，從時間上判斷楊五典始祖楊德應是在洪武時期歸附明朝後最終到東寧衛任職。

二、東寧衛人的生活方式

　　眾所周知，東寧衛人口構成中有一部分為高麗人和女真人，除了《遼東志》、《全遼志》記載的與遼東都司其他衛所人員一樣，從事戍邊、屯田、養馬，以及煮鹽、煉鐵等基本義務之外，由於其固有的民族特色，依然保留其傳統生活方式，這在遼東邊陲之地與其他衛所相比有其自身鮮明特點。關於該方面內容，河內良弘先生、王成科文中雖已有論述但還有不足之處，在此進行重新歸納總結以求勾勒出東寧衛人主要生活方式和活動信息。

（一）進獻馬匹與方物

　　明代東寧衛女真人經常來朝進獻馬匹和方物，受到朝廷封賞不絕史書。特別是歷史上東寧衛著名人物亦失哈就先後多次來朝貢獻馬匹。「東寧衛指揮千百戶亦失哈等來朝貢馬賜之鈔幣」〔註58〕、「壬子遼東東寧衛女直指揮使亦失哈等來朝貢馬」〔註59〕、「己卯遼東東寧衛女直指揮僉事亦失哈等來

〔註56〕王晶辰主編：《遼寧碑誌》，第365頁。
〔註57〕鄒寶庫輯錄：《遼陽碑誌選編》，瀋陽：遼寧民族出版社，2011年，第110頁。
〔註58〕《明太宗實錄》卷二百六十七，永樂二十二年春正月己丑條。
〔註59〕《明宣宗實錄》卷七十八，宣德六年夏四月壬子條。

朝貢馬」〔註60〕。究其原因，明朝統治者除了安撫人心外，明朝初期連年漠北用兵，作為重要戰略資源馬匹顯得格外重視，在當時邊境互市沒有完全開放背景下，東寧衛女真達官進貢馬匹顯得尤為重要。根據史料記載東寧衛達官也曾進貢方物，「遼東東寧衛指揮木慶哥等十四人來朝貢方物」〔註61〕。所貢方物史料中雖然沒有明確記載，推測應是當時東北地區特產參、貂、皮毛之類。另外《全遼志》中記載東寧衛有供參內容，與遼陽地區出土明代《欽差陳保御去思碑記》中記載的東寧衛採參歲貢內容相符合〔註62〕，後因建州女真頻繁入寇，民不聊生賦無所出而停辦。

（二）安置歸附人

　　東寧衛設立之初，就有重要的安置歸附人功能。特別是到了永樂時期，在國力強盛背景下優厚的封賞吸引東北內陸地區衛所女真人紛紛內附，其中有一部分被安置在東寧衛，受到相應賞賜之外遼東都司並為其提供房屋、器皿等生活必需品。「敷答河千戶所鎮撫弗理出、忽兒海衛所鎮撫火羅孫皆自陳願居東寧衛從之。命禮部給賜如例」〔註63〕。「奴兒干喜申衛吉列迷車卜來朝奏願居遼東東寧衛，命為百戶，賜金織襲衣、鈔、布，仍命遼東都司給房屋器物如例」〔註64〕。

（三）對外招撫

　　明朝初期在對東北內陸地區以及鄰近朝鮮進行招撫，需要專門從業人員，以東寧衛為代表遼東地方官員啟到很大作用，在《明實錄》以及《李朝實錄》中多有記載，在此僅舉數例以作說明。永樂元年，東寧衛官員王得名因到朝鮮招撫遼東散漫軍士復業而受到朝廷賞賜。

　　　　乙巳賜東寧衛千戶王得名鈔百七十六錠、綵幣七表裏、紗衣二
　　襲，得名先往朝鮮招撫遼東散漫軍士復業男婦來歸者萬五百二十五
　　口，故嘉之〔註65〕。
　　東寧衛官員金聲曾跟隨康旺王肇舟等出使奴兒干詔諭，受到朝廷封賞。

〔註60〕《明宣宗實錄》卷六十七，宣德五年六月乙卯條。
〔註61〕《明太宗實錄》卷二百七十二，永樂二十二年六月戊申條。
〔註62〕王晶辰主編：《遼寧碑誌》，瀋陽：遼寧人民出版社，2002 年，第 466 頁。
〔註63〕《明太宗實錄》卷九十三，永樂七年六月丁未條。
〔註64〕《明宣宗實錄》卷一百五，宣德八年閏八月乙亥條。
〔註65〕《明太宗實錄》卷二十下，永樂元年五月乙巳條。

遼東都指揮同知康旺為都指揮使，都指揮僉事王肇舟、佟答剌
哈為都指揮同知，東寧衛指揮使金聲為都指揮僉事，旺等累使奴兒
干招諭，上念其勞故有是命〔註66〕。

（四）官方專職翻譯

明朝政府在對東北內陸地區以及鄰近朝鮮地區進行涉外交流溝通時，由
於語言差異需要專職翻譯人員。東寧衛特殊的居住環境，形成了不僅通曉漢語
而且會女真語言以及朝鮮語言群體。根據《遼東志・人物志》記載，「遼東例
有朝鮮、女直通事，送四夷館以次銓補鴻臚官。舊止用東寧衛人，蓋取其族類
同語言習也。」其後還附列了自成化至嘉靖間被銓補陞官的 34 名翻譯的姓名、
籍貫和官職。在 12 名朝鮮語翻譯中有 9 人是東寧衛人，22 名女真語翻譯中有
19 人是東寧衛人，東寧衛人所佔比例還是很大的〔註67〕。

（五）信仰佛教與尊崇孝義

明代東寧衛人的精神領域生活難以全面考證，在有限的史料中不難看出
信仰佛教與尊崇孝義是其顯著特點。根據遼陽地區出土塔銘以及《遼東志》中
記載，東寧衛籍圓公禪師道圓以及行榮擔任過廣佑寺住持。圓公禪師道圓本為
海洋女真人，洪武十六年歸附明朝，注籍東寧衛。永樂六年，接任遼陽僧綱司
副都綱兼廣佑寺住持。上任後重修廣佑寺和白塔傳播佛法，在當時遼東地區有
很大影響力。《遼東志・人物志》記載「有僧人法名行榮，東寧衛人，住廣佑
禪林」〔註68〕。個人推測，圓公禪師道圓很有可能與行榮是師徒關係。根據
《圓公禪師塔銘》記載，圓公禪師嗣法弟子均為「行」字輩，而且在鐫刻有「廣
佑寺住持行□」，懷疑「行□」即為「行榮」。

與此同時，傳統孝義文化對東寧衛居民影響也很大。《全遼志》記載，東
寧衛人劉鼎在京為官聞聽後母去世消息未趕回遼陽卻已經下葬，歸來後劉鼎
結廬墳前侍奉去世後母孝行頗有古人風範，東寧衛人高原昌妻金氏因親夫婚
後不久亡故，不聽親人改嫁勸告而選擇自縊則是頗顯悲愴。另外還記載有東寧

〔註66〕《明宣宗實錄》卷三十一，宣德二年九月丁亥條。
〔註67〕此處內容可以參見（日）河內良弘著，楊暘、梁志忠譯：《關於明代遼陽的東
　　　　寧衛》，《黑河學刊》，1988 年第 4 期；王成科：《明代遼陽東寧衛——以新出
　　　　土的東寧衛指揮使官印為例》，《北方文物》，2015 年第 1 期。
〔註68〕（明）畢恭等纂修：《遼東志》卷六《人物志》，瀋陽：遼瀋書社，1984 年，
　　　　第 453 頁。

衛人徐氏、屈氏丈夫亡故守節而不改嫁的內容。由於劉鼎、金氏、徐氏、屈氏等人的行為符合封建傳統禮教，而被推崇享受「旌表」待遇〔註69〕。

　　綜上所述，明代遼陽東寧衛設置與變遷可以說是明朝經略遼東的一個歷史縮影，由於其歷史地位特殊性而不同於遼東都司其他衛所，也折射出明朝幾位皇帝治國理念巨大差異以及遼東邊疆勢力此消彼長歷史現象。傳世文獻史料對東寧衛的記載並不是十分詳細，所以更應將注意力放在地方出土碑誌文物釋讀與研究上，從而達到最大可能地解析東寧衛歷史原貌目的。拙文只是就目前學界對東寧衛研究頗有爭議部分內容進行嘗試性研究，觀點未必正確，也非常希望學界有識之士能早日對明代東寧衛展開全面系統研究。

〔註69〕（明）李輔等纂修：《全遼志》卷四《人物志》，瀋陽：遼瀋書社，1984年，第 628～629 頁。

第九章 明代遼陽城其他建築

　　明代遼陽城作為遼東地區政治中心，不僅城牆建築雄壯渾厚而且與城有關其他建築也頗具特點，諸如朝鮮館、華表柱、牌坊、在城驛、夷人館等，在本章著重介紹朝鮮館、華表柱、牌坊、在城驛。位於遼陽城外的朝鮮館，是明王朝接待藩屬國朝鮮使臣重要場所，凸顯遼陽城代表明朝政府對外交往重要性。華表柱由於丁令威成仙化鶴傳說而聞名，明朝官員以及途經遼陽城的朝鮮使臣多慕名前去遊覽，弔古興懷頗具文化吸引力。遼陽城內應接不暇的牌坊，昭示著遼陽城這一邊陲重鎮輝煌榮耀時刻，也寓意著其被封建社會賦予倫理道德和宗法禮教觀念之深，彰顯遼陽城深受中原文化影響。遼陽在城驛代表以遼陽城為中心的遼東都司驛路四通八達，在京城與東北驛路交通網中起到了交通樞紐的作用，是明代東北亞絲綢之路重要節點，促進了各民族之間的經濟文化交流和發展。

第一節　朝鮮館

　　作為明王朝的藩屬國，朝鮮每年不止一次派遣使臣到明朝朝貢。朝鮮王朝將明朝視為「天朝」，故在明代被稱為「朝天」。朝鮮對明朝例行的「常貢」主要有四類：正朝、冬至、聖節、千秋。所謂常貢是指已固定的例行朝貢。正朝使行為賀正旦是最重要的禮儀活動，明皇帝要向藩屬國頒布新曆並回贈禮物，朝鮮使臣稱為「正朝使」。冬至使行是為進賀冬至，朝鮮使臣稱為「冬至使」。聖節使行是為賀皇帝生日，朝鮮使臣稱為「聖節使」。千秋使行是為賀皇太子生日，朝鮮使臣稱為「千秋使」。嘉靖十年（1531年），明朝把正朝進賀使行合

至冬至使行，於是常貢改為冬至、聖節和千秋三行。除常貢使行外，還有不定
期的別貢使行。其主要有：謝恩使行（賞賜、准請、恩免、賜故王賻諡等），
進賀使（賀皇帝登極、上尊號、冊后、建儲、平亂等），奏請使（請準承襲王
位、冊封、賜諡等），還有進香、進獻（宮女、鷹、禮品等），押送（牛馬、遣
返人員），問安使行等名目〔註1〕。

出使明朝的朝鮮使團人員不定，主要以正使、副使、書狀官為首的「三使」，
其他如僉知、堂上譯官、堂上寫字官、別通事、質正官、子弟軍官、軍官、上
通事、通事、漢通事、倭通事、女真通事、押物通事、質問通事、間糧通事、
加定押物官、醫官、畫官等通事官、軍官，以及別破陣、理馬、憲吏、押馬官、
養馬、使奴、書狀奴、質正奴、廚子、伴送、舍人等隨行人員。

圖十六：遼陽塔灣塔

遼陽是明代遼東都司治所所在地，也是朝鮮使團出使明王朝重要一站。由
於事關兩國外交形象所以非常正式，在此舉行一系列外交禮儀如「跪拜禮」、
「望闕叩頭」、「公宴」等，以及朝鮮公文等方面核實與勘驗，《遼東志》中對
此有詳細記載。

〔註1〕參見楊雨蕾：《十六至十九世紀初中韓文化交流研究──以朝鮮赴京使臣為中
心》，復旦大學博士學位論文 2005 年，第 12～13 頁。

朝鮮入貢每年遇聖節、正旦，輪差各曹參判或判書一員，領正從、書狀、養馬、通事等官三十員賫表文，並聖母、東宮方物，及上用雜色馬匹，至遼東界地名連山關。轉報都司候陪臣。高麗市住歇。各官衣冠至都司，投印信咨文，行跪拜禮，擇日設宴在都司大廳，望闕叩頭。公宴畢，本司備雲來諮關文數目、緣由、行本、鎮合於衙門，給與批呈。差千百戶一員伴送赴京。及回，仍照前例公宴，聽其自歸本國〔註2〕。

《明實錄》中也有關於遼東都司代表明王朝設宴款待朝鮮使臣的記載。

朝鮮國王李瑈遣陪臣李良璥等奉表貢馬及方物來朝謝恩。賜衣服、綵緞等物有差，以恤不賜宴其歸也。禮部請移文遼東都司宴勞之〔註3〕。

太常寺官祭京城隍之神，朝鮮國王李㫜遣陪臣禮曹參判宋贊等賫表陳慰，別遣戶曹參書鄭宗榮等進香。詔進香於永陵獻殿門外行禮，賜其使織金衣、彩叚、布有差。禮部以山陵雖與而使者以陳慰進香至，與他朝貢者不同，請仍賜宴於遼東都司。從之〔註4〕。

《燕行錄》中有詳細記載朝鮮使臣在遼東都司外交禮儀，如「跪拜禮」、「望闕叩頭」、「公宴」等內容〔註5〕。朝鮮使臣拜見遼東都司三員後，遼東都司三員要選定日期在都司大廳宴請朝鮮使臣一行。對於赴京回還的朝鮮使臣，遼東都司三員按例也要宴請。遼東都司衙門宴請朝鮮使行也有固定的儀制。遼東都司三員宴請當日，朝鮮正使、書狀等要「與冠帶」。宴請開始時，遼東都司三員先率朝鮮使臣行「望闕禮」。「望闕禮」的具體儀制是：設御位，遼東都司三員在前，朝鮮使臣一行位列遼東都司三員後，面朝西，行五拜三磕頭禮。「望闕禮」畢，遼東都司三員回原位，朝鮮使臣向遼東都司三員行兩拜禮。其後，朝鮮使臣一行就坐。其位次為：使臣坐東，書狀、質正坐西，通事以下分別坐左右兩側〔註6〕。

〔註2〕（明）畢恭等纂修：《遼東志》卷四《典禮・夷人入貢》，瀋陽：遼瀋書社，1984年，第408頁。

〔註3〕《明憲宗實錄》卷五十六，成化四年秋七月己巳條。

〔註4〕《明穆宗實錄》卷八，隆慶元年五月乙丑條。

〔註5〕朝鮮使臣「跪拜禮」內容已經在「遼東都司治所」中介紹，由於跪拜禮內容涉及遼東都司治所建築構造，故將納入其中。出於體例考慮，在此不贅述，可參看「遼東都司治所」相關內容。

〔註6〕（朝鮮）許震童：《朝天錄》，見林基中編：《燕行錄全集》（第3冊），第325頁。

　　朝鮮館，「在安定門外東南」〔註7〕，是明朝政府設在遼東都司治所遼陽城附近專門接待朝鮮使團場所。根據《遼東志》「遼東都司治衛山川地理圖」、《全遼志》「遼陽鎮境圖」標示，朝鮮館在明代遼陽城安定門外東南方向。起初遼陽城最初只有在城驛，無論是明朝公幹的官吏、部落朝貢的人員，還是朝鮮使臣都要住在這裡。但由於風俗習慣和文化傳統等方面的巨大差異，難免產生矛盾和摩擦，因此才導致遼東都司另建了專門招待朝鮮使團的朝鮮館，和專門招待部落朝貢人員的夷人館。這樣，在城驛在肅清門外，夷人館在泰和門外，朝鮮館在安定門外，明朝公幹官吏入住在城驛，女真蒙古各部朝貢人員入住夷人館，朝鮮使團入住朝鮮館，各自從不同的城門進出，彼此從空間上拉開了距離，減少了相互干擾和發生衝突的機會〔註8〕。

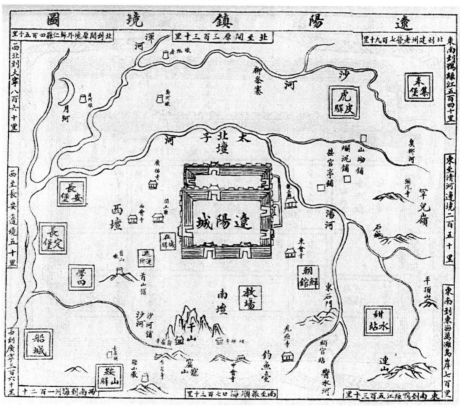

圖十七：《全遼志》「遼陽鎮境圖」

〔註7〕（明）畢恭等纂修：《遼東志》卷二《建置・驛傳》，瀋陽：遼瀋書社，1984年，第382頁。

〔註8〕張士尊：《紐帶──明清兩代中朝交通考》，哈爾濱：黑龍江人民出版社，2012年，第210頁。

　　朝鮮館建築規模與構造，正史方志語焉不詳。朝鮮流人以及使臣私人撰述中有些許記載。朝鮮館前立有「畏天保國」四字匾額。朝鮮崔溥在《漂海錄》中記載，「出驛城東門外不一里，乃遼東城也。兩城間有關王廟，行過兀良哈館、泰和門、安定門，至我朝鮮館，館前立標匾『畏天保國』四字」〔註9〕。崔溥所言「遼東城」即明代遼陽城。對朝鮮館建築格局記載更為具體的是許篈。「館在遼東城安定門外，中門揭『懷德遠來』之額，釋館名也。大廳亦懸『來雍止宿』四大字，創於隆慶庚午，筆跡如新，廳後有東西兩房，而東則頹落，余寓於西邊館夫家」〔註10〕。可知朝鮮館建築布局由中門、大廳以及大廳後東西兩房構成。

　　朝鮮使臣將朝鮮館稱之為「懷遠館」，這在《燕行錄》中多有記載。「至懷遠館。懷遠館在遼城外二三里。我朝鮮往來使命皆舍於此」〔註11〕、「二十六日己酉晴，自冷泉發行到懷遠館」〔註12〕、「歷高麗村午抵懷遠館」〔註13〕。朝鮮館地望何處，學者考證認為在今遼陽青年大街和南郊街北有塊高地以東〔註14〕。以往學界並未注意，朝鮮館也稱為高麗市。根據《遼東志》記載朝鮮使團出使明朝時，使團一行在「高麗市住歇」〔註15〕，然後「各官衣冠至都司」〔註16〕，朝鮮使臣官員穿著正裝前往遼東都司。很顯然朝鮮使臣能在「高麗市」住歇，此處應該建有頗具規模專用住宅而且離遼陽城很近。目力所及，從連山關至遼陽城沿線，朝鮮使臣記錄中並沒有「高麗市」這一地名。「高麗市」之「高麗」代指朝鮮，「市」有市場、貿易之意，究其原因很有可能朝鮮使團在此地開展貿易活動，遼陽當地習慣用「高麗市」代指朝鮮館。毋庸置疑，朝鮮館也確實是朝鮮使臣朝貢路線上重要合法貿易場所。正統四

〔註9〕　（朝鮮）崔溥：《漂海錄》，北京：社會科學文獻出版社，1992年，第187頁。

〔註10〕　（朝鮮）許篈：《朝天記上中下》，見林基中編：《燕行錄全集》（第6冊），第90頁。

〔註11〕　（朝鮮）丁煥：《朝天錄》，見林基中編：《燕行錄全集》（第3冊），第70頁。

〔註12〕　（朝鮮）許震童：《朝天錄》，見林基中編：《燕行錄全集》（第3冊），第277頁。

〔註13〕　（朝鮮）許篈：《朝天記上中下》，見林基中編：《燕行錄全集》（第6冊），第90頁。

〔註14〕　張士尊：《紐帶——明清兩代中朝交通考》，哈爾濱：黑龍江人民出版社，2012年，第212頁。

〔註15〕　（明）畢恭等纂修：《遼東志》卷四《典禮·夷人入貢》，瀋陽：遼瀋書社，1984年，第408頁。

〔註16〕　（明）畢恭等纂修：《遼東志》卷四《典禮·夷人入貢》，第408頁。

年（1439年）九月，為了規範貿易遼東都司曾專門張貼告示，內含多項禁令，其主要內容如下：

> 體知得有等富戶勢要之人，因見使客人等到來，圖利肥己，擔背綾羅綢緞等物，到彼易換參布貂鼠等件。不肯兩便交易，卻乃鼠竊狗偷，乃將不堪物貨，多添價值，盡意收買，致使本分之人，不得易換。又有能通話語無知之徒，心生奸計，巧言啜哄來人，指以入城關支糧草為由，將帶來貨物，馱背進城，引領到家，置辦酒食，假為朋友，兄弟相稱，將本家應有，數換，得其慣便。若不禁約，深為未便。今出告示，仰令提督等，後遇朝鮮使客人到來，但有本城官軍之家，將帶貨物到彼易賣，務要當官逐一檢省，不係違禁貨物，明白附藉記名，許令兩平交易。待至回還，將各人所換對象檢驗記數，方許放出，開具手本呈報。仍令守把老軍人等巡綽緝訪，若有竊取使客對象，並將不堪物貨多添價值收買，及誘引使客人等到家，或在途交易者，就連人貨捉拿赴司，以憑行送法司問罪，追貨沒官。所委官員，不許徇私故縱及因而生事，刁蹬留難。事發到官，一體照問。其朝鮮國差來陪臣及通事，亦要省會，隨來官軍人等知會勿令非禮，作穢公廳，損毀該用對象〔註17〕。

其中「體知得有等富戶勢要之人，因見使客人等到來，圖利肥己，擔背綾羅段布等物，等彼易換參布、貂鼠等件。不肯兩便交易，卻乃鼠竊狗偷，乃將不堪貨物，多添價值，盡意收買，致使本分之人不得易換」〔註18〕，可知遼陽富戶、權貴主動來到朝鮮館同朝鮮使臣進行貿易，雙方交易的物品各求所需，主要是參、布、貂鼠、綾羅緞布等奢侈物品。正統四年（1439年）九月禁令中所提到的「誘引使客人等到家，或在途交易者，就連人貨捉拿赴司，以憑行送法司問罪，追貨沒官」〔註19〕，顯而易見，遼東官方禁止朝鮮使臣在遼東百姓家以及遼東沿途進行貿易。由於遼陽朝鮮館是官方許可合法地點，雙方貿易十分繁榮。萬曆十五年（1587年），朝鮮使臣裴三益記載：「五月一日，開市於懷

〔註17〕 吳晗輯：《朝鮮李朝實錄中的中國史料》（第2冊），北京：中華書局，1980年，第410～411頁。

〔註18〕 吳晗輯：《朝鮮李朝實錄中的中國史料》（第2冊），北京：中華書局，1980年，第410～411頁。

〔註19〕 吳晗輯：《朝鮮李朝實錄中的中國史料》（第2冊），第410～411頁。

遠館，持物貨前來交易人員輳集」〔註20〕。由此可窺探，當時遼陽朝鮮館貿易
規模不小。

第二節　華表柱

　　丁令威得道成仙故事在古代民間廣為流傳〔註21〕。陶淵明《搜神後記》中
有關於丁令威得道成仙記載：「丁令威，遼東人，學道於靈虛山。後化鶴歸遼，
集城門華表柱。時有少年，舉弓欲射之。鶴乃飛，徘徊空中而言曰：『有鳥有
鳥丁令威，去家千年今始歸。城郭如故人民非，何不學仙冢壘壘』，遂高上衝
天。今遼東諸丁云，其先世有升仙者，但不知名字耳。」〔註22〕往事越千年，
受此民間傳說影響，到了明代遼陽城內有「華表柱」這一具象景觀，被譽為明
代遼陽八景之一「華表仙因」。

　　　　華表仙因　　監生郡人　　韓承訓

　　　　丁令千年已化仙，歸來勝事古今傳。

　　　　泠泠仙語人民後，戛戛鶴鳴城郭先。

　　　　石柱長苔青入漢，丹爐絕火紫消煙。

　　　　秦皇漢武俱成詫，韶舞岐鳴鳳可甄〔註23〕。

　　根據《遼東志)記載，華表柱位於遼陽城鐘樓北面，以前有石柱即華表柱
已經蹤跡難尋，道觀即華表觀也廢棄變為倉。由此可知，《遼東志》成書時華
表柱以及華表觀已經不存在。

　　　　華表柱，在遼陽城鐘樓北，舊有石柱湮沒，道觀久廢，今為倉。

〔註20〕　（朝鮮）裴三益：《朝天錄》，見林基中編：《燕行錄全集》（第4冊），第23頁。
〔註21〕　有學者觀點認為：丁令威為歷史上真實的道教人物，西晉豫寧（今江西省武寧
　　　　縣）遼東山人，不是遼寧遼東人。生於三國吳國後期，去世於東晉建武元年，
　　　　七歲時於豫寧南山修道，後入閣皂山，傳人散佈福建。又曾於湖南石門、醴陵
　　　　修道。東遊至蘇州，留有丁令威宅及後裔。又任湮縣令，辭官後於姑孰靈虛山
　　　　修道，於此辭世。參見吳國富：《道教人物丁令威考》，《宗教學研究》，2010年
　　　　第1期。吳富國先生所言丁令威身世雖然方志中多有記載，但呈現於諸多區
　　　　域，更多屬於民間傳說性質，竊以為沒有真實憑證，缺少說服力。丁令威化鶴
　　　　成仙只是民間傳說故事，誠如吳國富先生所言：「中國南北方有很多關於丁令
　　　　威仙跡」，民間傳說無從考證，並非真實存在。
〔註22〕　（晉）陶潛：《搜神後記》，杭州：浙江古籍出版社，1987年，第15～16頁。
〔註23〕　（明）李輔等纂修：《全遼志》卷六《藝文下·詩》，瀋陽：遼瀋書社，1984年，
　　　　第671頁。

昔丁令威家此，學道得仙，化鶴來歸，止華表柱，以啄畫表云：有鳥有鳥丁令威，去家千歲今始歸。城郭雖是人民非，何不學仙家壘壘。〔註24〕

《全遼志》記載華表柱位置更為具體，「華表觀，遼陽城內，今改為後衛倉，見有石華表柱，有諸公題詠，見藝文」〔註25〕。華表柱具體位置在《全遼志》所繪《遼陽鎮城圖》中標記十分清楚，位於遼陽城南城的北部，並有「華表柱」三字，推測此時華表柱為後人重新修立。《遼東志》、《全遼志》記載：「舊有石柱湮沒，道觀久廢，今為倉」；「今改為後衛倉」，說明在明朝建立定遼後衛倉之前，華表柱暨華表觀就早已存在，明代遼陽城的定遼後衛倉更是利用華表觀的舊址建立起來的。顯而易見，先有華表柱華表觀，後有遼陽城的定遼後衛倉，由此推測早在元代華表柱暨華表觀可能就已經存在，只是正史方志語焉不詳沒有記載而已。《全遼志》記載的「諸公題詠」華表柱，創作相關文學作品估計不會少，傳世的有巡按御史「順天府通州人，進士」〔註26〕，楊行中詩作《華表柱》。

華表柱　巡按御史　楊行中

千年華表名虛在，終古神仙事杳茫。

獨柱已非當日石，斷碑空亂後人腸。

遠山彌望朝天碧，蔓草先鋪野日黃。

鶴去不來惟鳥語，故鄉城郭尚遼陽〔註27〕。

從詩中不難看出，華表柱附近曾立有的石碑已經斷損，與流傳千年的丁令威神化傳說形成巨大反差，多少給人以荒涼之感，不免發出「鶴去不來惟鳥語，故鄉城郭尚遼陽」無限感慨。楊行中何時擔任巡按御史？根據《明實錄》記載，嘉靖十二年（1533年）「兵部覆巡按山東御史楊行中奏」內容〔註28〕，可推測楊行中擔任巡按御史時間為嘉靖十二年（1533年），此時華表柱石碑已

〔註24〕（明）畢恭等纂修：《遼東志》卷一《地理志》，瀋陽：遼瀋書社，1984年，第366～367頁。

〔註25〕（明）李輔等纂修：《全遼志》卷四《故跡》，瀋陽：遼瀋書社，1984年，第637頁。

〔註26〕（明）李輔等纂修：《全遼志》卷三《職官·巡按》，瀋陽：遼瀋書社，1984年，第579頁。

〔註27〕（明）李輔等纂修：《全遼志》卷六《藝文下·詩》，瀋陽：遼瀋書社，1984年，第669頁。

〔註28〕《明世宗實錄》卷一百四十六，嘉靖十二年正月丁卯條。

經斷損。嘉靖甲寅（1554 年）分守參議俞憲寫的《華表觀詩序》流傳於世，較詳細地敘述了華表柱一個甲子的歷史變遷。弘治七年（1494 年）曾有人「補柱創碑」，到了嘉靖三十三年（1554 年）華表柱「歲久堙滅，所存一二剜石耳」，巡按御史王光祖又重新修建了華表柱和詩碑。引人關注的是，《華表觀詩序》中記載華表柱和華表觀為某御史於弘治七年（1494 年）所創建。只是由於碑石斷缺、字跡磨滅，俞憲也不知道此位御史具體姓名。張士尊先生研究認為，此位御史為樊祉。弘治七年（1494 年）樊祉為遼東巡按御史，其不但主持興建正學書院，而且同時豎起華表柱，建起華表觀〔註29〕。《華表觀詩序》中描述華表柱碑石「歲久堙滅，所存一二剜石耳」、「石亦斷缺」，與楊行中所言「斷碑」十分吻合，可為印證。從中亦可窺探從弘治甲寅年（弘治七年，1494年）到嘉靖甲寅（1554 年）此六十年間，華表柱與相關碑刻一直疏於管理多有破損。

　　　　《華表觀詩序》　巡按御史　楊行中

　　　　傳稱丁令威仙成化為白鶴後，集遼東華表柱，吟一詩而去，其詩蓋右方云。柱在遼陽后倉，歲久堙滅，所存一二剜石耳。弘治甲寅有監司按遼，嘗補柱創碑，鐫仙詩於碑上，而敘記所由並論仙之有無，語頗備。今其石亦斷缺不可成誦，監司之名亦剝落不可考矣。夫自弘治迄今才一甲子而石已然，況令威所集之柱又何能獨存乎？故仙之有無誠不可知，亦不必深究，獨弔古興懷，感時悼往，乃人情之不容。已者，是用立石，以備茲城故跡，且係以詩。魏郡王光祖氏賦詩曰：「傳言此地棲白鶴，遺有仙人題柱詩。殘石那分千古字，老松誰記萬年枝。東來紫氣關雲遠，南下滄洲海月知。借問觀前華表洞，遠公何日是來期？」無錫俞憲氏和詩曰：「邊城白石幾千載，化鶴仙人尚有詩。芳韻已隨仙駕遠，疏鬆猶似鶴巢枝。黃塵滄海憑誰見，青鏡流年祗自知。茲地燕齊佳氣接，遊心倘一遇安期。」時王以巡院閱倉，因至其地，而俞以分守遂得偕行云。嘉靖甲寅秋九月三日〔註30〕。

〔註29〕張士尊：《紐帶——明清兩代中朝交通考》，哈爾濱：黑龍江人民出版社，2012年，第 219 頁。

〔註30〕（明）李輔等纂修：《全遼志》卷五《藝文上·敘》，瀋陽：遼瀋書社，1984 年，第 656 頁。

　　位於遼陽城內的「華表柱」由於其非凡神話傳說，同樣吸引著出使明朝的朝鮮使臣，往往成為其「弔古興懷」參觀遊覽的重要目標，《燕行錄全集》中更是屢見不鮮。嘉靖十三年（1534 年）正月二十九日朝鮮使臣蘇世讓參觀華表柱「即丁令威化鶴處也」〔註31〕。隨同出訪明朝蘇世讓之姪蘇巡也有華表柱記載：「城內東邊有華表柱，雙白塔即丁令威化鶴處，高不可測」〔註32〕。蘇巡所言華表柱位於城內東邊，丁令威化鶴成仙有雙白塔，並且華表柱的高度高不可測，疑竇頗多不禁讓人感到其真實性。嘉靖二十三年（1544 年）朝鮮使臣鄭士龍「到定遼后倉訪華表柱，只有石碾中劈，乃舊物。華表即後人所豎，紀事於短碣，後面有來鶴軒，多詩板」〔註33〕。朝鮮使臣鄭士龍認為華表柱是後人所立，並且提到了在華表柱後面建有「來鶴軒」建築，「多詩板」即多有刻寫詩歌的板刻。在這裡不禁產生疑問，此時華表柱是否還存在？答案是此時華表柱已經不存在，只有「石碾」。朝鮮使臣鄭士龍所言「華表即後人所豎，紀事於短碣」，實際並非指的是華表柱依然存在，而是根據短碑記載華表柱為後人所立，當然鄭士龍前去遊覽時，已經損毀不存在。這也與《華表觀詩序》記載嘉靖三十三年（1554 年）華表柱「歲久堙滅，所存一二刓石耳」、「石亦斷缺」相印證。隆慶六年（1572 年）九月二十九日朝鮮使臣許震童遊覽遼陽城華表柱，「九月二十九日壬子，晴，留懷遠館，余求見華表柱於城內北倉之北，柱高不過八尺許，而旁有立碑，刻丁令威詩及後之標出者之文矣。」〔註34〕朝鮮使臣許震童所看到的景象，明顯是經過嘉靖三十三年（1554 年）巡按御史王光祖重新修建結果。

　　萬曆二年（1574 年），趙憲在《朝天日記》中記載：「到城中見華表柱，在大倉庭。」〔註35〕萬曆二年（1574 年）六月二十六日許篈探訪華表柱，記載較為詳細。對「丁令威化鶴來集」故事提出嚴重質疑，認為極其荒誕。並認為華表柱毫無古態絕非古物，是當時好事者所立。

> 　　至定遼北倉，訪華表柱。柱在倉中，即《搜神記》所謂丁令威
> 化鶴來集之處也。其說極誕，而流傳至今，遂為故跡。柱形如我國

〔註31〕（朝鮮）蘇世讓：《陽谷赴京日記》，見林基中輯《燕行錄全集》（第 2 冊），第398 頁。

〔註32〕（朝鮮）蘇巡：《葆真堂燕行日記》，見林基中輯《燕行錄全集》（第 3 冊），第374 頁。

〔註33〕（朝鮮）鄭士龍：《朝天錄》，見林基中輯《燕行錄全集》（第 3 冊），第 30 頁。

〔註34〕（朝鮮）許震同：《朝天錄》，見林基中輯《燕行錄全集》（第 3 冊），第 279 頁。

〔註35〕（朝鮮）趙憲：《朝天日記》，見林基中輯《燕行錄全集》（第 5 冊），第 155 頁。

　　墓前望柱石，高才丈餘，絕無古態，必近世好事者附益之也。其前
有短碑，嘉靖甲寅（1554 年）參將王堂、都司劉應賓所立，刻令威
絕句於端，其左有文，辨此柱之疑似難信，繫以王光祖、俞憲七言
長律焉。柱之後又有一屋，刊詩十餘篇於覽，以置壁間，而文字磨
滅不可了了〔註36〕。

　　許葑所言華表柱「高才丈餘」，這與朝鮮使臣蘇巡記載的，「城內東邊有華
表柱，雙白塔即丁令威化鶴處，高不可測」〔註37〕，明顯不同，相對比較許葑
所言可信度更高。通過許葑描述可知，華表柱前的短碑，是嘉靖三十三年
（1554 年）由參將王堂、都司劉應賓所立，這是以往所不知道的。嘉靖三十
三年（1554 年）巡按御史王光祖提議修建華表柱碑刻，而具體實施者則是參
將王堂、都司劉應賓。同時明確地告訴我們《華表觀詩序》被刊刻在「有鳥有
鳥丁令威」一詩之左，與《華表觀詩序》所述「其詩蓋右方云」完全相合。許
葑所言「柱之後又有一屋」，當為朝鮮使臣鄭士龍記載的在華表柱後面建有
「來鶴軒」建築，「刊詩十餘篇於覽，以置壁間」即「來鶴軒」屋內刻寫有十
多篇詩文，這與朝鮮使臣鄭士龍記載的「來鶴軒」屋內「多詩板」相印證。

　　萬曆十五年（1587 年）四月二十六日朝鮮使臣裴三益「訪華表觀，見石
柱及碑。碑有魏郡王光祖詩一律：傳言此地棲白鶴，惟（遺）有仙人題柱詩。
殘石那分千古事（字），老松誰記萬年枝。東來紫氣關雲遠，南下滄州海月知。
借問觀前華表洞，遠公何日是來期」〔註38〕。這裡詳細記錄了詩碑上王光祖七
言詩的內容，但全詩有兩個字（括號裡的兩處）與《華表觀詩序》所述不同，
很有可能是在詩碑刊刻前作者對原詩又做了一些修改所致，即裴三益所記才
是該詩最後的定稿〔註39〕。裴三益有詩作《次華表柱碑韻》，不難看出全篇表
達了對人世變幻，物是人非的傷感與哀愁。

　　　次華表柱碑韻

　　乾坤獨立千年柱，今古長留七字詩。

〔註36〕（朝鮮）許葑：《朝天記上中下》，見林基中輯《燕行錄全集》（第 6 冊），第
　　　　116～117 頁。
〔註37〕（朝鮮）蘇巡：《葆真堂燕行日記》，見林基中輯《燕行錄全集》（第 2 冊），第
　　　　398 頁。
〔註38〕（朝鮮）裴三益：《朝天錄》，見林基中輯《燕行錄全集》（第 4 冊），第 20 頁。
〔註39〕李大偉：《遼陽華表柱暨華表觀相關問題考略》，《遼陽歷史文化集萃》（內部資
　　　　料）。

夢斷那能尋舊宅，松摧不復長新枝。

夜深月白應相見，城是人非孰得知。

為問歸來復何日，碧天空闊杳無期。

萬曆十七年（1589 年）出使明朝的朝鮮使臣尹根壽，有詩作《次華表柱韻》〔註40〕，詩作所表達的情緒顯得較為淒涼。

次華表柱韻

囊中餐玉欲憑誰，今古空傳石上詩。

白鶴詎忘千載戀，蒼松並死百年枝。

青苔滿目傷心過，白髮催人攬鏡知。

安得驂鸞凌八極，步虛長與羽仙期。

萬曆二十三年（1595 年）四月二十四日朝鮮使臣閔仁伯遊覽華表柱，「其北有華表柱，尋令威遺跡而返」〔註41〕。萬曆二十六年（1598 年）十二月，朝鮮使臣黃汝一路經遼陽也曾前往華表柱參觀，在其所著《銀槎錄》中有記載。黃汝一對華表柱評價十分客觀，認為僅僅經過百餘年，華表柱旁的碑刻文字就已經脫落難以辨識，而華表柱又怎能經過浩劫，存立如此久遠呢？客觀認為華表柱並非年代久遠，隨毀隨立而已。

十九日，久滯凍館，始出門外，如脫楚囚，常與月沙令公欲見華表而似係遊觀，怕被遼人閒漫作見，縱然等是空留，而不敢作意。是日，臨路歷覽，則弘治年間有王姓者為巡撫時創立，不久剝落，文字不可見，至嘉靖甲寅（嘉靖三十三年）年重修云。自弘治至嘉靖，僅有百年而猶有剝落之歎，則上昔令威之柱，安能久存於浩劫耶？隨毀隨立，不知其幾百度，而人民城郭之感亦自油然而發者，今日吾儕之見其亦幸矣。〔註42〕

萬曆二十七年（1599 年）朝鮮使臣趙翊在《皇華日記》中記載：「華表柱在北城，令館鋪馬自強先導，行至其處。構屋三楹，名曰華表觀。中庭豎小石柱，有碑記其事。由此門而出，則東寧衛治在焉。」〔註43〕萬曆三十年壬寅

〔註40〕 （朝鮮）尹根壽：《朝天錄》，見林基中輯《燕行錄全集》（第4冊），第228頁。
〔註41〕 （朝鮮）閔仁伯：《朝天錄》，見林基中輯《燕行錄全集》（第8冊），第17頁。
〔註42〕 （朝鮮）黃汝一：《銀槎錄》，見林基中輯《燕行錄全集》（第8冊），第283～284頁。
〔註43〕 （朝鮮）趙翊：《皇華日記》，見林基中輯《燕行錄全集》（第9冊），第144～145頁。

（1602 年），朝鮮使臣李民宬途徑遼陽城記載華表柱，「又池西而此觀所謂華表柱。柱在定遼衛后倉中，有碑記鶴言」〔註44〕。萬曆三十八年（1610 年）六月十八日，朝鮮使臣黃士佑參觀華表柱，「午後往見華表柱。柱在后倉衛東庭之內，只是尋常一柱石，長不過丈餘，柱旁有碑，詳記其事，徘徊流觀有足感慨」〔註45〕，並有詩作，感慨人間變幻無常，充滿出世思想。

> 千載歸來萬事非，唯余華表影依依。
>
> 傷心舊宅空春草，滿目荒墳帶夕暉。
>
> 天上蟠桃花未落，人間甲子鳥驚飛。
>
> 煩君帝籍名如在，乞得金丹與子歸。

相對比較，萬曆三十八年（1610 年）九月初十日朝鮮使臣鄭士信遊覽全城之後，以五言韻語紀事二百句，其中對華表柱暨華表觀進行了更為詳細的描述，詳細到了每個匾額題字內容甚至作者是誰。

> 去入北倉門，古觀楣扁示（外門楣上扁額曰「華表觀」）。
>
> 門內啟新廳，化鶴仙蹤遺（廳之扁額「化鶴仙蹤」）。
>
> 廳北闢廣庭，當中石柱植。
>
> 柱高十尺強，名以華表志。
>
> 柱前豎短碑，刻砥追述備。
>
> 冠首令威語，尾續今詩貳。
>
> 中間序重新，新者劉公帥。
>
> 前壁揮大書，「仙境」二個字。
>
> 運筆者誰子？金陵朱詔使（朱之蕃也）。
>
> 庭後又立祠，牌揭丁仙位（牌則以金字書曰「丁仙之位」）。
>
> 分書兩旁櫨，七言佳句賁〔註46〕。

經查，書寫「仙境」兩個字的朱之蕃是萬曆乙未科（1595 年）狀元，後官至禮部右侍郎、吏部右侍郎。

萬曆三十八年（1610 年）六月初七日，朝鮮使臣李安訥有詩作《華表柱》。詩作中表達李安訥的親情觀，對丁令威升仙並不羨慕。人生在世，最可貴的就

〔註44〕（朝鮮）李民宬：《壬寅朝天錄》，見林基中輯《燕行錄全集》（第 15 冊），第 20 頁。

〔註45〕（朝鮮）黃士佑：《朝天錄》，見林基中輯《燕行錄全集》（第 2 冊），第 482 頁。

〔註46〕（朝鮮）鄭士信：《梅窗先生朝天錄》，見林基中編：《燕行錄全集》（第 9 冊），第 260～261 頁。

是親情和友情，如此生活才充滿樂趣。而如果像丁令威要拋棄親情和友情，做一個孤獨而寂寞的神仙，實在是件非常痛苦的事情，如此神仙不做也罷。

華表柱

華表柱頭丁令威，去家千歲為誰歸。

青山不改古城在，白日無情人世非。

學得神仙有何用，向來親故已全稀。

浮生任作累累冢，不用衝天化鶴飛〔註47〕。

萬曆四十二年（1614年）六月十五日朝鮮使臣金中清記載：

華表柱在北倉裏，設廟安位牌，金字題曰「丁仙之位」。石柱在廟前，八面削成，長丈餘。立碑其前，碑首篆「華表柱」三字，下書「有鳥有鳥丁令威」一詩，一篇仍敘令威始終於尾，嘉靖甲寅年（1554年）建。傍有井，諺傳令威以北倉官，憤世投井死，不得其屍云。萬曆乙巳（1605年），知州萬愛民又創傑宇於柱南，其大門題「華表觀」，中堂揭「化鶴仙蹤」四字，皆張中弘書。〔註48〕

此時的華表觀又增修了新建築，即萬曆三十三年（1605年）自在州「知州萬愛民又創傑宇於柱南」，這是在華表觀大門至華表柱之間增加的新建築，同上一條鄭士信所述的「門內啟新廳」記載相吻合。同時第一次出現在華表觀附近有古井的記載，並傳說丁令威生前為北倉官員，憤世嫉俗投井而死，找尋不到屍身。有關古井以及丁令威生前細節，目力所及以前無此記載，推測當為後世對丁令威傳說演繹加工結果。讓人懷疑的是，與華表柱、丁令威關係緊密的古井為何在前人表述中沒有出現？推測古井很有可能開鑿不久。萬曆末年（原稿無具體時間）朝鮮使臣鄭弘翼遊覽華表柱，所記述內容多與萬曆四十二年（甲寅年，1614年）金中清記載相印證。

訪華表柱，柱在倉廠裏，舊柱已殘缺，萬曆甲寅重修祠宇，立新柱，又立小碑，志丁仙所作小詩，且記改修之意。碑陰亦有刻刊，不可盡曉。柱北立祠宇，設位版，以金字書「丁仙之位」。壁北兩邊，盡溺水之狀。柱南又立屋宇，揭額曰「化鶴仙蹤」，左右壁間有「中和永世」四大字，甚古梗。祠門外五六步許，有古井，俗傳丁仙溺

〔註47〕（朝鮮）李安訥：《朝天錄》，見林基中編：《燕行錄全集》（第15冊），第154頁。

〔註48〕（朝鮮）金中清：《朝天錄》，見林基中編：《燕行錄全集》（第11冊），第448～449頁。

井而化，荒誕不可信也。

與此同時他還為之賦詩兩首：

> 仙蹤餘舊址，新柱更峨峨，頑物亦消歇，浮生能幾何。
> 鶴翎香雲際，馬鬣半山阿。修短同椿菌，臨風一歎嗟。

> 疊前韻
> 舊墟豎新柱，祠觀更危峨。孤鶴一飛去，流年今幾何。
> 神仙非久視，造物豈私阿。煎熬如膏火，人生足咄嗟。

我們從朝鮮使臣鄭弘翼日記中「重修祠宇，立新柱」和詩中兩次強調「仙蹤餘舊址，新柱更峨峨」「舊墟豎新柱，祠觀更危峨」看，顯然都是對華表柱暨華表觀再次重修後的描述，可謂言之鑿鑿，讓人無法生疑。如果這次重修是真實存在的，那麼只能發生在金中清到訪當年的下半年，即萬曆四十二年（1614年）的下半年。再次出現關於祠觀附近古井記載，傳說丁令威在此井溺水而化為仙人，當然朝鮮使臣鄭弘翼認為此說荒誕不可信。

可是距萬曆四十二年（1614年）僅僅過去三年之後的萬曆四十五年（1617年）十月五日朝鮮使臣李尚吉在《朝天日記》中記載：「訪華表柱，有倉官二人具冠帶迎入，柱只存丈餘石，古蹟難尋。」〔註49〕顯而易見，由於朝鮮使臣李尚吉記述非常簡略，看不出「重修祠宇，立新柱」後的樣子。所言「古蹟難尋」也是客觀真實反映，推測朝鮮使臣李尚吉也發現華表柱等景觀建築並非古物，只是後人新立而已，讓人感到空有其名索然無味。

萬曆四十七年（1619年）六月三十日，根據《黎川相公使行日記》中記載，朝鮮使臣李弘胄一行人從遼陽城東甕城上下來「穿九街而行到北倉，華表柱立於倉內，煉石為柱，約二丈許，柱前豎碑，刻丁仙詩及騷人題詠。其後有堂，設位版，書『丁仙之位』四字而金之。」〔註50〕值得注意的是，與之前的華表柱高才「丈餘」大不相同，這裡說高「約二丈許」。並且介紹了與丁仙有關的詩歌，觀堂等建築。相對比較，李弘胄的記載要比萬曆四十五年（1617年）朝鮮使臣李尚吉記載更為詳細。

萬曆四十八年（1620年）五月初九日朝鮮使臣黃中允在當天的日記中寫

〔註49〕　（朝鮮）李尚吉：《朝天日記》，見林基中輯《燕行錄全集》（第9冊），第186頁。

〔註50〕　（朝鮮）李弘胄：《黎川相公使行日記》，見林基中輯《燕行錄全》（第10冊），第40頁。

到：「華表柱石碑，長才數尺，有名賢諸作刻於其面。嘉靖年間重修立之。」
〔註 51〕此時距離明遼陽城之失僅僅不到一年，這應該是朝鮮使臣最後一次來到這裡，也是我們從《燕行錄》中最後一次看到對它的描述，但令人遺憾的是這段日記還是沒有提到萬曆四十二年（1614 年）重修這件事，甚至根本沒有提到華表柱，只是簡單的介紹了華表柱前那座詩碑的尺寸和立碑的時間〔註52〕。其實這與朝鮮使臣黃中允《西征日錄》寫作風格有關，不僅遼陽城內華表柱描述非常簡略，而且遼陽城重要建築廣佑寺、白塔等描述也非常簡略。推測當時遼東戰事緊張，「薩爾滸之戰」明朝大敗，遼東岌岌可危。朝鮮使臣黃中允也無此心情細緻瀏覽遼陽勝景，寥寥數筆一帶而過僅做紀念。

通過對《遼東志》、《全遼志》以及諸多朝鮮使臣記載分析可知，明代遼陽城內的華表柱及其相關建築位置十分明確，華表柱在遼陽城鐘樓北定遼後衛倉庫院內。第一、朝鮮使臣在表述華表柱位置時彼此有所不同。有的說在「城內北倉」，有的說在「大倉庭」，有的說在「北城」，有的說在「后倉衛東」，有的說在「北倉」，但《全遼志》所附「遼東鎮城圖」所標注華表柱的位置在定遼後衛倉西，看來華表柱確實在定遼後衛倉附近。第二、華表柱是一根高 8 尺到 2 丈的石柱，附近有記載華表柱來歷的碑文、華表觀以及人們所供奉的丁令威神位〔註53〕。而且更為重要的是，華表柱並非古物，雖有舊柱與新柱之分，也只是屢毀屢立，修立不斷。第三、多位朝鮮使臣記載華表柱附近有古井，推測此井為後人開鑿，並將丁令威成仙傳說與古井相聯繫。由此可見，在明朝丁令威故事在民間繼續流傳，並且不斷演繹繼續豐富，出現新的內容。

明代朝鮮使臣記載華表柱簡表〔註54〕

時　　　間	朝鮮使臣姓名	出　　　處
嘉靖十三年（1534 年）正月二十九日	蘇世讓	《陽谷赴京日記》
嘉靖十三年（1534 年）正月二十九日	蘇巡	《葆真堂燕行日記》

〔註51〕（朝鮮）黃中允：《西征日錄》，見林基中輯《燕行錄全集》（第 16 冊），第 37頁。

〔註52〕李大偉：《遼陽華表柱暨華表觀相關問題考略》，《遼陽歷史文化集萃》（內部資料）。

〔註53〕張士尊：《紐帶——明清兩代中朝交通考》，哈爾濱：黑龍江人民出版社，2012年，第 217 頁。

〔註54〕關於朝鮮使臣記載明代遼陽華表柱內容，李大偉先生在其大作《遼陽華表柱暨華表觀相關問題考略》中對相關內容多有輯錄，並對本部分寫作提供幫助。

嘉靖二十三年（1544 年）	鄭士龍	《朝天錄》
隆慶六年（1572 年）九月二十九日	許震童	《朝天錄》
萬曆二年（1574 年）六月二十六日	許篈	《荷谷先生朝天記》
萬曆二年（1574 年）	趙憲	《朝天日記》
萬曆十五年（1587 年）四月二十六日	裴三益	《朝天錄》
萬曆二十三年（1595 年）四月二十四日	閔仁伯	《朝天錄》
萬曆二十六年（1598 年）十二月十九日	黃汝一	《銀槎錄》
萬曆二十七年（1599 年）九月十七日	趙翊	《皇華日記》
萬曆三十年（1602 年）	李民宬	《壬寅朝天錄》
萬曆三十八年（1610 年）六月初七日	李安訥	《朝天錄》
萬曆三十八年（1610 年）六月十八日	黃士佑	《朝天錄》
萬曆三十八年（1610 年）九月初十日	鄭士信	《梅窗先生朝天錄》
萬曆四十二年（1614 年）六月十五日	金中清	《朝天錄》
萬曆末年（原稿無具體時間）	鄭弘翼	《燕行錄》
萬曆四十五年（1617 年）十月五日	李尚吉	《朝天日記》
萬曆四十七年（1619 年）六月三十日	李弘胄	《黎川相公使行日記》
萬曆四十八年（1620 年）五月初九日	黃中允	《西征日錄》

第三節　牌坊

　　明清時期是旌表制度的成熟完善期，旌表制度的程序、形式及內容都發展到鼎盛時期，且封建統治者運用旌表制度籠絡民心、宣傳封建禮教和穩固社會，取得顯著的效果。牌坊這種旌表形式就被封建社會賦予了倫理道德和宗法禮教觀念的意義和價值〔註 55〕。遼陽城是遼東都司治所所在地，城高池深官署林立，名人輩出牌坊眾多。根據《燕行錄》史料記載，明代遼陽城「大小衙門並無數，路傍諸處牌樓相接」〔註 56〕，「城內處處設三間門，層構巧斲高撐半空，揭額曰『勅賜』、曰『欽賜』，或進士，或會武」，「中懸橫板題其姓名，所謂牌樓者也」〔註 57〕。遼陽城衙署、城門、路口等地方立有眾多牌坊，起著褒

〔註 55〕陳志菲：《中國古代門類旌表建築制度研究》，天津大學博士學位論文 2017 年，第 154 頁。

〔註 56〕（朝鮮）趙翊：《皇華日記》，見林基中輯《燕行錄全集》（第 9 冊），第 142 頁。

〔註 57〕（朝鮮）金中清：《朝天錄》，見林基中編《燕行錄全集》（第 11 冊），第 437 ～438 頁。

獎標榜、紀念追思、標識引導等作用。明代遼陽城到底立有多少座牌坊，確實難以統計。根據《遼東志》（嘉靖十六年）和《全遼志》（嘉靖四十四年）的統計，粗略歸納明代遼陽城共有五種牌坊〔註58〕。

衙署牌坊。學者根據《遼東志》記載，統計此類牌坊如下：遼東都司門前有3座牌坊，中為「三韓閫寄」，東為「揚武」，西為「威振」。副總兵府門前有2座牌坊，東為「閫外長城」，西為「遼東重鎮」。察院門前2座牌坊，東為「貞度」，西為「肅僚」，西另有牌坊為「紀綱重地」。遼東行太僕寺門前有2牌坊，東為「簡閱」，西為「塞淵」。布政司分司西有座牌坊為「旬宣」。都司儒學前有「化龍」，東有「興賢」，西有「育才」等牌坊。武書院前有「武弁群英」牌坊。稅課司前有「稅課司」牌坊；在城驛前有「在城驛」牌坊。升平橋旁有「升平橋」牌坊〔註59〕。在此補充一例，根據《全遼志》記載，布政邊備分司「坊二，東曰『司宣』，西曰『保釐』」〔註60〕。

城門街道牌坊。這些牌坊是行路辨別方向重要標誌。遼陽城有9門，共豎立10座牌坊。根據《遼東志》記載，「平夷坊，平夷門裏。廣順坊，廣順門裏。永智坊，永智門裏。安定坊，安定門裏。泰和坊，泰和門裏。迎恩坊，肅清門裏。武靖坊，武靖門裏。鎮遠坊，鎮遠門裏。無敵坊，無敵門裏」〔註61〕。多出的一座牌坊豎立在西門肅清門裏，稱「按臨總會」。「按臨總會坊，在肅清門裏」〔註62〕。學者認為，每座城門後的街道上都豎立一個名稱相同的牌坊〔註63〕。百密一疏未必如此，其實遼陽城西門肅清門裏牌坊名曰「迎恩坊」而不是「肅清坊」。

進士等功名牌坊。明代科舉制度完善，博取功名已經成為普遍的社會風

〔註58〕 關於明代遼東地區牌坊研究，張士尊先生大作《明代遼東牌坊考釋》，《鞍山師範學院學報》，2010年第3期。有詳細論述，學術影響廣泛。《明代遼東牌坊考釋》將明代遼東地區牌坊分為四類，百密一疏，遺漏明代遼東地區「孝子貞節」類牌坊，拙文在此基礎之上，進行補充。

〔註59〕 參見張士尊：《明代遼東牌坊考釋》，《鞍山師範學院學報》，2010年第3期；（明）畢恭等纂修：《遼東志》卷二《建置·坊表》，瀋陽：遼瀋書社，1984年，第381頁。

〔註60〕 （明）李輔等纂修：《全遼志》卷一《圖考·遼陽城》，瀋陽：遼瀋書社，1984年，第501頁。

〔註61〕 （明）畢恭等纂修：《遼東志》卷二《建置·坊表》，瀋陽：遼瀋書社，1984年，第381頁。

〔註62〕 （明）畢恭等纂修：《遼東志》卷二《建置·坊表》，第381頁。

〔註63〕 張士尊：《明代遼東牌坊考釋》，《鞍山師範學院學報》，2010年第3期。

氣，故中進士、舉人、武選等都要立牌坊。遼東地區官方為這些中試者樹立牌
坊加以旌表，一方面對這些考取功名者作為獎賞，一方面激勵當地學子努力考
取功名。學者根據對《遼東志》的統計，截至嘉靖中期，遼陽城共有進士牌坊
17 座，舉人牌坊 36 座，武選牌坊 8 座，其他牌坊 7 座，總計有功名牌坊 68
座〔註64〕。

　　仕宦牌坊。遼陽城內有 7 座仕宦牌坊，其中有兩座司諫坊，一座為給事中
魯綸立，一座為給事中徐景嵩立；一座「繡衣坊」，為御史胡深立；一座「牧
民三正坊」，為知府韓轍立。遼陽城內有七座仕宦坊：二座「司諫坊」，一座為
給事中魯綸立，一座為給事中徐景嵩立。魯綸和徐景嵩，都是定遼右衛人，進
士出身，初授知縣，正德十五年（1520 年）升為給事中。魯綸後升任江西按察
司僉事，徐景嵩升任山西按察副使。兩人都是監察官員，所謂「司諫」官。經
歷相近，且剛正不阿，故而所立牌坊均為「司諫坊」。一座「繡衣坊」，為御史
胡深立。胡深，定遼後衛人，中進士後，授監察御史。為官剛正嫉邪，不避權
貴。嘗巡按陝西，被人誣告，降玉林知州，卒於官。一座「牧民三正坊」，為
知府韓轍立。一座「荊南邦伯坊」，為知府盛時雍立。盛時雍，定遼中衛舉人，
曾為荊州知府。知府知州長官也稱邦伯或方伯，故建牌坊稱「荊南邦伯坊」。
一座「澗松晚翠坊」，為徐給事中父徐鏞立。一座「桑榆淑景坊」，為劉主事父
劉洪立。〔註65〕

　　孝子貞節類牌坊。明代統治者對孝子、順孫、義夫、節婦等做出符合封建
道德行為規範的行為人，按照申報、查勘等相應的規則和程序，用建立牌坊進
行表彰，明代遼陽有多位孝子貞節賜予立牌坊殊榮。根據《遼東志》記載，「孝
子坊，遼陽二，為劉鼎、劉定立」〔註66〕，「貞節坊，遼陽四，為劉氏、金氏、
張氏、李氏立」〔註67〕。根據《全遼志》卷四《人物・貞淑》記載，明代遼陽
為「呂氏、傅氏、劉氏」等多位節婦建立牌坊。

　　　　呂氏，定遼中衛舍人韓迪妻。家貧，氏自歸韓善事舅姑。嘉靖
　　丁亥迪疾篤將死，氏知其夫不能起，遂先自縊。辛丑巡按胡公查核，
　　扁其門曰「鐵肝霜志」。奏聞旌表，給坊銀四十兩。

〔註64〕張士尊：《明代遼東牌坊考釋》，《鞍山師範學院學報》，2010 年第 3 期。
〔註65〕張士尊：《明代遼東牌坊考釋》，《鞍山師範學院學報》，2010 年第 3 期。
〔註66〕張士尊：《明代遼東牌坊考釋》，《鞍山師範學院學報》，2010 年第 3 期。
〔註67〕（明）畢恭等纂修：《遼東志》卷二《建置・坊表》，瀋陽：遼瀋書社，1984 年，
　　　　第 382 頁。

傅氏，定遼中衛鴻臚寺序班徐充妻。嘉靖丙辰充病故止遺男延壽，甫周歲。氏時年二十，家甚貧，值大饑。氏與娣婦王氏、范氏同居守志，養育遺孤。王氏生員徐元妻，年十五夫故，今三十五年。范氏生員徐市妻，年二十夫故，今三十年。庚申按院史公查核三婦貧苦堅節行，令本衛月給米，歲給布花，以為常。乙丑巡按李公查舉三婦守節家世無玷，揭「一門三節」扁於門之坊。氏各給米布優恤。

劉氏，定遼左衛指揮胡昇妻。昇故，氏守節終身。巡按奏聞旌表扁其坊曰「貞節之門」〔註68〕。

明代朝鮮使臣進入遼陽城，對牌坊多有著墨記載，從中可以窺探明代遼陽城牌坊建築頗多。如萬曆二年（1574年），朝鮮使臣許葑路經遼陽在其《荷谷先生朝天記》、萬曆三十八年（1559年）朝鮮使臣黃世祐路經遼陽，均對遼陽城內牌坊多有描述。

二十三日丙寅朝乍雨而晴，余等率一行由安定門、歷育才坊、河東三鳳門、武進士第、烏臺旋、獎家修文坊、巡警鋪，進士、會武、蜚黃、振武等門。城中人物富庶，室屋連接，至都司暨高門，匾曰「全遼閫寄」。〔註69〕

城中人物之繁華，城郭之雄壯，自廣寧以東，遼為之甲焉。街上截路橫立王維貞牌樓，金額照耀，人從其下行。中國之俗，凡為科第者，與夫高官大爵表名世者皆立牌樓，大記姓名，詳記其績。中第者則即日以綵繒書其名，垂杆樹門以標之，樓成則去之云〔註70〕。

第四節　遼陽在城驛

明代驛遞系統由會同館、水馬驛、遞運所、急遞鋪構成，由京師輻射至四方。「自京師達於四方，設有驛傳。在京曰會同館，在外曰水馬驛並遞運所……至於公文遞送，又置鋪舍，以免稽遲……」〔註71〕。根據《遼東志》記載，遼

〔註68〕　（明）李輔等纂修：《全遼志》卷四《人物‧貞淑》，瀋陽：遼瀋書社，1984年，第628頁。
〔註69〕　（朝鮮）許葑：《荷谷先生朝天記》，見林基中輯《燕行錄全集》（第6冊），第91～92頁。
〔註70〕　（朝鮮）黃世祐：《朝天錄》，見林基中輯《燕行錄全集》（第2冊），第479頁。
〔註71〕　（明）申時行等纂修：《萬曆明會典》，北京：中華書局，1989年，第735頁。

東地區共有三十五個驛站〔註 72〕，明朝的驛站主要是輸送人員和信息以及為來往官員提供住宿。各驛站的距離一般來說是四十里到六十里，但是由於地理環境影響所造成路線曲折等因素的影響，也有超過七八十里的〔註 73〕。

遼陽在城驛，「本城西關內，洪武十八年設，左衛前所帶管，百戶一員」〔註 74〕。如前文所述，遼陽城最初只有在城驛，無論是明朝公幹的官吏、部落朝貢的人員，還是朝鮮使臣都要住在這裡。根據《遼東志》記載：「各處例有驛丞、遞運所大使，惟遼東驛遞以本百戶所軍充役。」〔註 75〕可見遼東的驛站比較特殊，是由軍隊管理，不再另設驛丞和大使等職。根據《明實錄》記載，遼東驛路開通於洪武二十年（1387 年）七月，「命左軍都督府自山海衛至遼東，置馬驛一十四驛，各給官馬三十四，以贖罪囚徒為驛夫，驛百二十人，仍令田其旁近地以自給」〔註 76〕。由此可知，遼東驛站的軍事性質非常突出。學者總結遼東驛遞的基本特點：其一、遼東驛遞系統與內地稍異；其二、設官不以驛丞、大使而以百戶帶管；其三、應役之人不以民人而以軍戶；其四、費用以屯田自供〔註 77〕。不難想像，此時遼東地區雖然已被明軍攻克，但殘元勢力依然存在，驛站其主要目的還是為軍事服務，聯絡彼此以保證公文傳遞的暢通和軍隊、軍需物資的迅速調動。

明代遼陽城不僅是遼東都司的政治中心所在，同時也是交通中心，以遼陽城為中心形成了向四周輻射的交通網絡。為明朝與東北蒙古、女真朝貢貿易、互通馬市提供了交通便利條件。第一條從遼陽城南行是到旅順的驛路，主要驛站有遼陽在城驛、鞍山驛、海州在城驛、耀州驛、蓋州驛、熊嶽驛、五十寨驛、復州驛、欒古驛、石河驛、金州在城驛、木場驛、旅順驛等，從旅順渡海可以到達山東半島。這條驛路在旅順口過海，與山東驛路相連接後通到南京。第二條從遼陽城北行是到開原的驛路，主要驛站有虎皮城驛、潘

〔註 72〕（明）畢恭等纂修：《遼東志》卷二《建置‧驛傳》，瀋陽：遼瀋書社，1984 年，第 382 頁。

〔註 73〕張士尊：《明代遼東邊疆研究》，長春：吉林人民出版社，2002 年，第 42 頁。

〔註 74〕（明）李輔等纂修：《全遼志》卷一《圖考》，瀋陽：遼瀋書社，1984 年，第 502 頁。

〔註 75〕（明）畢恭等纂修：《遼東志》卷五《官師‧各驛遞》，瀋陽：遼瀋書社，1984 年，第 422 頁。

〔註 76〕《明太祖實錄》卷一百八十三，洪武二十年秋七月丙戌條。

〔註 77〕時仁達：《明代遼東驛遞的日常運作與演變》，《邊疆經濟與文化》，2012 年第 4 期。

陽在城驛、懿路驛、囂州驛、開原驛等。其中從瀋陽在城驛東北行，可以到
達撫順驛，可與奴爾干都司境內的「開原東陸路至朝鮮後門」這條交通線相
連接。第三條從遼陽城向西南方向是到山海關的驛路，主要驛站有遼陽在城
驛、鞍山驛、海城在城驛、牛莊驛、沙嶺驛、高平驛、盤山驛、廣寧在城驛、
閭陽驛、十三山驛、小凌河驛、杏山驛、連山驛、曹莊驛、東關驛、沙河驛、
高嶺驛等。而從北京崇文門出發，經過通州、三河縣、薊州、玉田縣、豐潤
縣、沙河驛、永平府、撫寧縣、榆關驛、遷安驛，到達山海關，可與遼東都
司驛路相連接。第四條從遼陽向東南方向通往朝鮮的驛路即「東八站」，是中
朝使臣來往必經之路，主要驛站有頭館站、甜水站、連山關、通遠堡、鳳凰
城、雪裏站、湯山站、鎮江城等。

　　以遼陽城為中心的遼東都司各條驛路，在京城與東北驛路交通網中起到
了交通樞紐的作用。明朝是中國古代王朝東亞朝貢體制的繁盛時期，其規模超
過漢唐〔註78〕。朝貢活動作為羈縻政策的重要內容，在明代與東北女真民族關
係發展中扮演重要角色。根據明朝的規定，羈縻衛所的官員必須定期到京城朝
貢，也就是定期向中央政府繳納貢賦。羈縻衛所的官員帶領屬下進京朝貢，必
須持有明朝政府頒發的誥敕或印信，從指定的貢道入貢〔註79〕。東北女真羈縻
衛所的貢道，經由遼東都司驛站交通網，可到達南京、北京兩大京師，「野人
女直朝覲往復，道路皆出遼東」〔註80〕。舉例說明，明朝景泰初年，建州李滿
住進京朝貢即經過遼陽城驛路前往北京，「建州酋李滿住，率屬入貢過遼陽」
〔註81〕。明朝規定，四夷不能每年進京朝貢，要嚴格按照規定的貢期來朝。四
夷使臣進京朝貢，其貢道自然利用明朝的水陸驛站和遞運所，主要利用京師到
大寧都司、遼東都司，再到奴爾干都司的各路驛站〔註82〕。「諸夷入貢，動滿
千人，一年數過」〔註83〕，通過朝貢，蒙古、女真各部族獲得了明朝皇帝大量
的賞賜，同時也買入大量的所需物品，滿載而歸，「三衛海建女直先後輻輳計

〔註78〕程妮娜：《明代女真朝貢制度研究》，《文史哲》，2015 年第 2 期。

〔註79〕欒凡：《敕書、朝貢、馬市——明代女真經濟的發展契機》，《哈爾濱師範大學
　　　　社會科學學報》，2011 年第 2 期（總第 3 期）。

〔註80〕《明宣宗實錄》卷六十三，宣德五年二月壬辰條。

〔註81〕李智裕：《〈明驃騎將軍左軍都督府都督僉事王祥墓誌〉補釋》，《博物館研究》，
　　　　2016 年第 2 期。

〔註82〕烏雲高娃：《明代韃靼、女真衛所與東北亞驛站交通網》，《江海學刊》，2019 年
　　　　第 6 期。

〔註83〕《明穆宗實錄》卷十一，隆慶元年八月庚子條。

九百人」,「行李多至千櫃,少亦數百」〔註84〕,「故驛遞日憊」〔註85〕可見明朝東北各路驛站擔負著繁重的接待和運輸任務。通過驛路,內地「襲衣」、「絹」、「帛」、「綵緞」等物經由遼陽城,帶到黑龍江下游地區,甚至遠達苦兀地(庫頁島)。楊暘先生研究認為:「有明一代,關內『絲綢諸物』,轉輸東北遼東都司治所遼陽」,「遼東都司北境,接奴兒干都司轄境。『絲綢諸物』,進入奴兒干都司境內,運往北疆的主要交通線是『海西東水陸城站』,直達奴兒干都司治所特林(今稱蒂爾)附近滿徑站」〔註86〕。由此構成明朝東北亞黑龍江下游地區「絲綢之路」。

以遼陽城為中心的遼東驛路開通,不但加強了明朝對東北的經營管理,開闢了絲綢之路,也促進了各民族之間的經濟文化交流和社會經濟的發展,不僅對遼東乃至東北地區的發展起到了重要的作用,甚至在與俄羅斯、朝鮮以及日本的貿易往來中也發揮重要作用。

〔註84〕《明神宗實錄》卷四百九十五,萬曆四十年五月壬寅條。

〔註85〕《明穆宗實錄》卷十一,隆慶元年八月庚子條。

〔註86〕楊暘:《明清時期中華服飾東傳北海道的溢彩——北海道「蝦夷錦」考察紀行》,《社會科學戰線》,2001 年 4 期。

參考文獻

一、史料

1. （晉）陶潛：《搜神後記》杭州：浙江古籍出版社，1987 年。

2. （明）李賢等纂：《大明一統志》，西安：三秦出版社，1990 年。

3. （明）李輔等纂：《全遼志》，《遼海叢書》，瀋陽：遼海書社，1984 年。

4. （明）畢恭等纂：《遼東志》，《遼海叢書》，瀋陽：遼海書社，1984 年。

5. （明）嚴從簡著，余思黎點校：《殊域周諮錄》，北京：中華書局，1993 年。

6. （明）申時行等修：《明會典》，北京：中華書局，1989 年。

7. （清）顧祖禹：《讀史方輿紀要》，北京：中華書局，1955 年。

8. （清）阿桂等纂修：《盛京通志》，遼海書社，1997 年。

9. （清）計六奇：《明季北略》，北京：中華書局，1984 年。

10. （清）張廷玉等纂：《明史》，北京：中華書局，1974 年。

11. 朝鮮科學院，中國科學院編：《朝鮮王朝實錄》，北京：科學出版社，1959 年。

12. （韓）林基中：《燕行錄全集》，漢城：東國大學校出版部，2001 年。

13. 王樹楠等纂：《奉天通志》，文史叢書編輯委員會，1983 年。

14. 遼寧省檔案館：《明代遼東檔案彙編》，遼海書社，1985 年。

15. 國立中央研究院歷史語言研究所刊：《明清史料》，北京：中央研究院歷史語言研究所，1931 年。

16. 於浩輯：《明清史料叢書》，北京：北京圖書館出版社，2005 年。

17. （明）馬文升：《撫安東夷記》，《續修四庫全書》，上海：上海古籍出版社，2002 年。

18. 中國第一歷史檔案館、遼寧省檔案館《中國明朝檔案總匯》，廣西師範大學出版社，2001 年。

19. （明）劉效祖：《四鎮三關志》，《四庫禁燬叢刊》，北京：北京出版社，2000 年。

二、論著

1. 王貴祥：《明代建城運動概說》《中國建築史論彙刊》第一輯，北京：清華大學出版社，2009 年。

2. （日）二階堂善弘：《元帥神研究》，濟南：齊魯書社，2014 年。

3. （日）濱島敦俊：《朱元璋政權城隍改制考》，《史學集刊》1995 年第 4 期。

4. 鄭土有、王賢淼：《中國城隍信仰》，上海：上海三聯書店，1994 年。

5. 鄧慶平：《明清北京的馬神崇拜及其功能、意義的轉變》，《北京社會科學》2006 年第 2 期。

6. 劉宇、鄭民德：《農神崇拜與社會信仰：以明清時期的八蠟廟為對象的歷史考察》，《農業考古》2014 年第 1 期。

7. 詹鄞鑫：《神靈與祭祀：中國傳統宗教綜論》，南京：江蘇古籍出版社，1992 年。

8. 趙軼峰：《明代國家宗教管理制度與政策研究》，北京：中國社會科學出版社，2008 年。

9. 李德華：《明代地方城市的壇廟建築制度淺析——以山東為例》，《中國建築史論彙刊》第五輯。

10. 李德華：《明代山東地區城市中衙署建築的平面與規制探析》，《中國建築史論彙刊》2008 年。

11. 趙毅、劉慶宇：《清建國前女真人之佛教信仰》，《史學月刊》200 年第 9 期。

12. 王晶辰主編：《遼寧碑誌》，遼寧人民出版社，2002 年 12 月。

13. 方殿春：《金代〈通慧圓明大師塔銘〉再證》，《北方文物》2007 年第 1 期。

14. 張磊：《明代轉輪藏探析——以平武報恩寺和北京智化寺轉輪藏為例》，《文物》2016 年第 11 期。

15. 劉春麗：《明代朝鮮使臣與中國遼東》，吉林大學博士論文 2012 年。

16. 周郢：《東嶽廟在全國的傳播與分布》，《泰山學院學報》2008 年第 2 期。

17. 陳曉珊：《從地域認同的角度看明代「遼東隸於山東」現象的演變》，《民族史研究》第 130 頁。

18. 陳曉珊：《明代遼東中層行政管理區劃的形成——以遼東苑馬寺卿兼職兵備事為線索》，《中國歷史地理論叢》第 26 卷第 2 輯。

19. 陳曉珊：《明代登遼瀋道的興廢與遼東邊經略》，《文史》2010 年第 1 期。

20. 《中國歷史大辭典》明史編纂委員會編：《中國歷史大辭典·明史卷》，上海：上海辭書出版社，1995 年。

21. 寇偉：《明代的監察制度》，《史學集刊》1991 年第 4 期。

22. 楊馥榕、王颯：《明代遼陽城主要建築平面結構與布局探析》，《2016 年中國建築史學年會論文集》。

23. 張士尊：《明代遼東忠烈祠的修建與邊疆文化特色，》吉林師範大學學報（人文社會科學版）2009 年 5 月第 3 期。

24. 張士尊：《盛京「堂子」考——以朝鮮文獻為中心》，《鞍山師範學院學報》2013 年第 2 期。

25. 張士尊：《明代遼東都司軍政管理體制及其變遷》，東北師大學報（哲學社會科學版）2002 年第 5 期。

26. 張士尊：《紐帶——明清兩代中朝交通考》，哈爾濱：黑龍江人民出版社，2012 年。

27. 張士尊：《明代遼東真武廟修建與真武信仰》，《鞍山師範學院學報》2009 年第 3 期。

28. 張士尊：《明代遼東儒學建置研究》，《鞍山師範學院學報》2010 年第 1 期。

29. 張士尊：《明代遼東牌坊考釋》，《鞍山師範學院學報》2010 年第 3 期。

30. 張士尊：《明代遼東邊疆研究》，長春：吉林人民出版社，2002 年。

31. 張士尊：《明代遼東馬政探論》，《社會科學輯刊》1997 年第 3 期。

32. 梁志龍著：《明代本溪水洞的名稱》，《沸流集》遼寧人民出版社，2015 年。

33. 刁書仁：《成化年間明與朝鮮兩次征討建州女真》，《史學集刊》1999 年第 2 期。

34. 刁書仁：《明前期明朝向朝鮮索徵的「別貢」》，《東北師大學報》（哲學社會科學版）2009 年第 3 期。

35. 刁書仁：《明代朝鮮使臣赴明的貿易活動》，《東北師大學報》（哲學社會科學版）2011 年第 3 期。

36. 蔣金玲：《邊疆治理視閾下的明代邊疆文教》，《中國邊疆史地研究》2020 年第 2 期。

37. 郭培貴、孫珊珊：《明代遼東進士考述》，《故宮學刊》2009 年。

38. 郭培貴、於秀麗：《明代遼東進士的歷史貢獻》，《社會科學輯刊》2011 年第 1 期。

39. 萬競君注：《崔顥詩注　崔國輔詩注》，上海：上海古籍出版社，1982 年。

40. 白新良：《明清書院研究》，北京：故宮出版社，2012 年版。

41. 楊雨蕾：《十六至十九世紀初中韓文化交流研究——以朝鮮赴京使臣為中心》，復旦大學博士學位論文 2005 年。

42. 吳晗輯：《朝鮮李朝實錄中的中國史料》第 2 冊，北京：中華書局，1980 年。

43. 吳國富：《道教人物丁令威考》，《宗教學研究》2010 年第 1 期。

44. 陳志菲：《中國古代門類旌表建築制度研究》，天津大學博士學位論文 2017 年。

45. 時仁達：《明代遼東驛遞的日常運作與演變》，《邊疆經濟與文化》2012 年第 4 期。

46. 烏雲高娃：《明代韃靼、女真衛所與東北亞驛站交通網》，《江海學刊》2019 年第 6 期。

47. 方志遠：《明代的巡撫制度》，《中國史研究》1988 年第 3 期。

48. 奇文瑛：《論明朝內遷女真安置政策——以安樂、自在州為例》，《中央民族大學學報》2002 年第 2 期。

49. 奇文瑛：《明代衛所歸附人研究——以遼東和京畿地區衛所達官為中心》，北京：中央民族大學出版社，2011 年。

50. 張大偉：《明代遼東都司轄下安樂、自在二州之分析》，《北方文物》1998 年第 2 期。

51. 河內良弘著，楊暘、梁志忠譯：《關於明代遼陽的東寧衛》，《黑河學刊》1988 年第 4 期。

52. 孫軍：《明代遼東都司所轄安樂、自在二州的初步研究》，大連大學碩士學位論文。

53. 李治廷主編：《清史》上海：上海人民出版社，2002 年。.

54. 李健才：《明代東北驛站考》，《社會科學戰線》1981 年第 2 期。

55. 李健才：《明代東北》，遼寧人民出版社，1986 年。

56. 王綿厚、李健才：《東北古代交通》，瀋陽出版社，1990 年。

57. 王成科：《明代遼陽東寧衛——以新出土的東寧衛指揮使官印為例》，《北方文物》2015 年第 1 期。

58. 叢佩遠：《扈倫四部形成概述》，《民族研究》1984 年第 2 期。

59. 從佩遠《明代遼東軍戶的反抗鬥爭》，《史學集刊》1985 年第 3 期。

60. 叢佩遠：《明代遼東軍屯》，《中國史研究》1985 年第 3 期。

61. 叢佩遠：《黑龍江下游地區古代的狗站與狗國》，《中國史研究》1990 年第 2 期。

62. 叢佩遠：《試論明代東北地區管轄體制的幾個特點》，《北方文物》1991 年第 4 期。

63. 楊暘：《明清時期中華服飾東傳北海道的溢彩——北海道「蝦夷錦」考察紀行》，《社會科學戰線》，2001 年 4 期。

64. 楊暘：《明代東北疆域研究》，長春：吉林人民出版社，2008 年。

65. 楊暘、袁閭琨、傅朗云：《明代奴兒干都司及其衛所研究》，鄭州：中州書畫社，1982 年。

66. 楊暘、孫與常、張克：《明代流人在東北》，《歷史研究》1985 年第 4 期。

67. 楊暘：《明代遼東都司》，鄭州：中州古籍出版社，1988 年。

68. 楊暘主編：《中國的東北社會（十四——十七世紀）》，遼寧人民出版社，1991 年。

69. 楊暘：《明代東北史綱》，臺北：臺灣學生書局，1993 年。

70. 楊暘、朱誠如等著，朱誠如主編：《遼寧通史》第 2 卷，遼寧民族出版社，2009 年。

71. 楊暘：《明代東北疆域研究》，長春：吉林人民出版社，2008 年。

72. 欒凡：《敕書、朝貢、馬市——明代女真經濟的發展契機》，《哈爾濱師範大學社會科學學報》2011 年第 2 期（總第 3 期）。

73. 程妮娜：《明代女真朝貢制度研究》，《文史哲》2015 年第 2 期。

74. 杜洪濤：《戎鼓烽煙：明代遼東的衛所體制與軍事社會》，上海：上海古籍出版社，2021 年。

75. 顏雅玉：《城隍祭起源與城隍原型探析》，《吉林大學社會科學學報》1999年第2期。

76. 張傳勇：《都城隍考》，《史學月刊》2007年第12期。

77. 張洪澤：《城隍神及其信仰》，《民間信仰研究》1995年第10期。

78. 鄭土有：《護城興市──城隍信仰的人類學考察》，上海：上海辭書出版社，2005年。

79. 杜曉田：《明代都察院運行機制考略》，《河南師範大學學報》2011年第3期。

80. 張國安：《論明朝監察官員的選任制度及其現代借鑒》，《武漢大學學報》（哲學社會科版）2010年第6期。

81. 姚柯楠、李陳廣：《衙門建築源流及規制考略》，《中原文物》2005年第3期。

82. 南炳文、湯綱：《明史》，上海：上海人民出版社，1991年。

83. 李曉聰：《歷史城市地理》，濟南：山東教育出版社，2007年。

84. 林世慧：《略論明代遼東城鎮的興衰》，《社會科學戰線》1990年第4期。

85. 何一民：《中國城市史》，武漢：武漢大學出版社，2012年。

86. 趙宇：《明代的女真朝貢政策與遼東馬市變遷》，《延邊大學學報》（社會科學版）2020年第2期。

87. 李智裕：《〈明昭勇將軍都指揮鄧佐墓誌〉考釋》，《遼寧省博物館館刊》，瀋陽：遼瀋書社，2017年。

88. 李智裕：《〈明鎮國將軍遼東副總兵韓斌墓誌銘〉考釋》，《遼寧省博物館館刊》，瀋陽：遼瀋書社，2018年。

89. 李智裕：《〈明鎮國將軍都指揮陳通墓誌銘〉考釋》，《北方文物》2012年第3期。

90. 李智裕：《從明代遼東邊疆形勢變化分析自在州遷治遼陽城原因》，《遼寧省博物館館刊》，瀋陽：遼瀋書社，2015年。

91. 李智裕：《明代定遼右衛遷治鳳凰城探析》，《鞍山師範學院學報》2011年第1期。

92. 李智裕：《關於明代遼陽東寧衛幾個問題淺談》，《遼寧省博物館館刊》，瀋陽：遼瀋書社，2016年。

93. 李智裕：《明代中朝之間「甌脫」地帶人口變遷考》，《東北史地》2012年

03 期。

94. 李智裕：《〈明驃騎將軍左軍都督府都督僉事王祥墓誌〉補釋》,《博物館研究》2016 年第 2 期。

附錄：遼陽地區出土明代墓誌銘考釋

明遼東總兵巫凱事輯

摘要：

　　巫凱是明初鎮守遼東地區重要將領，《明史》有傳。其總領遼東一地軍政三十餘年，歷經太祖、太宗、仁宗、宣宗、英宗五朝，三次跟隨明成祖北征。本文爬梳史料，歸納總結巫凱主政遼東期間事蹟，其在維建城防、舉將安邊、興教辦學、發展屯田等方面取得一系列成就，對遼東地區文化和經濟方面發展多有建樹為後世所稱頌。

關鍵詞：巫凱、明成祖、廣寧、寧遠衛、長廣道、兀良哈、屯田

　　巫凱，應天句容（江蘇句容）人。自幼聰穎好學，六歲即能賦牡丹詩。及長，性情剛毅，富有智略。十九歲代父職為廬州衛百戶，後以軍功累升至都指揮同知。巫凱歷太祖、太宗、仁宗、宣宗、英宗五朝曾跟隨明成祖三次北征，總領遼東一地軍政三十餘年，於正統三年（1438 年）十二月去世於遼陽。巫凱任職遼東期間保境安邊注重民生，對遼東邊疆地區經濟文化建設多有建樹。《明史》稱其「性剛毅，饒智略，馭眾嚴而有恩。在遼東三十餘年，威惠並行，邊務修飭。前後守東陲者曹義外皆莫及。」〔註1〕1974 年在遼陽縣蘭家堡子村東南閔家欄子巫凱墓中出土方形墓誌蓋石，上方兩端抹角正面雙鉤陰刻有楷書字體「榮祿大夫鎮守遼東總兵官征虜前將軍左軍都督同知巫公之墓」二十六個字，該件文物目前保存在遼陽博物館（見照片：巫凱墓誌蓋）。但非常可惜的是至今沒有發現巫凱墓誌，加之以往對巫凱的研究零星簡略，所以本文根據

〔註 1〕（清）張廷玉等撰：《明史》卷一七四《巫凱傳》，北京：中華書局，1974 年，第 4633 頁。

史書以及碑誌材料記載，選取其中具有代表性重要事件內容簡單加以總結，以求勾勒出巫凱主要生平，由此草創《巫凱事輯》一文。由於學識有限，不足之處在所難免，敬請各位方家指正。

一、平定安南　扈從北征

　　巫凱以軍功起家，因早先參加永樂初年明朝平定安南戰鬥而嶄露頭角。永樂三年（1405 年）安南發生弒主篡位事件，安南前國王陳日煊之孫陳天平請求明朝興師討伐。永樂四年（1406 年）三月毫無防備的明軍行至芹站遇伏，將士大多殉難，七月明廷出兵征討，巫凱也跟隨出征參加平定安南的戰鬥。永樂六年（1408 年）夏明軍勝利還師，明廷論功封賞，巫凱以都指揮同知身份擔任遼東都司官員。「己未命都指揮使陳懷任山東都司，李龍並都指揮同知巫凱任遼東都司」〔註2〕從此開始任職於遼陽為官生涯。

　　《全遼志》中記載巫凱「率兵扈駕北征者三，屢蒙賞資」〔註3〕。經考證巫凱「率兵扈駕北征者三」應分別是永樂八年（1410 年）、永樂十二年（1414 年）、永樂二十年（1422 年）三次跟隨朱棣北征。永樂八年（1410 年）春巫凱奉命帶兵奔赴北京為北征做前期準備。「己酉敕遼東都指揮儲欽巫凱於原調官軍內選步軍五千，令能幹指揮領還備寇及防護屯田，其餘官軍令赴北京隨征朝鮮所進馬令次第前來」〔註4〕。永樂八年（1410 年）二月朱棣親率大軍北征韃靼，斃韃靼諸王以下百餘人阿魯台脫身遠遁。時值炎夏明軍缺水、缺糧遂班師回朝第一次親征至此結束。永樂十一年（1413 年）十一月瓦剌部首領馬哈木率部向漠南進逼對明朝北部邊境造成壓力。為了解決北部邊患明太祖朱棣進行軍事部署準備北征，作為遼東都司重要將領巫凱奉命率軍集結北京隨明太宗朱棣征討瓦剌。「遼東都指揮巫凱、河南都指揮王智及武平、歸德、睢陽、淮安諸衛官俱會北京」〔註5〕。永樂十二年（1414 年）三月朱棣再度親征漠北。永樂十二年（1414 年）秋七月明太宗朱棣駐蹕禽胡山在戰局已定的情況下朱棣命時任遼東都指揮巫凱奉命率領所部歸還。「永樂十二年（1414 年）秋七月丙子駐蹕禽胡山，敕山西、陝西、遼東臨邊諸城增築烽堠

〔註2〕《明太宗實錄》卷八十一，永樂六年七月己未條。
〔註3〕（明）李輔等纂修：《全遼志》卷四《宦業》「巫凱」條，瀋陽：遼瀋書社，1984年，第615頁。
〔註4〕《明太宗實錄》卷一百，永樂八年正月己酉條。
〔註5〕《明太宗實錄》卷一百四十五，永樂十一年十一月甲申條。

謹備禦命。遼東都指揮巫凱等先率所部還。」〔註6〕永樂十九年（1421年）一向臣服明朝轄靼突然改變對明政策企圖擺脫明朝的羈絆。是年七月明太祖朱棣再次謀劃北征，作為遼東都指揮巫凱依然奉命領兵入京。「庚申敕遼東總兵官都督朱榮及遼東都指揮巫凱、劉青於所屬衛分併轄靼、女直、麗寄住安樂、自在州官軍內選精銳五千以七月率至北京。」〔註7〕永樂二十年（1422年）明太祖朱棣親自率師發起第三次漠北之戰。明軍抵達雞鳴山（在今河北懷來北）阿魯台急忙北撤避戰，明軍一路追擊阿魯台遺棄牛馬輜重率部遠遁，明軍勝利班師。永樂二十年（1422年）「升遼東都指揮同知巫凱為都指揮使」〔註8〕。巫凱恪盡職守三次隨征對朝廷之命竭盡全力，對戰爭的勝利發揮了應有的作用。

二、維建城防　舉將安邊

遼東鎮作為「九邊之首」是保障明朝京畿重要門戶，由於巫凱出色作戰能力以及忠實、剛毅性格，於宣德元年（1426年）明朝統治者任命其為遼東地區總兵官重任。「壬戌升遼東都指揮使巫凱為左軍都督府都督僉事，命佩征虜前將軍印，充總兵官鎮守遼東。」〔註9〕巫凱任職期間因地制宜在戰略要地重新佈防，防備倭寇並擊退兀良哈侵擾從而有效地鞏固遼東邊防。

廣寧城是遼東都司總兵駐地，其重要性不言而喻。巫凱對其格局重新設計，並採用用磚石包砌以加固防禦能力。「遼東總兵官都督僉事巫凱奏：廣寧舊城中設四衛，洪熙元年以其窄狹奏准於城東南二面增築土城以居官軍。今欲拆舊城一面使與新城相通以其磚石包砌新城，從之。」〔註10〕寧遠衛的設置也與巫凱有關。寧遠衛址地勢險要依山傍海，東接錦州，西連山海關，南望長城是京師通往遼東的咽喉要道，1428年巫凱上報朝廷在此設置寧遠衛。「舊無城，宣德間總兵巫凱、都御使包懷德題奏，合前屯錦州之地於曹莊湯池之北始建衛城。」〔註11〕從後來明朝與後金（清）政權反覆圍繞該地進行交戰史實證明，巫凱在此設置寧遠衛無疑具有先見之明。正統二年（1437年）巫凱又奏請蒲

〔註6〕　《明太宗實錄》卷一百五十三，永樂十二年七月丙子條。

〔註7〕　《明太宗實錄》卷二百三十八，永樂十九年六月庚申條。

〔註8〕　《明太宗實錄》卷二百四十九，永樂二十年五月壬申條。

〔註9〕　《明宣宗實錄》卷五，洪熙元年七月癸丑條。

〔註10〕　《明宣宗實錄》卷三十，宣德二年八月丙子條。

〔註11〕　（明）李輔等纂修：《全遼志》卷一《圖考》「寧遠衛城」條，瀋陽：遼瀋書社，1984年，第521頁。

河、泛河兩千戶所〔註12〕。為了便於通行巫凱又修築長廣道。長廣道途徑遼澤地帶「古澤泥淖難行」〔註13〕，但戰略位置十分重要，洪武八年（1375 年）納哈出曾由此渡水侵襲遼東金州地區。「乙卯冬，納哈出由長廣渡水，直趨金州」〔註14〕。學者對「長廣道」也多有考證，其走向在遼河西，三岔河之北，向廣寧的人工大道〔註15〕。巫凱之所以修建長廣道的原因在《全遼志》中有詳細記載：「盤山東三站，每霖雨河水泛溢，常阻軍馬策應，正統間，遼東都督巫凱奏築沿河堤岸，為長廣道，河水通行。」〔註16〕盤山東三站即盤山驛、高平驛、沙嶺驛，此三驛站所在地地勢低窪經常受水患威脅。河指的就是路河，長廣道的修築可謂一舉多得不僅開通遼西運河也使沿線驛路免受水患威脅，明朝中後期在邊牆沒有修築完畢情況下更是充當重要軍事防禦功能〔註17〕。

　　《全遼志》中記載巫凱有「舉將材」描述〔註18〕。明初遼東邊境威脅主要來自東南沿海和西北地帶，巫凱結合遼東邊情向朝廷薦舉官員。金州衛位於遼東都司南端面臨大海是倭寇騷擾重點區域，宣德元年（1426 年）巫凱上報朝廷委派得力人員駐守。「時總兵官都督僉事巫凱奏金州地臨大海倭寇不時出沒而缺官守禦」〔註19〕，最後朝廷任命都指揮僉事周敬掌遼東金州衛。宣德初年自大寧鎮南撤後，來自北方的蒙古族各部對遼西的軍事壓力越來越大，義州首當其衝。1426 年巫凱上報朝廷「遼東總兵官都督僉事巫凱言義州地臨極邊，備禦都指揮李信以罪去職，今開原守備有都指揮鄒溶、李敏及指揮使巫正三人，義州急缺將領。上命李敏守義州」〔註20〕。在巫凱舉薦的將領中最具有代表性的是王祥。王祥是明初永樂時期著名將領王喚之子，也是明代中期遼東地

〔註12〕《明英宗實錄》卷三十三，正統二年八月壬申條。

〔註13〕（明）李輔等纂修：《全遼志》卷四《宦業》「巫凱」條，瀋陽：遼瀋書社，1984年，第 615 頁。

〔註14〕（明）李輔等纂修：《全遼志》卷四《宦業》「葉旺」條，瀋陽：遼瀋書社，1984年，第 614 頁。

〔註15〕李文信著：《李文信考古文集》，瀋陽：遼寧人民出版社，2009 年 9 月，第 567頁。

〔註16〕（明）李輔等纂修：《全遼志》卷二《邊防》「路河」條，瀋陽：遼瀋書社，1984年，第 567 頁。

〔註17〕參看張士尊：《明代遼東邊疆研究》，長春：吉林人民出版社，2002 年 6 月，第 346 頁。

〔註18〕（明）李輔等纂修：《全遼志》卷四《宦業》「巫凱」條，瀋陽：遼瀋書社，1984年，第 615 頁。

〔註19〕《明宣宗實錄》卷十五，宣德元年三月丙午條。

〔註20〕《明宣宗實錄》卷十，洪熙元年十月丙寅條。

區重要將領，《明實錄》中評價其「和厚而有智，馭眾寬簡，邊人多德之」〔註21〕。根據遼陽地區出土的王祥墓誌記載，宣德八年（1433 年）巫凱曾向朝廷舉薦人才「遼東總兵巫公以賢方面請之司馬」〔註22〕，王祥正是通過此次舉薦而被派遣到遼東任職，最後成為獨當一面的守邊之臣。

遼東都司西北地區由於靠近邊境一直是防禦重點，宣德四年（1429 年）巫凱曾擊敗來犯西山之敵一度得到皇帝褒獎。「遼東總兵官都督僉事巫凱奏：虜寇至西山下，掠民財畜，隨遣官軍擊敗之，追回所掠。上遣敕褒凱且諭凱嚴守備」〔註23〕。由於官場傾軋巫凱也曾遭到朝廷降職處分。宣德四年（1429 年）巫凱上奏朝廷遼東都指揮使劉清、中官阮堯民等在吉林督造「巨舡」勞役繁重多有不法行為致使「軍民轉輸大困」遼東軍民多有逃亡而「請罷松花江造船之役」〔註24〕，結果曾一度被誣陷降職。宣德七年（1432 年）九月復任遼東總兵官都督的巫凱根據亦馬忽山等衛（吉林伊通西）指揮木答兀等來報，獲知福余、泰寧、朵顏三衛被阿魯台所敗，盡收其家口輜重、牛馬田稼，更為嚴重的是三衛經常到遼東邊境進行騷擾甚至一度進犯廣寧前衛〔註25〕。巫凱奉命率部多次與兀良哈三衛發生戰鬥，並擊退兀良哈的進攻確保遼東邊境安全。

三、興教辦學　發展屯田

巫凱不僅在軍事有所建樹而且在經濟、文化方面的貢獻亦可稱道。儒學是封建社會的統治思想歷代帝王推崇備至。明朝建立之後各地府、州、縣各級儒學陸續恢復和重建。經過考證明代遼東地區儒學設立於洪武十七年（1384 年）閏十月朝廷「置遼東都指揮使司儒學，設教授一員，訓導四員，金、復、海、蓋四州儒學學正各一員，訓導各四員。教武官子弟。覆命皆立孔子廟，給祭器樂器以供祀事。」〔註26〕巫凱本身就是一位文化修養較高的人，《全遼志》中記載其「幼穎異，七歲賦牡丹詩人咸異之」〔註27〕，作為遼東都司重要官員巫

〔註21〕《明英宗實錄》卷二百八十三，天順元年十月庚申條。
〔註22〕王晶辰主編：《遼寧碑誌》，瀋陽：遼寧人民出版社，2002 年 12 月，第 355 頁。第 150 頁。
〔註23〕《明宣宗實錄》卷五十四，宣德四年五月壬申條。
〔註24〕《明宣宗實錄》卷七十二，宣德五年十一月庚戌條。
〔註25〕《明宣宗實錄》卷九十五，宣德七年九月己未條。
〔註26〕《明太祖實錄》卷一百六十七，洪武十七年十月辛酉條。
〔註27〕（明）李輔等纂修：《全遼志》卷四《宦業》「巫凱」條，瀋陽：遼瀋書社，1984年，第 615 頁。

凱十分重視當地教育。早在永樂十年（1412 年）就曾在遼東都司儒學「塑先師以下像。」〔註28〕宣德年間遼東地區社會比較安定這一時期遼東都司教育發展迅速，甚至一度引起朝鮮的注意。宣德八年（1433 年）朝鮮國王李裪「欲遣子弟詣北京國學或遼東學校讀書」〔註29〕。儒學的發展使遼東地區文化教育落後的面貌有了根本改觀，而巫凱此時正擔任遼東最高長官遼東總兵一職，可謂功不可沒。

　　明朝自創立時期就把屯田作為解決軍糧重要手段，巫凱無疑是遼東屯田政策有力推行者。明朝初年，朱元璋認為遼東苦寒之地人煙稀少不在該地推行行省制度，由於缺少從事農業生產固定人口，此時遼東地區軍糧供給以海運為主。「其地早寒，土曠人稀，不欲建置勞民，但立衛以兵戍之，其糧餉歲輸海上。」〔註30〕隨著時間推移，明朝統治者逐漸改變以往政策，洪武、永樂兩朝開始逐漸重視在遼東地區進行屯田，命令所在衛所官兵屯田以自給自足。洪武二十七年（1394 年）六月朱元璋「命遼東定遼等二十一衛軍士，自明年俱令屯田自食以海運之勞。」〔註31〕明成祖朱棣即位後繼續在遼東地區推行屯田政策，曾告誡遼東總兵官保定侯孟善進行屯田的重要性「遼東肥沃之地，一年耕有收，足數年之用，數年有收，海運可省」〔註32〕。據學者研究，公認有明一代遼東屯田最發展時期是在永樂時期〔註33〕。作為遼東地區重要官員巫凱深刻體會屯田對固守邊防重要性，在任職期間就積極向朱棣提出在遼東境內安排駐防士兵進行屯田受到朱棣採納並取得不錯效果。「凱因奏開原、三萬、遼瀋三衛歲收屯糧僅給本衛官軍及給安樂、自在二州之人。……又言遼東諸衛兵宜以二分守城一分屯種，開原所市馬宜悉給各衛軍士乘操，皆從之」〔註34〕。宣德二年（1427 年）九月「遼東總兵官都督僉事巫凱奏遼東今歲大熟進所產嘉禾。」〔註35〕為了解決遼東軍糧問題巫凱進行多方面籌措，除了在遼東推行

〔註28〕（明）任洛等纂修：《遼東志》卷二《建置》「都司學」條，瀋陽：遼瀋書社，1984 年，第 377 頁。
〔註29〕《明宣宗實錄》卷一百七，宣德八年十一月乙酉條。
〔註30〕《明太祖實錄》卷一百四十五，洪武十五年五月丁丑條。
〔註31〕《明太祖實錄》卷二百三十三，洪武二十七年六月戊寅條。
〔註32〕《明太宗實錄》卷二十六，永樂元年十二月甲申條。
〔註33〕張士尊：《明代遼東邊疆研究》，長春：吉林人民出版社，2002 年 6 月，第 353 頁。
〔註34〕《明太宗實錄》卷一百五十三，永樂十二年七月壬申條。
〔註35〕《明宣宗實錄》卷三十一，宣德二年九月癸巳條。

屯田政策外，又向朝廷建議重新調整中納鹽糧政策以解決廣寧軍糧問題。「總兵官都督巫凱奏各處召商中納鹽糧，遼東廣寧衛淮浙鹽每引米五斗，大同、宣府三斗，故客商少趨廣寧，請從輕減止納米三斗五升，仍乞不拘資次支給，從之。」〔註36〕

　　正統元年（1436年）英宗登基，巫凱進都督同知並向朝廷上書遼東邊情八事，「請厚恤死事者家，益官吏折俸鈔，歲給軍士冬衣布棉，軍中口糧粃粟如舊制，且召商實邊」〔註37〕。此八事無一不涉及到遼東邊疆地區穩定，可謂切中時弊也均被朝廷採納。不久雖被兵部尚書王驥彈劾，但因巫凱素有賢良之名而彈劾內容又無事實依據而告終。正統三年（1438年）十二月巫凱身染疾病，明英宗命太醫趕往診斷結果太醫未到達其住所巫凱就不幸病故〔註38〕。巫凱去世後，世人為表示對其尊敬將其祭祀在廣寧名宦祠以供後人瞻仰〔註39〕。

　　縱觀巫凱一生為維護明朝遼東邊境安定和建設貢獻頗多，其政績和影響力超出其他歷任遼東總兵官。這也正如《明史》評價其「在遼東三十餘年，威惠並行，邊務修飭。前後守東陲者曹義外皆莫及。」〔註40〕遼陽地區所發現的明代天順、嘉靖時期碑刻材料中多有將巫凱尊稱為巫公記載〔註41〕，雖有誇張溢美成分，但也足可見其在遼東地區的威信和影響力。需要指出的是，巫凱在任為政期間並非完人沒有過錯，《明實錄》中就記載有永樂十三年（1415年）巫凱因守邊不力受到朝廷斥責的記載〔註42〕，以及正統元年（1436年）巫凱被懷疑貪贓枉法而被彈劾等內容。〔註43〕更為重要的是我們在分析評價巫凱生平時不能忽視其他客觀因素，巫凱在遼東地區的施政成就之所以如此斐然，除了個人所具備的素質外，也應放在特定歷史環境進行分析，這與明初武將地

〔註36〕《明宣宗實錄》卷十九，宣德元年七月壬辰條。
〔註37〕（清）張廷玉等撰：《明史》卷一七四《巫凱傳》，北京：中華書局，1974年，第4633頁。
〔註38〕（清）張廷玉等撰：《明史》卷一七四《巫凱傳》，第4633頁。
〔註39〕（明）李輔等纂修：《全遼志》卷四《宦業》「巫凱」條，瀋陽：遼瀋書社，1984年，第615頁。
〔註40〕（清）張廷玉等撰：《明史》卷一七四《巫凱傳》，北京：中華書局，1974年，第4633頁。
〔註41〕鄒寶庫：《遼陽碑誌選編》，《驃騎將軍左軍都督府都督僉事王公墓誌》、《重修遼陽城隍廟碑記》，瀋陽：遼寧民族出版社，2011年6月，第15、95頁。
〔註42〕《明太宗實錄》卷一百七十一，永樂十三年十二月己丑條。
〔註43〕《明英宗實錄》卷十七，正統元年五月庚午條。

位較高客觀歷史因素有很大關係。明初武臣地位崇高，極為尊顯。〔註44〕整個明代總兵權力最大的時期是宣德時期，也就是巫凱在遼東做總兵時期〔註45〕。在這一時期遼東總兵官權力巨大，節制一方軍權、民政、司法、經濟等諸多方面，具體可包括都司兵馬、訓練軍隊、統兵作戰等基本軍事權力，還擁有舉薦軍官、管理屯田、糧儲、馬市以及彈劾懲處軍官的權力。因此巫凱能夠在擔任遼東總兵期間圍繞維建城防、舉將安邊、興教辦學、發展屯田這些方面取得的一系列成就與明初遼東總兵官職能巨大也有直接關係。

圖十八：遼陽地區出土的巫凱墓誌蓋

〔註44〕李渡：《明代皇權政治研究》，北京：中國社會科學出版社，2004 年 5 月，第 177 頁。
〔註45〕張士尊：《明代遼東邊疆研究》，長春：吉林人民出版社，2002 年 6 月，第 103 頁。

《明崔源墓誌銘》考釋

摘要：

　　崔氏家族是明代遼東地區有名的世家大族，志文內容不僅反映崔源生平仕歷及家族歷史信息，而且涉及到明代早期東北邊疆地區重要歷史事件。志文記載崔源宣德元年（1426年）隨太監亦失哈代表明政府出巡奴兒干、正統元年（1436年）撫安忽拉溫野人、景泰元年（1450年）抵禦野人女真犯邊等內容十分珍貴，是研究明代遼東都司、奴兒干都司以及海西女真重要歷史信息。不僅可與《明實錄》、《遼東志》等史籍互證，部分內容可補史之闕。

關鍵詞：崔源、亦信、奴兒干、忽拉溫野人、野人女真

　　1975年遼寧省博物館文物隊和鞍山市文化局文物組，對倪家臺崔氏家族墓園進行正式發掘，共清理墓葬十九座，出土墓誌九合，包括崔氏家族成員崔勝、崔鑒、崔錯、崔哲、崔賢、崔世武等〔註1〕。崔氏家族墓誌出土為研究明代東北地區邊疆史地，無疑提供了寶貴的石刻文物信息。由於崔氏家族重要成員崔源墓早期被盜，墓誌遺失難窺真貌，只有墓誌銘文及拓片傳世〔註2〕。可

〔註1〕遼寧省博物館文物隊、鞍山市文化局文物組：《鞍山倪家臺明崔源族墓的發掘》，《文物》，1978年11期。

〔註2〕誠如馮永謙先生所言，崔源墓誌過去在《遼東文獻徵略》、《遼陽縣志》和《滿洲金石志》以及《滿洲金石志稿》上著錄過。但所錄碑文間有脫漏、錯字和不識等，致使不能通讀全篇。見遼寧省博物館文物隊、鞍山市文化局文物組：《鞍山倪家臺明崔源族墓的發掘》，《文物》，1978年11期。此次整理墓誌銘文，依據遼寧省博物館館藏傳世拓片。另外，《滿族大辭典·崔源墓誌》中認為該碑現藏遼陽文物管理所，與事實不符應屬訛誤。見孫文良主編：《滿族大辭典》，瀋陽：遼寧大學出版社，1990年，第679頁。

知誌石方形，邊長 41 釐米，志蓋篆書「昭勇將軍崔公墓誌銘」（詳見圖一：崔源墓誌蓋），志文楷書，28 行，滿行 29 字（詳見圖二：崔源墓誌石）。筆者結合《明史》、《明實錄》、《遼東志》等史籍文獻對志文內容進行嘗試性研究考釋。學識淺陋，拙文不足之處在所難免，敬請各位方家指教。墓誌銘文謄錄於後，為方便閱讀進行標點斷句。

一、崔源墓誌銘考釋

志文「元季有為安撫諱孝先者，實公之祖考也。我高皇帝奄有天下之十一年，孝先乃率眾來歸，授官昭信校尉」。洪武四年（1371 年）明朝政府正式設置定遼都衛，並以馬雲、葉旺為指揮使領軍向北推進，明朝控制遼東地區後殘元勢力逐漸退出該地區。根據志文記載崔源祖先崔孝先原是元朝「瀋陽安撫司鎮撫」，在明政府的招諭下於洪武十一年（1378 年）「率眾來歸」，因功授予「昭信校尉」。「昭信校尉」，明正六品武官初授之階。根據《明史》記載，明朝建立後即實行衛所制，在要害之地設立衛所。「天下既定，度要害地，係一郡者設所，連郡者設衛。大率五千六百人為衛，千一百二十人為千戶所，百十有二人為百戶所。所設總旗二，小旗十，大小聯比以成軍」〔註3〕，「百戶所凡十，共百戶十人，正六品」〔註4〕，崔孝先應是擔任衛所百戶之職。根據出土的崔源後人墓誌記載，崔孝先歸附明朝後，入籍「東寧衛左所昭信校尉」〔註5〕。明代實行軍戶制，在此制度下兵役承擔者的身份與地位以法律形式被固定化，「父死子繼、兄終弟及」軍籍世襲。崔孝先及其後人成為明代遼東軍戶後，世代從戎。

志文「後有能世其官諱文者，實公之先考也」。崔源父親崔文，志文記載其生平比較簡略，推測其生前仕宦不顯未擔任要職。根據崔氏家族成員崔賢墓誌記載，崔文生前「累功升至千戶」。「千戶」明代衛所下級武官。《明史》記載，「千戶所，正千戶一人，正五品，副千戶二人，從五品」〔註6〕。由此可知

〔註3〕（清）張廷玉等撰：《明史》卷九十《兵二》，北京：中華書局，1974 年，第 2193 頁。

〔註4〕（清）張廷玉等撰：《明史》卷七十六《職官五》，北京：中華書局，1974 年，第 1874 頁。

〔註5〕遼寧省博物館文物隊、鞍山市文化局文物組：《鞍山倪家臺明崔源族墓的發掘》，《文物》，1978 年 11 期。

〔註6〕（清）張廷玉等撰：《明史》卷七十六《職官五》，北京：中華書局，1974 年，第 1873 頁。

崔文生前擔任正五品千戶職務〔註7〕。

志文「公蚤承父師，訓通故典，明習孫吳。永樂間隨駕北征，累功進升武略將軍」。「父師」即師長，崔源較早接受教育，學習歷史文化典籍、孫吳兵法。永樂年間跟隨明成祖北征，因功被授予武略將軍。「武略將軍」明武官從五品初授之階。根據《明史》記載，「千戶所，正千戶一人，正五品，副千戶二人，從五品」〔註8〕。崔源起初擔任從五品副千戶職務。

從永樂元年開始，明成祖朱棣派遣使臣出使四方，構建以明朝為中心的「封貢體系」。其中亦失哈東巡奴兒干使明朝有效地掌控了黑龍江下游地區，對於開拓東北有著重要意義。志文「宣德元年，同太監亦信下奴兒干等處招諭，進指揮僉事」。「宣德元年」即1426年，「亦信」即亦失哈，學者研究認為其為海西女真木里吉寨人〔註9〕。亦失哈深受明朝政府重用，擔任都知監太監，多次被明朝政府派遣巡視奴兒干等地，後又任遼東鎮守太監達十六年之久。永樂至宣德年間，亦失哈總計七次巡視奴兒干〔註10〕。「指揮僉事」，明代衛所正四品職務。根據《明史》記載，衛設有「指揮使一人，正三品，指揮同知二人，從三品，指揮僉事四人，正四品」〔註11〕。宣德元年（1426年）崔源隨同太監亦失哈等人到奴兒干等地進行招撫有功，被授予正四品指揮僉事職務。此事在《明實錄》中也有記載，「敕遼東都司賜隨內官亦失哈等往奴兒干官軍一千五十人鈔有差」〔註12〕。

志文「正統元年，奉敕撫安忽拉溫野人。越明年，達賊寇鐵嶺，公為前鋒，斬首數十級，賊眾遂遁去」。「正統元年」即1436年，崔源奉命撫按忽拉溫野人。「忽拉溫野人」即忽拉溫地區女真人，明朝曾在此設置兀者衛。根據《明實錄》記載，「忽刺溫等處女直野人頭目西陽哈、鎖失哈等來朝貢馬百三十匹，置兀者衛」〔註13〕。兀者衛，今黑龍江省呼蘭河中下游流域，東抵湯旺河以

〔註7〕參見拙文：《〈明遼東副總兵崔賢墓誌〉考釋》（待刊）。

〔註8〕（清）張廷玉等撰：《明史》卷七十六《職官五》，北京：中華書局，1974年，第1873頁。

〔註9〕萬明：《明代永寧寺碑新探——基於整體絲綢之路的思考》，《史學集刊》，2019年第1期。

〔註10〕萬明：《明代永寧寺碑新探——基於整體絲綢之路的思考》，《史學集刊》，2019年第1期。

〔註11〕（清）張廷玉等撰：《明史》卷七十六《職官五》，北京：中華書局，1974年，第1860頁。

〔註12〕《明宣宗實錄》卷十一，洪熙元年十一月乙卯條。

〔註13〕《明太宗實錄》卷二十六，永樂元年十二月辛巳條。

西，南至哈爾濱、阿城、賓縣等地〔註14〕。此處志文內容頗顯重要，關於明朝政府派遣崔源撫安忽拉溫野人歷史信息，受目力所限未見正史方志中記載。淺薄之見，此處「撫安忽拉溫野人」內容未必指的是崔源到今黑龍江中下游呼蘭河一帶進行招撫，因為早在永樂年間明朝政府已經在此處招撫並設置衛所。有學者研究認為，早在宣德、正統時期，《明實錄》中就已有「遼東兀者衛」的稱謂〔註15〕，「己丑賜遼東兀者衛指揮僉事剳剌等鈔綵幣、絹、紵絲、襲衣有差」〔註16〕，「壬申遼東兀者衛女直都指揮莽剌」〔註17〕。推測此時忽拉溫地區女真兀者等衛，受外部因素影響部分南下遷徙至臨近遼東邊疆地區居住，逐漸形成後來的海西女真。而崔源做為遼東都司地方官員，代表明朝政府對其進行管理。「越明年」即正統二年（1437年），「鐵嶺」即鐵嶺衛，達賊侵襲鐵嶺，崔源為前鋒斬首數十級，率軍擊敗外敵。

志文「七年，懿路城守備者難其人，鎮守大臣僉以公守之。公鋤強梁，植柔善，持公秉明，耕守備禦，咸得其法。懿路大治，至今人猶德之」。「七年」即正統七年（1442年），「懿路城」，明朝鐵嶺衛所轄重要據點，位於「鐵嶺衛城南六十里」，「永樂八年復調中千戶所兼守」〔註18〕。崔源擔任懿路城守備職務，在任期間崔源秉公執法，在屯田、守備等方面治理很有章法，懿路城由此得到很好治理而被人稱頌。

志文「九年，征兀良哈達，以有功升指揮同知。十有二年，又征之，有功，進指揮使」。「九年」即正統九年（1444年），「兀良哈達」即兀良哈，明洪武二十二年（1389年）於兀良哈部置朵顏、泰寧、福余三衛。後隸奴兒干都司。牧地在今西拉木倫河北岸，洮兒河流域及嫩江下游一帶。永樂以後南徙至今河北東北部長城外及遼寧省西部地區。嘉靖、隆慶以後漸為蒙古諸部合併〔註19〕。正統年間，兀良哈多次騷擾遼東邊境，崔源因征討兀良哈有功，升任從三品指揮同知職務。根據《明史》記載，衛設有「指揮使一人，正三品，指揮同知二

〔註14〕譚其驤主編：《〈中國歷史地圖集〉釋文匯編・東北卷》，北京：中央民族學院出版社，1988年，第239頁。

〔註15〕張雅婧：《明代海西女真研究》，東北師範大學博士學位論文，第27頁。

〔註16〕《明宣宗實錄》卷四十二，宣德三年閏四月己丑條。

〔註17〕《明英宗實錄》卷七十六，正統六年二月壬申條。

〔註18〕（明）任洛等纂修：《遼東志》卷一《地理》「鐵嶺衛」條，瀋陽：遼瀋書社，1984年，第354頁。

〔註19〕中國歷史大辭典・明史編纂編委會編：《中國歷史大辭典・明史卷》，上海：上海辭書出版社，1995年，第17頁。

人，從三品，指揮僉事四人，正四品」〔註20〕。「十有二年」即正統十二年（1447年），崔源再次征討兀良哈，因功升任正三品指揮使職務。

志文「今年春，總戎諸大臣以遼陽為邊城都會，匪得公明勇敢之才，以襄成屏藩之重不可。乃交章以公薦升僉都指揮」。「今年春」即景泰元年（1450年），「總戎諸大臣」當指遼東總兵曹義等地方高級官員，「僉都指揮」即都指揮僉事。根據《明史》記載，都指揮使司設有「都指揮使一人，正二品，都指揮同知二人，從二品，都指揮僉事四人，正三品」〔註21〕。崔源因為才能出眾被遼東總兵曹義等地方高級官員舉薦擔任正三品都指揮僉事職務。此事在《明實錄》中有記載，「升遼東各衛指揮使崔源、耿和、常洪，指揮同知高飛，俱置都指揮僉事。源、和任司事，洪守備瀋陽，飛守備廣寧，從總兵左都督曹義奏請也」〔註22〕。

志文「時女直野人寇邊，公將精兵三千，兵行，矢於師，曰：用兵如醫家用藥，不拘常法，在臨機應變。攻其無備，出其不意。兵法之妙也。爾多士其，恭悉進止，用命有重賞，否則有顯戮。眾遂肅整，銳氣自倍，乃大克捷。斬獲生口無算。旋師論功，上聞，恩命未下而公不可作矣」。「女直野人」即明時對社會發展水平較低女真族各部之貶稱。經「土木堡之變」後，明朝對蒙古瓦剌的軍事威懾力下降，遼東女真諸部亦暫時服從於瓦剌。由此導致「朵顏三衛並海西、建州夷人處處蜂起，遼東為之弗靖者數年」〔註23〕。景泰元年（1450年）五月發生建州、海西女真大規模犯邊遼東事件，《明實錄》中有記載。

> 鎮守遼東總兵等官奏報：開原、瀋陽等處達賊入境，搶掠人畜
> 及攻圍撫順千戶所城池。審知各賊乃建州、海西野人女直頭目李滿
> 住、凡察、董山、剌塔為北虜迫脅，領一萬五千餘人來寇。官軍追
> 逐出境，又稱欲增人馬再來攻劫〔註24〕。

志文記載的「女直野人寇邊」，崔源領兵三千出擊，從時間上判斷很有可能即指此事。由於崔源頗得兵法要領，帶兵抗擊獲得勝利，朝廷想要對其嘉獎，

〔註20〕（清）張廷玉等撰：《明史》卷七十六《職官五》，北京：中華書局，1974年，第1860頁。
〔註21〕（清）張廷玉等撰：《明史》卷七十六《職官五》，北京：中華書局，1974年，第1872頁。
〔註22〕《明英宗實錄》卷一百九十，景泰元年三月辛亥條。
〔註23〕潘喆、孫方明、李鴻彬編：《清入關前史料選輯》第一輯《撫安東夷記》，中國人民大學出版社，1984年，第3頁。
〔註24〕《明英宗實錄》卷一百九十二，景泰元年五月癸丑條。

此時崔源不幸去世。

志文「娶白氏，贈恭人，先公五年卒。繼室王氏」。崔源娶正室白氏，五年前先於崔源去世，贈恭人。「恭人」明朝命婦封號，明封予四品官之妻〔註25〕。繼室為王氏。

志文「男一人：勝」，即崔源之子崔勝。崔勝是明代成化、弘治年間遼東地區重要將領，先後任職寧遠、錦州、義州、開原等要地，參與成化年間兩次征討建州女真軍事行動，學界曾有專門研究論述〔註26〕。根據《明實錄》記載，崔源去世後，崔勝按例承襲定遼右衛指揮使職務。

> 提督遼東軍務左都御史王翱，以故遼東都指揮同知李弼子宗襲為定遼後衛指揮僉事；吳凱子謹襲為義州衛指揮使；鄧瑛子佐襲為定遼前衛指揮使；署都指揮僉事崔源子勝襲為定遼右衛指揮使；劉清子璿襲為義州衛指揮同知；老疾都指揮僉事楚勇子鳳代為義州衛指揮僉事，遵所奉敕旨也〔註27〕。

志文「女二人長適千戶男吳凱。次適千戶金勝，俱白所生。孫男一，曰恭，孫女一，曰妙寶，尚幼」。崔源有女二人，為白氏所生，長女嫁於千戶吳凱，次女嫁於千戶金勝。孫男崔恭、孫女崔妙寶尚處幼年。

墓誌銘撰文者辛浩曾擔任監察御史，明代遼東地區著名流人。《遼東志》記載其「湖廣江夏人，有學行。正統間被謫於遼」〔註28〕。《明實錄》中有關於辛浩因罪受罰貶戍記載。

> 先是南京監察御史給事中劾奏南京左副都御史周銓罪，逮銓下錦衣衛獄，銓以瘐死錦衣衛。言御史範霖、楊永、胡鑒銜銓嚴束，故誘諸御史脅制諸給事中，劾之，其所劾皆誣奏，送刑部論罪。……為從者御史辛浩、……張雲翰贖徒復職。上以所擬諸給事中為當，而諸御史宜重其罰，謫鑒、浩、英戍鐵嶺衛；降調輔等為邊遠驛丞〔註29〕。

墓誌銘書丹者吉慶曾擔任監察御史，後因罪受罰貶戍鐵嶺衛。《明實錄》中有關於辛浩記載。

〔註25〕中國歷史大辭典・明史編纂編委會編：《中國歷史大辭典・明史卷》，上海：上海辭書出版社，1995 年，第 392 頁。

〔註26〕都惜青、李智裕：《明〈崔勝墓誌〉考釋》，《遼寧省博物館館刊》，2017 年。

〔註27〕《明英宗實錄》卷一百九十九，景泰元年十二月戊戌條。

〔註28〕（明）任洛等纂修：《遼東志》卷六《人物》「辛浩」條，瀋陽：遼瀋書社，1984 年，第 453 頁。

〔註29〕《明英宗實錄》卷一百五十五，正統十二年六月甲子條。

監察御史吉慶坐嘗毆人至死法司論贖杖還職，六科十三道劾其酷刑難居風憲。上命謫戍遼東鐵嶺衛〔註30〕。

墓誌銘篆額者張斌曾擔任戶部主事，後因罪受罰貶戍鐵嶺衛。《明實錄》中有關於張斌記載。

戶部奏遣主事張斌同巡按監察御史劉文查冊，斌遇疾，乃奏文等恐已發其奸弊因毒已成疾。上命法司逮治，更遣主事陳汝言往究之。汝言奏鹽運使耿九疇等受賄，重冒支給鹽鈔，俱下。法司論罪，九疇等陳訴，上特命謫斌戍遼東鐵嶺衛，文及九疇等皆宥之〔註31〕。

二、故昭勇將軍崔公墓誌銘

前文林郎監察御史江裏辛浩撰
前文林郎監察御史滎陽吉慶書丹
前承德郎戶部主事廣平張斌篆額

維景泰元年夏六月十有七日，遼東都指揮崔公卒。其子奉前秋官洪君所撰公行狀，泣哀求銘於余。按，公姓崔氏，諱源，字本清，其先瀋陽人。元季有為安撫諱孝先者，實公之祖考也。我高皇帝奄有天下之十一年，孝先乃率眾來歸，授官昭信校尉。後有能世其官諱文者，實公之先考也。公蚤承父師，訓通故典，明習孫吳。永樂間隨駕北征，累功進升武略將軍。宣德元年，同太監亦信下奴兒干等處招諭，進指揮僉事。正統元年，奉敕撫安忽拉溫野人。越明年，達賊寇鐵嶺，公為前鋒，斬首數十級，賊眾遂遁去。七年。懿路城守備者難其人，鎮守大臣僉以公守之。公鋤強梁，植柔善，持公秉明，耕守備禦，咸得其法。懿路大治，至今人猶德之。九年，征兀良哈達，以有功升指揮同知。十有二年，又征之，有功，進指揮使。今年春，總戎諸大臣以遼陽為邊城都會，匪得公明勇敢之才，以襄成屏藩之重不可。乃交章以公薦升僉都指揮。時女直野人寇邊，公將精兵三千，兵行，矢於師，曰：用兵如醫家用藥，不拘常法，在臨機應變。攻其無備，出其不意。兵法之妙也。爾多士其，恭悉進止，用命有重賞，否則有顯戮。眾遂肅整，銳氣自倍，乃大克捷。

〔註30〕《明英宗實錄》卷一百三十，正統十年六月戊申條。
〔註31〕《明英宗實錄》卷一百七十八，正統十四年五月甲午條。

斬獲生口無算。旋師論功，上聞，恩命未下而公不可作矣。嗚呼惜
哉！公生於洪武壬申，距卒得年五十有九。娶白氏，贈恭人，先公
五年卒。繼室王氏。男一人：勝，即求銘世其官者也。女二人長適
千戶男吳凱。次適千戶金勝，俱白所生。孫男一，曰恭，孫女一，
曰妙寶，尚幼。將以是年七月十七日葬於千山之陽。謹書公之大概，
銘之壙石，以志其幽雲。銘曰：

桓桓將軍，光昭祖武。義勇仁明，信孚戎伍。

越昔殘胡，敢肆侵侮。鋒蝟斧螗，以千斯怒。

實維將軍，陣分龍虎。死委全軀，生擒渠虜。

威鎮三邊，功聞九五。指日進封，曷天不枯。

夜臺長逝，士林殷撫。既銘於幽，千載斯古。

附記：《明崔源墓誌銘》拓片照片，由遼寧省博物館麼乃亮先生
提供，在此謹致謝意！

圖十九：遼陽地區出土的崔源墓誌拓片

《明驃騎將軍左軍都督府都督僉事王祥墓誌》補釋

摘要：

　　遼陽博物館藏《明驃騎將軍左軍都督府都督僉事王祥墓誌》是一塊非常具有學術研究價值的石刻材料。經研究認為，墓誌主人王祥是明代遼東邊疆地區重要將領，其父王喚、其子王鍇戰功顯赫均任職過邊陲要地。經過考釋後發現墓誌內容涉及到明初東北邊疆地區重要人物和事件，不僅可與《明史》、《明實錄》等史料互補，而且部分內容可補史之闕，對研究明初東北地區邊政提供有益材料。另外本文通過對志文內容重新釋讀，更正朝鮮使臣記載相關訛誤內容以及其他學者觀點。

關鍵詞：明驃騎將軍左軍都督府都督僉事王祥墓誌、興和、王喚、王鍇王瑄、李滿住、官保奴

　　《明驃騎將軍左軍都督府都督僉事王祥墓誌》1980 年出土於遼寧省遼陽市弓長嶺區湯河鎮牛錄村胡家溝，誌石長寬各 60 釐米，志文 27 行，滿行 34 字，蓋篆「驃騎將軍左軍都督府都督僉事王公墓誌銘」，鐫刻於明天順元年（1457 年）。誌石破損嚴重碎裂成多塊，而且部分缺失，現收藏於遼陽博物館。墓誌主人王祥是明代遼東地區著名軍事將領，《遼東志》、《全遼志》對其均有詳細記載。2002 年出版的《遼寧碑誌》收錄了該墓誌的原文，有的字脫落沒有識讀用「□」代替，而且志文內容也沒有進行考釋〔註 1〕。《〈明驃騎

〔註 1〕王晶辰主編：《遼寧碑誌》，瀋陽：遼寧人民出版社，2002 年 12 月，第 150～151 頁。

將軍左軍都督府都督僉事王祥墓誌〉考釋》一文曾對王祥生平事蹟有所論述〔註2〕，但可惜文中未刊載墓誌原文以及拓片，也沒有對墓誌進行系統考釋，多少與文章體例不符。更為重要的是，文章部分內容觀點不敢苟同，值得認真商榷。由於該墓誌內容反映明代遼東地區著名將領王祥生平事蹟以及明朝東北邊政情況，因此十分重要。為了更加合理利用這一珍貴史料，筆者結合已發現墓誌以及《明史》、《明實錄》等文獻材料對志文內容進行嘗試性釋讀。由於學識淺陋，拙文不足之處在所難免，敬請各位方家指教。為方便閱讀進行標點斷句，以「□」表示該字磨損脫落不清，「□」中加字表示原字脫落後進行補釋。

一、王祥墓誌錄文

驃騎將軍左軍都督府都督僉事王公墓誌銘

奉議大夫山東等處提刑按察司僉事王麟撰

中憲大夫遼東行太僕寺少卿彭理書丹

朝列大夫遼東苑馬寺少卿祝銘篆蓋

天順改元十月□□，驃騎將軍左軍都督僉事王公卒於遼陽官舍正寢，將卜是歲臘月壬寅葬於柳山□□□□□哀絰銜哀，執狀請銘，以賁諸幽。按狀，公諱祥，字伯禎，世居光之固始。祖憲，元季□□行院樞副，洪武己酉歸附，授昭信校尉，任燕山。考喚，永樂初，奉天靖難，累功升都指揮。己丑徙鎮興和，歲擇羔羊名馬獻之闕下。公方垂髫，充使，累覲太宗皇帝於便殿，應對敏捷，動止□□，蒙賚予特厚。甫弱冠，選為儀賓，公以有室辭。永樂壬寅，虜寇興和，厥考戰死。上聞之震悼，躬往問虜罪。有司舉公是□行在，敕授指揮使。凱還，俾總神機營。宣德癸丑，遼東總兵巫公以賢方面請之司馬，舉十人以□。上以公為宜，升都指揮僉事，遣鎮遼陽。時新設寧遠衛，蒲、泛二所皆公總督，經畫悉合經久計。正統辛酉，都繡斧李濬巡撫遼東，以地大政繁，舉公克堪都司重任，數年績用有成，升都指揮同知。甲子討虜，至老河，斬馘甚眾，升都指揮使。景泰庚午，虜寇東山，公率兵追及之，斬其酋長，進階驃騎將軍左

〔註2〕楊瑤、張輝：《〈明驃騎將軍左軍都督府都督僉事王祥墓誌〉考釋》，《蘭臺世界》，2012年第24期。

軍都督僉事，仍掌遼東都司，累受白金文綺之賚。建州酋李滿住，率屬入貢過遼陽，公盛陳兵衛以待。時滿住與逆虜也先連約入寇，公責之曰：「爾從」也先，背主之賊也。且東北諸夷，畏我大國之佑爾也，得失利鈍莫與爾較。爾之父子寧而蓄牧藩者，誰之賜歟？且爾事蕞爾也先，與事中國之聖天子，其你順為何如？爾輩朝為賓貢，暮作寇徒，得利則幸我皇恩，失利則身膏草莽，豈長久計哉？滿住弟官保奴□□悟，率部落千餘來降，事聞，命公擇地以處。乃構屋數十區，給以衣糧，俾之生業□□者無不悅服，建州之患遂息。司馬陳公舉公充左參將，以鎮開原。疏入，公已遘疾，比□精神愈爽，遺言後昆，惟以報君親罔極之恩為急。生於壬午年二月四日，距今五十有六。娶章氏，繼娶吳氏，皆封夫人。子男四：鎧、鉞、錦、鐸。女一尚幼。嗚呼！倜儻磊落，拳勇英傑，與夫學問智術，人不能一者，公兼有之。以故承芳積勳，既貴且富，幾四十年鮮有過咎。大丈夫若斯之賢，亦可謂難也已。宜用評□而為之銘。銘曰：

派衍河南，慶集於公。為時虎臣，襲世勳庸。

有烈有廉，既文且武。奮馳金戈，殲焉蠢虜。

帝簡厥績，恩顧日隆。熊旗綏章，進秩褒功。

俾奠東藩，崇垣固壁。眠得其所，乃歌乃懌。

邊人恃公，屹然長城。胡邃易簀，梁壞崖崩。

存沒榮哀，柳山墓石。我述公銘，永耀無極。

二、王祥的譜系和姻親

　　王祥所在的王氏家族以軍功起家是明代遼東地區著名的世家大族。王祥曾祖父王彬擔任過元朝元帥〔註3〕，祖父王憲初為元朝官員擔任行院樞副一職，洪武己酉年（1369年）歸附洪武政權。而在王喚壙誌中記載王憲於洪武三年（1370年）歸附明朝，二者記載時間不同相差一年。王憲歸附明朝後，擔任百戶任職於燕山左衛。燕山左衛是明初北部以北平為防禦中心重要軍事要地。朱元璋「癸未詔大將軍徐達置燕山等六衛以守禦北平」〔註4〕。於是徐達改飛熊衛為大興左衛，淮安衛為大興右衛，樂安衛為燕山左衛，濟寧衛為燕山右衛，青州衛為永

〔註3〕王晶辰主編：《遼寧碑誌》，瀋陽：遼寧人民出版社，2002年12月，第355頁。
〔註4〕《明太祖實錄》卷三十四，洪武元年八月癸未條。

清左衛，徐州五所為永清右衛〔註5〕。王憲初授昭信校尉，後以軍功升授承信校尉。需要說明的是，朝鮮使臣記載的「王祥以元朝樞副，歸順皇朝，歷事太祖文皇，從戰有功，」〔註6〕應是誤將王祥曾祖與祖父事蹟與其混淆，出現訛誤。王祥父親王喚是明朝皇帝朱棣起兵「奉天靖難」時期著名將領，曾參與白溝河之戰、濟南之戰等重要戰役，浴血奮戰累功升都指揮使，永樂己丑年（1409年）鎮守北方軍事重鎮興和。王喚作為明朝北部守邊重臣恪盡職守「歲擇羔羊名馬獻之闕下」，《明實錄》中也有「鎮守興和都指揮王喚各貢羊馬賜賚有差」受到賞賜的記載〔註7〕。興和由於其特殊地理位置，成為南北雙方軍事力量逐鹿焦點。志文記載「永樂壬寅，虜寇興和，厥考戰死」指的是永樂二十年（1422年），阿魯台大舉圍攻明朝北方重鎮興和，明都指揮王喚不幸戰死。王喚戰死一事《明史》中也有記載。「阿魯台犯興和，都指揮王喚戰死。」〔註8〕隨後不久「上聞之震悼，躬往問虜罪」，永樂二十年（1422年）明太祖朱棣親自率師發起第三次漠北之戰。明軍抵達雞鳴山阿魯台急忙北撤避戰，明軍一路追擊，阿魯台遺棄牛馬輜重率部遠遁，最後明軍勝利班師。此次朱棣率兵北伐《明史》中也有記載「丁丑，親征阿魯台，皇太子監國。戊寅，發京師。辛巳，次雞鳴山，阿魯台遁。」〔註9〕王祥生前娶過兩任夫人即章氏與吳氏，有子四人分別為王鎧、王鉞、王錦、王鐸，另有女兒一人年紀尚幼。需要說明的是，《〈明驃騎將軍左軍都督府都督僉事王祥墓誌〉考釋》一文作者認為「王祥的孫子王瑄先娶昭信校尉黃靜之女，續娶昭勇將軍鄧公之女。王瑄育有三子三女，長女名文全，嫁本衛指揮使武振；二女名妙慶，嫁指揮朱信長子朱全；三女名妙貴年幼未嫁。」〔註10〕該觀點很值得商榷，確實不敢苟同。王瑄墓誌1956年出土於遼寧省遼陽市太子河區東京陵鄉石橋子村，根據志文記載其祖父王祥祖籍直隸廬州合肥人〔註11〕，顯而易見這與王祥墓誌中記載其祖籍河南光州固始人相差甚遠。而且王瑄志文中的「尊翁政」應指的是王瑄父親名叫王政，「尊翁」是墓誌撰文者對

〔註5〕《明太祖實錄》卷三十四，洪武元年八月癸未條。

〔註6〕（朝鮮）趙翊：《皇華日記》，見林基中輯《燕行錄全集》第9冊，第142頁。

〔註7〕《明太宗實錄》卷一百六十八，永樂十三年九月丁酉條。

〔註8〕（清）張廷玉等撰：《明史》卷七《本紀第七》，北京：中華書局，1974年，第101頁。

〔註9〕（清）張廷玉等撰：《明史》卷七《本紀第七》，第101頁。

〔註10〕楊瑤、張輝：《〈明驃騎將軍左軍都督府都督僉事王祥墓誌〉考釋》，《蘭臺世界》，2012年第24期。

〔註11〕王晶辰主編：《遼寧碑誌》，瀋陽：遼寧人民出版社，2002年12月，第361頁。

死者父親尊稱，根據《明驃騎將軍左軍都督府都督僉事王祥墓誌》中記載，王祥諸子當中尚未發現有叫王政，非常明顯發現這與本文王祥墓誌中記載內容根本不符，由此可判斷王祥並非一人，應是同名同姓兩人。這種張冠李戴誤將同名同姓的王祥混為一談現象也曾出現在明朝末年朝鮮使臣日記中。朝鮮使臣黃允中《西征日記》記載，「王祥墓，孝子王祥也。至今墓尚在，流傳為王祥墓，亦至孝感人之深耶。」誠如張士尊先生在其專著中指出，明顯是將漢代臥冰求鯉的孝子王祥取代了明朝遼東將軍王祥〔註12〕。

王祥諸子中以王鍇最為顯達，生平事蹟在《全遼志》中有詳細介紹。其在任期間頗有建樹，奮勇殺敵，鞏固邊防，修建學校，累升都督同知，最後受到朝廷賜葬的禮遇〔註13〕。需要補充的是，根據研究表明王祥之子王鍇娶遼東都司地方官員陳通之女為妻。陳通是明初西北邊疆地區重要將領，曾代表明朝中央政府與西北地區少數民族進行交往，後因官場傾軋被貶官戍邊遼東。其父陳敬以及其祖父陳良也均任職過明朝邊陲要地，其後代多與邊陲地區軍官武將之間相互聯姻〔註14〕。從王氏家族姻戚也可以看出當時明朝邊陲地區軍官武將之間相互聯姻的現象極其普遍。在專制社會中這種門當戶對的姻戚關係也是鞏固本家族社會地位的一種有效政治手段，王祥家族中有關姻戚關係的記載也正是當時明代邊陲社會生活狀況的真實反映。

三、王祥的仕歷和生平

王祥由於其先輩軍功起家，幼年就有機會覲見明成祖朱棣。「公方垂髫，充使，累覲太宗皇帝於便殿」，因其聰明敏捷而受到朱棣的喜愛。王祥成年後朱棣更是想將其選為「儀賓」。「儀賓」是明代對宗室親王、郡王之婿、孫女婿、曾孫女婿、玄孫女婿的統稱。《明史》「親王女曰郡主，郡王女曰縣主，孫女曰郡君，曾孫女曰縣君，玄孫女曰鄉君，婿皆儀賓。」〔註15〕由此可見朱棣對其喜愛，但王祥最後以已有家室而婉拒。王祥父親王喚戰死興和後，按照明朝規

〔註12〕 參見張士尊：《紐帶——明清兩代中朝交通考》，哈爾濱：黑龍江人民出版社，2012 年 4 月，第 200 頁。

〔註13〕 （明）李輔等纂修：《全遼志》卷四《宦業·王鍇》，瀋陽：遼瀋書社，1984 年，第 617 頁。

〔註14〕 參見拙文：《〈明鎮國將軍都指揮陳通墓誌銘〉考釋》，《北方文物》，2012 年第 3 期。

〔註15〕 （清）張廷玉等撰：《明史》卷一百二十一《列傳第九》，北京：中華書局，1974 年，第 3661 頁。

定王祥襲職燕山左衛指揮使，「命故都指揮使王喚子祥為燕山左衛指揮使。」〔註16〕《〈明驃騎將軍左軍都督府都督僉事王祥墓誌〉考釋》一文認為王祥任燕山衛指揮使，釋讀有誤應為燕山左衛指揮使。隨後不久王祥被調往神機營任職。「神機營」是明朝永樂時期著名京營三大營之一，配備先進火器衛戍京城重地，由此也可見明成祖朱棣對王祥的信任與垂青。

宣德癸丑（1433年）遼東總兵「巫公」即巫凱推舉人才，最後明宣宗選定王祥升都指揮僉事任職遼東。王祥任職遼東後積極督辦防禦工事，《〈明驃騎將軍左軍都督府都督僉事王祥墓誌〉考釋》一文中將寧遠衛以及蒲河城修建過程有詳細介紹，但未將「汎所」兩字辨別，在此有必要進行釋讀。志文中的「汎所」應該是「汎河城」的簡稱。「汎河城」在《遼東志》中有詳細記載，明正統年間畢恭奏請設置，周圍七百一十五丈，高二丈，池深一丈二尺，闊二丈。城門兩座，東曰承恩、南曰安遠〔註17〕。汎河城屬鐵嶺衛，正統四年（1439年）設中左所於城南三十里曰汎河〔註18〕。由於業績出色，正統辛酉年（1441年）朝廷命官李濬巡視遼東時推舉王祥升任遼東都指揮同知一職。志文中記載「甲子討虜，至老河，斬馘甚眾，升都指揮使。」指的是正統九年（1444年）王祥隨軍至老河征討，因功升遼東都指揮使一職。《明實錄》有「賞遼東征進都指揮施聚、焦禮、裴俊並軍旗人等白金絹布有差，以其從都督曹義至老河殺獲達賊有功也」的記載〔註19〕，雖然未見王祥其名，但結合志文內容，對出現的時間與地點進行判斷，王祥也應該參與此次重要軍事行動。正統末年隨著蒙古瓦剌部逐漸強大，明朝北部邊疆危機日益嚴重。在此背景下，遼東地區北部羈縻衛所在蒙古瓦剌部強大軍事挾裹下也趁機入邊搶掠。志文記載景泰庚午（1450年）虜寇掠東山一帶，王祥領兵追擊斬殺其酋長而被明朝封賞，進階驃騎將軍左軍都督僉事。王祥受封賞一事《明實錄》中也有描述。「賞都督王祥等官軍二百六十七人銀兩、綵幣、絹布有差以遼東遼陽東山、清河等處殺賊功也」〔註20〕，經過此役，王祥達到人生仕宦頂峰。

〔註16〕《明太宗實錄》卷二百四十七，永樂二十年春三月辛巳條。

〔註17〕（明）任洛等纂修：《遼東志》卷二《建置·汎河城》，瀋陽：遼瀋書社，1984年，第370頁。

〔註18〕（明）任洛等纂修：《遼東志》卷一《地理·鐵嶺衛》，瀋陽：遼瀋書社，1984年，第354頁。

〔註19〕《明英宗實錄》卷一百一十七，正統九年六月乙未條。

〔註20〕《明英宗實錄》卷二百零四，景泰二年五月丙辰條。

　　正統末年至景泰初年，遼東地區受到海西、建州女真侵擾不斷。明朝在軍事力量重新調整之後，建州女真李滿住部迫於威懾嚮明朝臣服，送還所掠男女並進京朝貢。「乙酉建州等衛女直都督李滿住、董山等自正統十四年以來乘間竊掠邊境，遼東為之困敝。提督遼東軍務左都御史王翱等遣指揮王武，經歷佟成往招之。至是稍歸所掠男女，而身自入朝貢馬謝罪」〔註21〕。志文中記載「建州酋李滿住，率屬入貢過遼陽」內容應指此事。作為遼東地區重要軍事將領王祥列軍盛兵以待，很好震懾入寇遼東多年的李滿住，並對其反叛無常勾結也先行徑進行有力斥責。有明一代明朝政府根據女真、蒙古兩大勢力的力量消長情況推行「藉女直制北虜」策略，對女真一貫採取招撫為主的政策〔註22〕。明朝初年隨著國內政局穩定，為了宣揚國威穩定邊疆施行「招徠遠人」的政策，對東北地區少數民族有計劃地進行大規模招撫活動，並對歸附的少數民族進行安置。志文中記載李滿住弟官保奴歸順一事，是王祥繼續執行明朝對女真部招撫具體反映。官保奴本為毛憐衛都督猛哥不花之子，曾嚮明朝貢馬。《明實錄》中有記載「遼東毛憐衛故都督莽哥不花（即猛哥不花）子官保奴等來朝貢馬」。其父為猛哥不花，其祖為阿哈出，其叔父為李滿住父親釋加奴，故稱之為李滿住之弟。墓誌中反映的官保奴率眾歸順明朝這一事件，《明史》、《明實錄》均未見記載其事，可補史之闕，顯得彌足珍貴。隨後王祥被舉薦為左參將，鎮守遼東戰略要地開原。而此時王祥已身患重病，臨終之際不忘告誡後代報恩明朝，壽終五十六歲。

　　另外墓誌撰文者王麟在《明實錄》中有記載，曾因督辦遼東糧儲不力而被御史彈劾。「庚辰巡按山東監察御史田景暘案奏按察司僉事王麟督糧儲於遼東，不能防奸致士卒盜鬻數萬石，時麟以憂歸浙江，命巡按浙江監察御史伍驥執問之。」以前觀點認為此處磨損缺失兩字〔註23〕，但通過對照志文撰寫格式後，我們認為此處應缺失三字。墓誌撰文者王麟擔任「山東等處提刑按察司僉事」一職，按照慣例前面應該是散階名稱。傳世刻文有「奉議大夫山東等處提刑按察司僉事王亨」，因此我們認為此處志文中所缺之字應是「奉議大夫」。墓誌書丹者彭理《明實錄》中也有記載，「升順天府通判彭理為遼東行太僕寺

〔註21〕《明英宗實錄》卷二百零九，景泰二年冬十月乙酉條。
〔註22〕李治廷主編：《清史》，上海：上海人民出版社，2002年12月，第43頁。
〔註23〕王晶辰主編：《遼寧碑誌》，瀋陽：遼寧人民出版社，2002年12月，第150～151頁。

少卿」〔註24〕。「遼東行太僕寺少卿」明代官職正四品，彭理由順天府通判升任遼東行太僕寺少卿，因此「中□□夫」應為明朝文散階升授「中憲大夫」。關於墓誌篆蓋者祝銘內容，《明實錄》中有「升府同知祝銘為遼東苑馬寺少卿」記載〔註25〕。「遼東苑馬寺少卿」明代官職從四品，而且根據王祥墓誌蓋所篆書印記「朝列大夫之章」內容判斷，志文中「朝□□夫」應為明文散階「朝列大夫」。

〔註24〕 《明英宗實錄》卷二百五十三，景泰六年五月壬子條。
〔註25〕 《明英宗實錄》卷二百一十四，景泰三年三月丙申條。

圖二十：遼陽地區出土的王祥墓誌銘拓片

《明奉議大夫江西按察司僉事魯綸墓誌銘》考釋

摘要：

　　魯綸是明代遼東地區著名士人，生前以奉母孝敬，為官清廉而有時名，與其父魯義先後考取進士是明代遼東地區著名父子進士。對墓誌銘考釋可知魯綸及其家人生平狀況，可與《明實錄》、《遼東志》、《全遼志》等史志內容互證及補闕。特別是魯綸擔任江西按察司僉事期間，正值「寧王朱宸濠之亂」平息不久，江西地區社會動盪民不聊生，墓誌銘相關內容對此多有反映。另外，墓誌銘撰文者舒芬、書丹者徐景嵩、篆蓋者佟應龍為官頗有氣節與操守，均是當時著名士人，此篇墓誌銘堪稱難得佳作。

關鍵詞：魯綸、魯義、舒芬、徐景嵩、佟應龍

　　1968 年遼陽老城西北小莊出土一盒明代墓誌。墓誌蓋篆有雙線陰刻五行二十五字「大明故奉議大夫江西提刑按察司僉事西村魯公墓誌銘蓋石」（圖一：魯綸墓誌蓋），左下角部位出現斷裂。墓誌石長、寬各 48 釐米，表面略不平，中部及邊緣泐蝕缺損，但大部分墓誌銘內容尚能識別清楚。墓誌石刻寫墓誌銘 21 行，滿行 32 字（圖二：魯綸墓誌），字跡筆法順暢又不失端莊瑰麗，反映出書丹者頗有書法功底，現藏於遼陽博物館。2002 年出版的《遼寧碑誌》收錄了該墓誌銘的原文，但有的關鍵字沒有識讀用「□」代替，而且墓誌銘內容也沒有進行系統考釋〔註1〕。由於墓誌銘內容反映明代遼東地區著名人物魯

〔註 1〕王晶辰主編：《遼寧碑誌》，瀋陽：遼寧人民出版社，2002 年 12 月，第 381～382 頁。

綸生平仕歷，以及「寧王朱宸濠之亂」平息不久後江西地區社會動盪民不聊生史實，可與《明實錄》、《遼東志》、《全遼志》中內容互證及補闕，所以有一定學術研究價值。職此之故，不避愚陋，對墓誌銘內容進行嘗試性考證，不足之處在所難免，敬請各位方家指正。墓誌銘附後標點為後加，以「□」表示該字磨損脫落不清，「□」中加字表示原字脫落後進行補釋。

一、魯綸生平仕歷

根據志文記載，魯綸字孔言別號西村，幼年不幸喪父。在其母親王氏教育下，學業有成，「登正德丁丑進士第」。「正德丁丑」即正德十二年（1517年），魯綸考取正德十二年進士。做為明代遼東地區著名人物，《遼東志》、《全遼志》中有多處關於魯綸內容記載。《全遼志》卷三《選舉·進士》記載，「丁丑，魯綸，遼陽人，義之子，江西按察司僉事」〔註2〕；《遼東志》卷六《人物·魯綸》記載，「丁丑，魯綸，遼陽人，仕至江西按察司僉事」〔註3〕；《全遼志》卷四《人物·魯綸》記載內容較為詳細。

> 魯綸，字孔言，義之子。登正德丁丑進士，少孤，事母孝，觀政時，以所得月支俸米寓其家，養母而僅食其餘。授南京兵科給事中，建白彈劾無所忌，尤注意江防武備。時有內守備官恣橫，綸奏劾處治，一時股栗。尋升江西按察司僉事，後一年卒於官，囊無餘貲。〔註4〕

經對比可知，《全遼志》中大體與志文記載魯綸相關生平內容相符。其母王氏去世時魯綸極其悲痛，以古禮方式進行葬祭，為當時遼東地區典範。「服除，授南京兵科給事中」，指的是魯綸守孝期滿後，被授予南京兵科給事中一職。此事發生在正德十五年（1520年）冬，《明實錄》中有詳細記載。

> 壬寅，以行人孟奇、夏言、顧濟，知縣徐景嵩、底蘊，進士胡泂、陳江、魯綸為給事中，奇、景嵩、戶科，蘊禮科，言兵科，濟刑科，納工科，江南京戶科，綸南京兵科。〔註5〕

〔註2〕（明）李輔等纂修：《全遼志》卷三《選舉·進士》，瀋陽：遼瀋書社，1984年，第594頁。

〔註3〕（明）任洛等纂修：《遼東志》卷六《人物·魯綸》，瀋陽：遼瀋書社，1984年，第431頁。

〔註4〕（明）李輔等纂修：《全遼志》卷四《人物·魯綸》，瀋陽：遼瀋書社，1984年，第623頁。

〔註5〕《明武宗實錄》卷一百九十二，正德十五年冬十月壬寅條。

志文記載「論事必關大體，常恥言人過，不事彈劾，有奏議稿若干巷藏於家」，描述魯綸生前擔任兵科給事中一職，上奏討論事宜均與社會大事有關，以議論別人過錯做為恥辱，做為言官不輕易做彈劾，有時候即使有奏本也藏於家中。這與前文《全遼志》中記載內容「授南京兵科給事中，建白彈劾無所忌」，多少有些矛盾。結合後文《明實錄》記載內容，推測《全遼志》對此描述多有誇大其詞之嫌。根據《明實錄》記載，魯綸在擔任南京兵科給事中一職時，有兩條相關內容。一條是發生在嘉靖二年（1523 年）二月，魯綸與監察御史史梧等人參劾甘肅總兵李隆指使他人謀殺都御史許銘，縱容要犯以枉殺無罪四人冒名頂替掩蓋罪責，並一同追責太監董文忠、分守總兵官李義、都指揮支永等人。

> 南京給事中魯綸、監察御史史梧等言：往者甘肅總兵李隆，鼓眾倡亂，殺都御史許銘，又故縱首惡，取無罪四人斬首滅口。太監董文忠、分守總兵官李義、都指揮支永等，或坐視不救，或符同料結。乞明正隆罪，而按鞫文忠等。都察院覆議，李隆前已奉旨捕獲繫獄，按訊請逮文忠等。並問得旨，文忠姑勿逮，李義等，巡按御史同鎮撫官速勘以聞。〔註6〕

此事與《全遼志》中記載「時有內守備官恣橫，綸奏劾處治，一時股栗」內容十分相似，推測很有可能為同一件事情。另外一條是發生在嘉靖二年（1523 年）七月，魯綸就南京儲糧數目較少，糧食僅供四月用量，擔心會引起恐慌發生不測，建議按照正德十四年例量，留江西運米和南京刑部等衙門贓罰銀用來接濟補漏。

> 南京兵科給事中魯綸言：南京官吏、軍匠共九萬四千三百七十九人，每月食糧九萬八千二百石有奇。今計京儲正四十五萬餘石，僅可供四月耳，恐食盡，軍饑患生不測。乞照正德十四年例量，留江西運米，及南京刑部諸衙門贓罰銀以濟。下戶部議。〔註7〕

志文「癸未十一月，升江西按察司僉事」，「癸未」即嘉靖二年（1523 年），魯綸升任江西按察司僉事一職。此事在《明實錄》中有詳細記載。

> 乙丑，升兵科左給事中儲昱，為江西布政司右參議；兵部郎中孫繼芳為雲南按察司副使，提督學校；南京兵部給事中魯綸，為江

〔註 6〕《明世宗實錄》卷二十三，嘉靖二年二月癸酉條。
〔註 7〕《明世宗實錄》卷二十九，嘉靖二年七月甲午條。

西按察司僉事。〔註8〕

明代的提刑按察使司是掌管一省司法、監察的重要機構，簡稱按察使司。內部設置按察使（正三品）、副使（正四品）、僉事（正五品）等職。副使、僉事，分道巡察地方兵備、提學、驛傳、屯田等事宜。魯綸文散階「奉議大夫」屬於正五品，對應其擔任江西按察司僉事職務也是正五品。

志文「時江西兵荒之後，人多務清淨，惟催科一事則似不得已者」，所謂「江西兵荒」之事，應指的是明正德末年「寧王朱宸濠之亂」。由於寧王朱宸濠在江西期間聚斂民財不擇手段，隨意殺逐當地無辜官員和百姓，民不聊生社會影響極壞。雖然朱宸濠起兵叛亂在很短時間內被平息，但明武宗施政不力，江西地區作為當時主要戰亂之地還是很受影響。更為嚴重的是「江西之民，久遭濠毒，今經大亂，繼以旱災」，使早已民生凋敝的江西又遭劫難。明嘉靖皇帝即位後，對正德皇帝弊政陸續進行糾正，但江西地區人禍天災影響頗深並非能夠立即消除，居民更是期盼清靜安寧生活環境。

在此歷史背景下，魯綸擔任江西按察司僉事一職。志文中提到「催科」一事，應指的是江西一地課稅。由於戰亂和天災造成居民大量逃亡，「流離困餓，遐陬僻壤，半成荒野」，田地更是大片荒蕪無人耕種，不難想像由此導致上繳課稅出現嚴重問題。加上江西居民「又供京邊軍餉，困苦既極」，社會問題異常嚴重。有學者認為此處志文內容指的是遼東人民因政府橫征暴斂，造成困餓不堪，流離失所，致使「僻壤半成荒野」〔註9〕。實乃百密一疏，並非與遼東有關，應是誤讀志文內容所致。魯綸雖然在任上恪盡職守，勇於任事奔走不暇，但當時江西一地社會弊病並非其一人一時能匡扶，志文「又安能遂其所欲為邪？」確實是真實寫照，讀之不禁讓人無奈和感慨。

魯綸於嘉靖四年（1525 年）九月二十一日卒於江西按察司，終年五十二歲。去世時由於家貧異常，「惟余柴薪銀六兩」只有區區俸祿銀六兩，「蓋幾不能斂矣，矧旅魂萬里而圖正丘首耶？」，幾乎不能安置後事歸葬遼東祖墳。最後在巡撫、巡按、兩司等官員資助下，才將後事安排妥當，這也客觀反映魯綸生前為官清廉。另外，明代遼陽城內曾立有魯綸「司諫坊」。有學者考證，明代遼陽城內有七座仕宦坊，其中二座「司諫坊」，一座為給事中魯綸立，一座為給事中徐景嵩立。兩人都是監察官員，經歷相近，且剛正不阿，故而所立牌

〔註8〕《明世宗實錄》卷三十二，嘉靖二年十月乙丑條。
〔註9〕楊暘：《明代遼東都司》，鄭州：中州古籍出版社，1988 年，第 286 頁～287 頁。

坊均為「司諫坊」。〔註10〕

二、魯綸譜系及其他

　　根據志文記載，魯綸先祖為湖廣黃岡縣人。「至正甲辰」即至正二十四年
（1364年），朱元璋軍隊攻取蘄黃時，魯綸高祖魯勝仗劍歸義。明朝正式建立
後，魯勝被任命為遼東衛百戶職務。明朝建立後即實行衛所兵制，在要害之地
設立衛所。根據《明史》記載，「天下既定，度要害地，係一郡者設所，連郡者
設衛。大率五千六百人為衛，千一百二十人為千戶所，百十有二人為百戶所。
所設總旗二，小旗十，大小聯比以成軍」。〔註11〕千戶所所轄「百戶所凡十，共
百戶十人，正六品」。〔註12〕魯氏從此著籍遼東成為遼東人。根據志文記載，魯
勝有二子，長子魯溫，世襲百戶。所謂「世襲百戶」指的是明代實行軍戶制，
在此制度下兵役承擔者的身份與地位以法律形式被固定化，「父死子繼、兄終弟
及」不僅軍籍世襲，而且「世官」職務可以按例承襲。魯勝幼子魯良，魯良生
魯高，終身不仕。志文「高□□」字跡有缺漏，可考應為「高生義」，魯義即魯
綸生父。根據《全遼志》卷三《選舉》記載，「戊戌，魯義，遼陽人，金壇縣知
縣」。〔註13〕「戊戌」成化十四年（1478年），魯義考取此年進士，任職於金壇
縣擔任知縣職務。這與志文「以明經登成化戊戌進士第，授直隸金壇縣知縣」
內容相符。魯義死於任上，配王氏。魯綸初娶王氏，訓導王浩之女，繼娶肖氏，
訓導肖福之女。「訓導」學官名，明清時期府、州、縣儒學的輔助教職。由於時
值嘉靖皇帝新登基施行推恩，王氏、肖氏與魯綸生母王氏均被贈封為孺人。魯
綸有子一人，名東哥，估計是幼兒小名，當時尚未成年。師曾是其侄子，因自
幼孤兒被魯綸收養。魯綸生有二女，長女許聘縣丞王俸，幼女次男尚在襁褓中。

　　墓誌銘撰文者「賜進士及第翰林院國史修撰儒林郎進賢舒芬」，字國裳，進
賢人，為當時著名文人，正德十二年（1517年）狀元，《明史》中有傳。〔註14〕

〔註10〕　張士尊：《明代遼東牌坊考釋》，《鞍山師範學院學報》，2010年第3期。
〔註11〕　（清）張廷玉等撰：《明史》卷九十《兵二》，北京：中華書局，1974年，第
　　　　　2193頁。
〔註12〕　（清）張廷玉等撰：《明史》卷七十六《職官五》，北京：中華書局，1974年，
　　　　　第1874頁。
〔註13〕　（明）李輔等纂修：《全遼志》卷三《選舉·魯義》，瀋陽：遼瀋書社，1984年，
　　　　　第594頁。
〔註14〕　（清）張廷玉等撰：《明史》卷一七九《舒芬傳》，北京：中華書局，1974年，
　　　　　第4759頁。

舒芬自幼聰慧七歲能詩，十二歲作《馴雁賦》，被南昌知府薦為博學弟子。登第後，出任翰林院修撰。舒芬為官清正以敢言直諫著稱，正德年間因諫阻武宗常以打獵巡遊尋歡作樂，荒廢朝政而被貶謫為福建市舶副提舉。嘉靖年間又因哭諫世宗而入獄，並奪俸三個月。不久舒芬母親病故，扶柩南歸。後因慮國憂民積鬱成疾，於嘉靖十年（1531 年）含恨悲憤而逝。萬曆三十六年（1608 年），神宗皇帝追諡為「文節」，著有《舒文節公全集》。舒芬正德十二年（1517 年）狀元，所以志文稱之為「賜進士及第」，應與魯綸同年考取進士。

墓誌銘書丹者「賜同進士出身徵仕郎戶科給事中侍經筵東灣徐景嵩」，明代遼東著名文人。如前文所述，明代遼陽城內曾為其立有「司諫坊」。徐景嵩為人剛正，因直言而罷官。由於其淡泊名利多有孝行與操守而享譽地方，《全遼志》中有詳細記載。

> 徐景嵩，字伯瞻，遼陽中衛人。登正德甲戌進士，授咸寧縣知縣，升戶科給事中。居諫垣，多建白，不避權倖，升河間府知府，尋升山西按察副使。見事風生，然性剛直少容，卒以此罷官，士論惜之。嵩孝友，弟景岐沒，為撫其遺孤。居城北之乾河，不輕入城郭，一時監司以下篤其誼，相與諮訊，其視財利泊如也。有《沙洲稿》四卷藏於家，今祀遼陽鄉賢祠。〔註15〕

「賜同進士出身」指的是徐景嵩在甲戌年，即正德九年（1514 年）考取進士，書丹志文時擔任戶科給事中侍經筵一職。

篆蓋者「賜同進士出身承仕郎工部營繕清吏司主事悔庵佟應龍」，明代遼東進士。《全遼志》卷三《選舉》記載，「辛巳，佟應龍，遼陽人，珍之子鳳翔府知府」。〔註16〕「賜同進士出身」指的是佟應龍辛巳年，即正德十五年（1521年）考取進士，篆寫志蓋時擔任工部營繕清吏司主事一職。佟應龍後來任職新昌知縣頗有政績和德行，「汰冗濫，矯偏救弊，意在佐貧弱、抑富強，有請託者，初不峻拒，而臨事一斷以理，士民德之」，〔註17〕也是當時有操守和名望的士人。

〔註15〕（明）李輔等纂修：《全遼志》卷四《人物·徐景嵩》，瀋陽：遼瀋書社，1984年，第 623 頁。

〔註16〕（明）李輔等纂修：《全遼志》卷三《選舉·佟應龍》，瀋陽：遼瀋書社，1984年，第 595 頁。

〔註17〕（清）沈翼機等纂修：《浙江通志》卷一百五十三《名宦八·紹興府》引萬曆《紹興府志》，文淵閣四庫全書，第 523 冊，中華書局，1974 年，第 160 頁。

三、魯綸墓誌銘原文

明奉議大夫江西按察司僉事西村魯公墓誌銘

賜進士及第翰林院國史修撰儒林郎進賢舒芬　撰

賜同進士出身徵仕郎戶科給事中侍經筵東灣徐景嵩　書

賜同進士出身承仕郎工部營繕清吏司主事悔庵佟應龍　篆

　　予同年魯君孔言，以嘉靖四年九月二十又一日卒於江西按察司。明年二月朔，其孤師曾始克奉柩北歸，謀祔葬祖塋，乃以南昌□學生劉楠所撰行狀抵予，請銘以行。汪兄子宿復以□來囑之曰：必毋靳以孔言之守官行已，是當得儒筆書之，而券非其人矣，然不得辭，謹按狀序次之。孔言姓魯名綸，別號西村，其先為湖廣黃岡縣人。至正甲辰，大明兵取蘄黃，孔言高祖勝，仗劍歸義。及天下寧一，洪武□□□授遼東衛百戶，今遂為遼東人。勝二子：長溫，世襲百戶；幼良。良生高，□不仕。高，以明經登成化戊戌進士第，授直隸金壇縣知縣，卒於官，配王氏。時孔言生，甫□二歲。王教之如父師之勤，果底成立，登正德丁丑進士第。乞歸省，許之。未幾，王卒，哭盡哀喪，具葬祭山，視古禮，為遼人表儀。服除，授南京兵科給事中。論事必關大體，常恥言人過，不事彈核，有奏議稿若干巷藏於家。癸未十壹月，升江西按察司僉事。時江西兵荒之後，人多務清淨，惟催科壹事則似不得已者。是以吏縱於奸民習□□□□□其病而流離困餓，避陬僻壤，半成荒野。孔言知其然，政頗有操縱，惟□□□□□□更四道，雖奔走不暇也，又安能遂其所欲為邪？卒之日，囊篋翛然，惟余柴薪銀六兩，蓋幾不能斂矣，矧旅魂萬里而圖正丘首耶？遭遇巡撫、巡按及兩司官長皆重氣□，甚哀悼之，凡百喪具，及其孤北還之費，綜理周密。使孔言平生行已有愧，則諸君子肯壹力畢心為之所若是邪？君初娶王氏，訓導浩之女；繼娶肖氏，訓導福之女。其內行，皆足稱好述。正德辛巳，以今上上兩宮尊號推恩，得與母王氏皆給敕命，贈封孺人。生子男一人：東哥。師曾蓋其侄，幼孤而子之也。女二人，長許聘縣丞王俸。次男，幼在襁褓。孔言生之年為成化甲午四月七日，至是享年五十有二，葬之日，計□□暮。其地則定為遼城西三里莊白塔之後午向。銘曰：

　　惟魯之先，□□伯禽。分土於東，奎婁耀臨。

椒聊仲連，慷慨卓落。漢□之□，國氏攸託。
自茲以還，魯代有聞。迄於戶□，武且有文。
革昧之初，乃識真王。仗劍來歸，義奮虓虎。
紀功分衛，東表維藩。隱德衍慶，遼族遂繁。
迨公文章，顯顯科目。諫署蜚聲，憲臺清肅。
行已清介，所心□□。履信有終，恂物無私。
嗟惟諸美，既隆其賦。彼倉何□，復嗇其數。
旅魂飄飄，萬里渡遼。以正丘首，以祔宗祧。
白塔之陰，青□幽映。維公之兆，耆龜所定。
我銘以殉，庶幾懷賢。百世之下，□□式焉。
　郡人李俊　鐫

圖二十一：遼陽地區出土的魯綸墓誌拓片

《明故孺人曹氏壙記》考釋
——兼論曹俊、孫興祖身份

摘要：

　　遼陽市地區早年出土的《明故孺人曹氏壙記》由遼東進士著名士人孫磐所撰寫，可知孫磐家族祖籍為山東掖縣以及其母曹氏歷史信息。《明故孺人曹氏壙記》一直為《紅樓夢》曹氏祖籍研究者所看重史料，但《明故孺人曹氏壙記》所記載的孫磐外祖父曹俊並非是《五慶堂重修遼東曹氏宗譜》所記載的「入遼始祖」曹俊，孫磐入遼先祖孫興祖也並非是《明史》中所列傳的孫興祖。曹俊、孫興祖均是同名同姓不同之人，以往未加辨析產生混淆。

關鍵詞：曹俊、孫興祖、孫磐、紅樓夢

　　《明故孺人曹氏壙記》清光緒十年（1884 年）出土於遼陽城東太子河南岸崔家花園，「原石，方尺餘」，民國十二年（1923 年）移至遼陽縣教育公所保存，現已不知所終。該壙記歷史信息頗有學術研究價值，一直為《紅樓夢》曹氏祖籍研究者馮其庸先生、曹汛先生等所看重〔註1〕。王暢先生認為孫磐始祖孫興祖是《明史》中記載明初著名將領孫興祖〔註2〕。不揣愚陋結合《明實錄》、

〔註1〕詳見馮其庸、楊立憲主編：《曹雪芹祖籍在遼陽》所錄馮其庸：《〈五慶堂重修遼東曹氏宗譜〉考略》，瀋陽：遼瀋書社，1997 年 7 月，第 50 頁；馮其庸、楊立憲主編：《曹雪芹祖籍在遼陽》所錄曹汛：《〈重修瀋陽長安禪寺碑〉和曹雪芹遠祖世居瀋陽的問題》，瀋陽：遼瀋書社，1997 年 7 月，第 132 頁。

〔註2〕王暢：《曹雪芹祖籍考論》，石家莊：河北教育出版社，1996 年 6 月，第 294 頁。

《明史》、《遼東志》、《全遼志》、《遼陽州志》等史志文獻對其進行嘗試性研究考釋。同時對《明故孺人曹氏壙記》中所記載的曹俊、孫興祖身份進行辨析，對相關學者觀點進行重新探討。拙文不足之處在所難免，敬請各位方家指正。壙記內容謄錄於後，為方便閱讀進行標點斷句。

一、壙記考釋

壙記「賜進士文林郎不孝男磐泣血記」，「賜進士」指的是孫磐考取弘治九年（1496 年）進士，「文林郎」明代正七品文散階名〔註3〕，「不孝男磐」即孫磐。明代進士孫磐是遼東著名士人，《明史》、《遼東志》、《全遼志》、《遼陽州志》中對其生平仕歷均有詳細記載。

> 孫磐，遼陽人。弘治九年進士。觀政在部時，刑部典吏徐珪以滿倉兒事劾中官楊鵬得罪，磐上疏曰：「近諫官以言為諱，而排寵幸觸權奸者乃在胥吏，臣竊羞之。請定建言者為四等。最上不避患害，抗彈權貴者。其次揚清激濁，能補闕拾遺。又其次，建白時政，有裨軍國。皆分別擢敍。而粉飾文具、循默不言者，則罷黜之。庶言官知警，不至曠瘝。」時不見用〔註4〕。
>
> 孫磐，伯堅，定遼右衛人。性剛方有氣節，弘治丙辰進士。試政初即上疏乞考察兩京科道。官歷陵川吳縣知縣，升吏部主事進罷各鎮中官監軍疏，時逆瑾專政，深嫉之，遂罷免。尋起升河南按察司僉事。值流賊猖獗，撫臣知磐嫻於將略，令給軍餉鎧仗，以至保障留都。逼賊東殄於狼山，磐之籌畫為多〔註5〕。
>
> 孫磐字伯堅，定遼中衛人。性剛方有氣節，登弘治丙辰進士。觀政即上疏乞考察兩京科道官。歷陵川吳縣知縣，升吏部文選司主事。復上疏請罷各鎮中官監軍，時逆瑾專政，深嫉之，遂罷免。尋起升河南按察司潁州兵備僉事。值流賊猖獗，撫臣知磐閑於將略，令給軍餉鎧仗，保障留都。後逼賊東殄於狼山，多出磐之籌畫。今

〔註3〕（清）張廷玉等撰：《明史》卷七二《志第四八·職官一》，北京：中華書局，1974 年，第 1736 頁。

〔註4〕（清）張廷玉等撰：《明史》卷一八九《列傳第七七·孫磐》，北京：中華書局，1974 年，第 5009 頁。

〔註5〕（明）任洛等纂修：《遼東志》卷六《人物·孫磐》，瀋陽：遼瀋書社，1984 年，第 448 頁。

祀遼陽鄉賢祠〔註6〕。

孫磐定遼右衛人，性剛方有氣節。弘治丙辰進士，初試政即上
疏乞考察兩京科道官。升吏部主事，上罷各鎮中官監軍疏。時逆瑾
專政，深嫉之，遂免官。尋起升河南按察司僉事。值流賊猖獗，撫
臣知磐嫻於兵略，令給軍餉鎧仗以至保障留都，過賊東疹。磐之籌
畫居多〔註7〕。

壙記「先妣孺人，姓曹氏，遼陽人，父諱俊，娶本郡朱氏，正統六年四月
壬辰生」，「孺人」明代「外命婦之號」，「七品曰孺人」，「因其子孫封者，加太
字，夫在則否」〔註8〕。孫磐擔任七品官，因此其母曹氏享有「孺人」封號。
孫磐母親曹氏，遼陽人，其父曹俊娶本郡朱氏為妻，生於正統六年（1441 年）
四月。「先妣性仁厚慈善，年十有九歸」，孫磐母親曹氏性情仁厚慈善，十九歲
嫁於孫家。

壙記「家君諱敏，字以學，姓孫氏，其先山東掖縣人」，「家君」即孫磐父
親孫敏，字以學，祖籍山東掖縣人。「始祖諱興祖，洪武初遷本郡；高祖諱才
興，曾祖諱義，俱以樸厚為閭里推信；先祖諱旺，蚤逝」，孫磐始祖孫興祖，
洪武初年遷徙至遼陽本地，高祖孫才興，曾祖孫義，均以樸實忠厚為鄉里推崇。
孫磐祖父孫旺早逝。孫磐在介紹其先人時，並未署名職務，推測孫磐先人並未
出仕任職，屬於普通民眾。

壙記「遺家君孤立夙成，剛直尚義。得先妣修行婦道，克增家業。事祖母
吳，以能不欺成稱」，由於幼年不幸喪父，孫磐父親孫敏獨立成熟，為人剛直
尚義。孫磐之母尊崇傳統婦女道德，維繫家業。因照顧孫磐祖母吳氏十分孝敬
而被稱道。

壙記「生三子：仲名岩、季名碧，不孝磐其長也，登弘治丙辰科進士，出
知山西陵川縣事，幾一考，聞先妣弘治十二年十月戊申歿，遂奔喪來家」，孫磐
父親孫敏生有三子，長子孫磐，次子孫岩，三子孫碧。孫磐考取弘治丙辰科（弘
治九年，1496 年）進士，此事在《明史》、《遼東志》、《全遼志》、《遼陽州志》

<hr>

〔註6〕 （明）李輔等纂修：《全遼志》卷四《人物・孫磐》，瀋陽：遼瀋書社，1984 年，
第 622 頁。

〔註7〕 （清）楊鑣等纂修：《遼陽州志》卷二十二《人物・孫磐》，瀋陽：遼瀋書社，
1984 年，第 751 頁。

〔註8〕 （清）張廷玉等撰：《明史》卷七二《志第四八・職官一》，北京：中華書局，
1974 年，第 1737 頁。

中均有記載。「出知山西陵川縣事，幾一考，聞先妣弘治十二年十月戊申歿，遂奔喪來家」，「陵川」，明山西澤州所轄四縣之一〔註9〕。孫磐擔任山西陵川知縣，近三年，聽聞先妣曹氏於弘治十二年十月（1499年）戊申去世，於是奔喪回家。

壙記「因先塋阻於城北代子河，乃請諸家君，擇城東四里莊之原為新塋，虛先祖之位主之，以先妣居昭位，葬期乃歿之明年三月庚申也」，由於孫磐家族祖墳在遼陽城北受太子河阻攔不便，於是與父親商議在遼陽城東四里莊另擇新塋，空留先祖之位，先妣居昭位，葬期為第二年三月庚申。

壙記「嗚呼！先妣享年五十有九，磐食祿未三年，為善養，既亦不能；以祿養，又不可及。且病未得親調，歿未得親殮，此恨將何日而窮耶！」，孫磐之母去世時五十九歲，孫磐任職山西未到三年，既不能優養母親，用俸祿供養又達不到。母親生病時沒有親身陪護贍養，去世時又沒能親手入殮，此種悔恨之情何日能消除！此處壙記內容頗顯孫磐子欲養而親不待惆悵心理。

壙記「孫男四人：和玉、昆玉，磐之生；璞玉、蘭玉，岩之生。女四人：磐二，岩、碧各一。磐等俱壯年，諸孫尚幼，蔭及方來，未可限量。哀痛隕絕，敢記此於壙。嗚呼！昊天罔極，痛哉，痛哉！」，孫男四人，孫和玉、孫昆玉，孫磐之子；孫璞玉、孫蘭玉，孫岩之子。孫女四人：孫磐二女，孫岩、孫碧各一女。孫磐等人正值壯年，孫輩年幼，蔭及將來，不可限量。哀痛欲絕，作此壙記。恩情廣大欲報不能，十分痛心！

壙記「弘治十三年三月初六日立 石工許伯通鐫」，壙記立於弘治十三年（1500年）三月初六日，石工許伯通鐫刻。

二、曹俊、孫興祖身份辨析

《明故孺人曹氏壙記》所記載明遼東進士孫磐母「先妣孺人，姓曹氏，遼陽人，父諱俊」，一直為紅樓夢曹氏祖籍研究者馮其庸先生、曹汛先生等所看重，大作中均認為孫磐外祖父曹俊與《五慶堂重修遼東曹氏宗譜》所記載曹氏入遼始祖曹俊為同一人。馮其庸先生認為：「按照《五慶堂譜》上述的記載，這個曹俊，應是真正『入遼之始祖』，也就是這部《五慶堂譜》的真正的始祖」〔註10〕。曹汛先生認為：「曹俊做了瀋陽中衛指揮，但他女兒壙記上卻明確寫

〔註9〕（清）張廷玉等撰：《明史》卷四一《志第一七・地理二・山西》，北京：中華書局，1974年，第969頁。

〔註10〕馮其庸、楊立憲主編：《曹雪芹祖籍在遼陽》，《〈五慶堂重修遼東曹氏宗譜〉考略》，瀋陽：遼瀋書社，1997年7月，第50頁。

著他是『遼陽人』」〔註11〕。與之相反的是，王暢先生則認為：「馮其庸先生把『壙記』曹俊與《五慶堂譜》曹俊當成一個人，沒有任何根據，因為『壙記』說的曹俊是『遼陽人』，關於這個曹俊的職銜，履歷均無一字提及」〔註12〕。王暢先生對《明故孺人曹氏壙記》中記載曹俊身份雖有質疑，但在其大作中並未詳細闡述與論證，有待深入探討。

　　淺薄之見，《明故孺人曹氏壙記》中所記載曹俊與《五慶堂重修遼東曹氏宗譜》所記載曹氏入遼始祖曹俊並不是同一人。理由如下：一、根據《五慶堂重修遼東曹氏宗譜》敘言記載「俊以功授指揮使，封懷遠將軍，克服遼東，調金州守禦，繼又調瀋陽中衛，遂世家焉」，明確記載曹俊入遼占籍時間背景為「克服遼東」，時間應是洪武四年（1371年）馬雲、葉旺登陸遼東半島由南向北擊敗盤踞殘元勢力時期。曹俊任職金州後又調往瀋陽，並未任職遼陽。而遼陽孫磐外祖父曹俊，生卒時間雖不明確，但《明故孺人曹氏壙記》中記載其女孺人曹氏「正統六年四月壬辰生」，即1441年出生。最大限度推測其父曹俊生於時間不會早於洪武初年1368年。所以從時間上判斷並非一人，應該是同名同姓兩人。二、孫磐是明代遼東地區有名的士子，以賢能著稱後入祀遼陽鄉賢祠，《全遼志》等方志中有明確記載〔註13〕。其母曹氏壙記由孫磐親自撰寫，但按照明代遼東葬俗，墓誌、壙記等詳細記載先人官職業績時多有著墨，有的甚至不惜誇張增色。而孫磐所撰寫的壙記對其祖先及外祖為官仕宦隻字不提，僅介紹個人考中進士，擔任山西地方官員。此種筆法不通常理，其實另有原因，推測其親屬仕宦不顯所致。而《五慶堂重修遼東曹氏宗譜》記載，曹俊擔任正三品指揮使職務，該職務是執掌衛級最高官員。如果《五慶堂重修遼東曹氏宗譜》與《明故孺人曹氏壙記》所記載的曹俊同為一人，孫磐也不會不在《明故孺人曹氏壙記》中詳細記載，由此亦可推斷此曹俊非彼曹俊。

　　無獨有偶，也有觀點認為孫磐始祖孫興祖是明朝開國功臣。王暢先生大作中認為：「洪武二年，詔立功臣廟於雞鳴山下的記述中，所列曹良臣與這裡所說的《壙記》主人孫磐之始祖孫興祖同在二十一名功臣之數，可知曹良臣與孫

〔註11〕馮其庸、楊立憲主編：《曹雪芹祖籍在遼陽》，《〈重修瀋陽長安禪寺碑〉和曹雪芹遠祖世居瀋陽的問題》，瀋陽：遼瀋書社，1997年7月，第132頁。

〔註12〕王暢：《曹雪芹祖籍考論》，石家莊：河北教育出版社，1996年6月，第294頁。

〔註13〕（明）李輔等纂修：《全遼志》卷四《人物·孫磐》，瀋陽：遼瀋書社，1984年，第622頁。

興祖為同時代同輩份人」〔註14〕。此觀點缺少依據，值得重新商榷。洪武二年
（1369年）雞鳴山下功臣廟中所列孫興祖《明史》中有傳記載十分詳細，「孫
興祖，濠人」，「洪武三年，帥六衛卒從達山塞，次三不剌川，遇敵力戰死，年
三十五。太祖悼惜之，追封燕山侯，諡忠愍，配享通州常遇春祠」〔註15〕。孫
磐「其先山東掖縣人」，而《明史》記載「孫興祖，濠人」，二者籍貫明顯不同
讓人質疑。同樣道理，孫磐撰寫壙記對其祖先為官仕宦隻字不提，僅介紹個人
考中進士，擔任山西地方官員，此種筆法不通常理另有原因，推測其祖上先人
仕宦不顯所致。而《明史》所記載的孫興祖功勳顯赫，即使戰亡後也頗得明太
祖朱元璋惋惜，「帝聞奏興祖名，歎息，命以月俸給故燕山侯興祖家」〔註16〕。
顯而易見，如果《明故孺人曹氏壙記》與《明史》所記載的孫興祖同為一人，
孫磐也不會不在《明故孺人曹氏壙記》中詳細記載，由此亦可推斷此孫興祖非
彼孫興祖。

三、明故孺人曹氏壙記

　　賜進士文林郎不孝男磐泣血記

　　　　先妣孺人，姓曹氏，遼陽人，父諱俊，娶本郡朱氏，正統六年
四月壬辰生。先妣性仁厚慈善，年十有九歸。

　　　　家君諱敏，字以學，姓孫氏，其先山東掖縣人。始祖諱興祖，
洪武初遷本郡；高祖諱才興，曾祖諱義，俱以樸厚為閭里推信；先
祖諱旺，蚤逝。遺家君孤立夙成，剛直尚義。得先妣修行婦道，克
增家業。事祖母吳，以能不欺成稱。生三子：仲名岩、季名碧，不
孝磐其長也，等弘治丙辰科進士，出知山西陵川縣事，幾一考，聞
先妣弘治十二年十月戊申歿，遂奔喪來家。因先塋阻於城北代子河，
乃請諸家君，擇城東四里莊之原為新塋，虛先祖之位主之，以先妣
居昭位，葬期乃歿之明年三月庚申也。

　　　　嗚呼！先妣享年五十有九，磐食祿未三年，為善養，既亦不能；
以祿養，又不可及。且病未得親調，歿未得親殮，此恨將何日而窮

〔註14〕 王暢：《曹雪芹祖籍考論》，石家莊：河北教育出版社，1996年6月，第294頁。
〔註15〕 （清）張廷玉等撰：《明史》卷一三三《列傳第二一‧孫興祖傳》，北京：中華
　　　　書局，1974年，第3891頁。
〔註16〕 （清）張廷玉等撰：《明史》卷一三三《列傳第二一‧孫興祖傳》，北京：中華
　　　　書局，1974年，第3891～3892頁。

耶！孫男四人：和玉、昆玉，磐之生；璞玉、蘭玉，岩之生。女四人：磐二，岩、碧各一。磐等俱壯年，諸孫尚幼，蔭及方來，未可限量。哀痛隕絕，敢記此於壙。嗚呼！昊天罔極，痛哉，痛哉！

　　弘治十三年三月初六日立　石工許伯通鐫

附記：拙文在寫作過程中得到遼陽市李大偉先生幫助，在此謹致謝意！關於曹雪芹祖籍在遼陽已是定論，不在本文討論之列。

《明海蓋左參將鎮國將軍李澄清墓誌銘》考釋

摘要：

　　經考證墓誌銘主人是李澄清，其生前任職於橫嶺、神機營、神樞營、河曲、海蓋等軍事要地。志文記載的「俺答和市」即「俺答封貢」，頗有學術價值。李澄清任職遼東海蓋參將期間突然辭職離任，志文語焉不詳，可考緣於遼東邊臣武將群體性謊報軍情殺降邀功而遭到懲處。志文雖有脫落，可補李澄清曾祖李恭生前任職北京太僕寺丞。李澄清祖父李繼祖、父李鉞志文記載極其簡略，可考均因守邊不力而遭到懲處。由此可窺探出明代遼東邊疆危機四伏，武將守邊不力、弄虛作假、邀功請賞現象十分普遍。另外，志文相關內容涉及到明代中期山西、遼東邊疆地區軍政，可與《明實錄》等史籍方志互證。

關鍵詞：李澄清、神機營、河曲、俺答汗、海蓋參將

　　1980 年遼陽老城大南門外出土一盒墓誌銘文物，墓誌蓋陰刻篆書「皇明海蓋左參將鎮國將軍李公墓誌銘」，四行十六字（圖一：李澄清墓誌蓋）。墓誌石為青石質，長、寬各 44 釐米，刻寫墓誌銘 30 行，滿行 32 字，中部及邊緣泐蝕缺損，但大部分墓誌銘內容尚能識別清楚（圖二：李澄清墓誌石）。墓誌銘刻寫於明萬曆十年（1582 年），現藏於遼陽博物館。《遼寧碑誌》雖然收錄了該墓誌銘原文，但難窺墓誌銘文物原貌。由於墓誌銘主人姓名脫落加之缺少考證，導致《遼寧碑誌》對此墓誌銘文物主人稱謂沒有準確定論，而且志文內

容也沒有進行系統研究考釋。〔註1〕王德亮先生在其大作《鴻臚井刻石之李鉞考》中提及李澄清墓誌銘文物，但受題目所限並未對墓誌銘文物系統研究考釋〔註2〕。為了更加合理利用這一具有學術價值的石刻文物，本人不揣淺陋，對志文內容進行嘗試性研究考釋，不足之處在所難免，敬請各位方家指正。墓誌銘附後標點為後加，以「□」表示該字磨損脫落不清，「□」中加字表示原字脫落後進行補釋。

一、李澄清生平仕歷

志文「按狀，公諱□□，字汝靖，號柱山」。此處脫落志文與墓誌銘主人姓名有關，以往對此並沒有進行考證補釋。近年王德亮先生認為此處人名應為李澄清〔註3〕。結合志文下文並查閱《明實錄》、《全遼志》等史料，此說當屬無誤。李澄清，「定遼左衛人，橫嶺守備」。〔註4〕「公諱□□」在此補為「公諱澄清」。

志文「公□□垂髫年，即有大志，隸□子業，旁通□符，登嘉靖乙丑武進士，推橫嶺守備」。此處志文雖然有脫落，但不難看出李澄清素有大志，刻苦努力學習，考取「嘉靖乙丑」即嘉靖四十四年（1565年）武進士。李澄清考取嘉靖乙丑年武進士，此事在《全遼志》中有詳細記載。〔註5〕「推橫嶺守備」應是其被推舉擔任「橫嶺守備」職務。「橫嶺」地名，居庸關地區邊防要地。關於「橫嶺守備」設置，在《明史》、《明實錄》中有記載。

> 設橫嶺守備，塞懷來路，增置新軍二千餘人，資團練。〔註6〕
> 巡按直隸御史黃李瑞上言：居庸關鎮邊城連絡橫嶺，虜所必由。
> 乃止戍卒五百餘人，迄選增至千人。城東北隘口止二十人，迄選增

〔註1〕王晶辰主編：《遼寧碑誌》，瀋陽：遼寧人民出版社，2002年12月，第403～404頁。

〔註2〕關於此墓誌銘文物主人姓名為李澄清考證，王德亮先生曾在其大作《鴻臚井刻石之李鉞考》中有所提及。由於拙文多年前完稿後尚未投稿，王先生大作先於發表見於學刊，因此還以王德亮先生為先。詳見王德亮：《鴻臚井刻石之李鉞考》，《旅順博物館學苑》，2018年。

〔註3〕王德亮：《鴻臚井刻石之李鉞考》，《旅順博物館學苑》，2018年。

〔註4〕（明）李輔等纂修：《全遼志》卷三《選舉》，瀋陽：遼瀋書社，1984年，第607頁。

〔註5〕（明）李輔等纂修：《全遼志》卷三《選舉》，第607頁。

〔註6〕（清）張廷玉等撰：《明史》卷一九九《列傳第八七‧范鏓》，北京：中華書局，1974年，第5269頁。

至二百人，並給營房、衣糧添設總管官一員。其鎮邊守禦千戶所舊
屬白羊，宜就近改屬橫嶺守備。便兵部議覆，從之。〔註7〕

志文「移□□□□□升神機營游擊兼神樞營」，「神機營」是明朝永樂時期
著名京營三大營之一，配備先進火器駐紮京城。李澄清升任神機營游擊一事在
《明實錄》中有記載。「升鎮邊城守備指揮僉事李澄清署都指揮僉事，充神機
營佐擊將軍」。〔註8〕「神樞營」的前身是明朝永樂時期著名京營三大營之一
的「三千營」。嘉靖時期兵政改革，恢復舊制改三千營為神樞營，募兵充伍。
《明史》中記載「神樞營：副將二員，各統軍六千；佐擊六員，各三千。外備
兵四萬人」。〔註9〕李澄清擔任「神樞營」參將職務一事在《明實錄》中有記
載。「命神樞營佐擊將軍署都指揮僉事李澄清，充神樞九營參將」。〔註10〕

志文「尋□職事參將，改河曲」。李澄清後來到河曲任職，此事發生在隆
慶六年（1572年），在《明實錄》中有記載。「命原任協同漕運參將黃應甲分守
蘇松，神樞營參將李澄清分守山西河曲縣等處」。〔註11〕「河曲」地名，山西
險要之地《明史》中有記載。

> 河曲府西北。元省。洪武十三年十一月復置。西有火山，臨大
> 河。河濱有娘娘灘、太子灘，皆套中渡河險要處也。北有關河，以
> 經偏頭關而名，西北流入大河。成化十一年十二月置偏頭關守禦千
> 戶所，與寧武、雁門為三關。〔註12〕

根據《明史》記載，山西設有分守參將六人，其中就包括河曲參將。

> 鎮守山西總兵官一人，舊為副總兵，嘉靖二十年改設，駐寧武
> 關。防秋移駐陽方口，防冬移駐偏關。協守副總兵一人，嘉靖四十
> 四年添設，初駐偏關，後移駐老營堡。分守參將六人，曰東路代州
> 左參將，曰西路偏頭關右參將，曰太原左參將，曰中路利民堡右參
> 將，曰河曲縣參將，曰北樓口參將，游擊將軍一人，坐營中軍官一

〔註7〕《明世宗實錄》卷三百九十五，嘉靖三十二年三月辛丑條。

〔註8〕《明穆宗實錄》卷十九，隆慶二年四月乙丑條。

〔註9〕（清）張廷玉等撰：《明史》卷八九《志第六五·兵一·京營》北京：中華書
局，1974年，第2180～2181頁。

〔註10〕《明穆宗實錄》卷六十四，隆慶五年十二月乙巳條。

〔註11〕《明穆宗實錄》卷六十六，隆慶六年二月乙卯條。

〔註12〕（清）張廷玉等撰：《明史》卷四一《志第一七·地理二·山西》，北京：中華
書局，1974年，第959頁。

人，守備十三人，操守二人。〔註13〕

志文「閱五年，參將海蓋焉」。「閱五年」即經歷五年，「參將海蓋」即「分守海蓋參將」。根據《全遼志》記載，「（分守海蓋參將）原無，嘉靖己酉御史齊宗道題准添設，分守海蓋二衛，轄七城堡」。〔註14〕李澄清任職河曲參將五年後，被調任遼東海蓋參將職務。此事發生在萬曆四年（1576年），《明實錄》中對此有記載。「調山西河曲參將李澄清於遼東海蓋」。〔註15〕

志文「□□□嚴明，善撫循□□綜理戰守事宜□有程度可紀。在河曲□方俺答和市□□□□邊將苦之。公遇有求□□□□所□」。此處文字多有脫落難窺全貌，但可判斷出志文描述李澄清善於戰守，在隆慶初年任職河曲參將時，很好處理與境外蒙古俺答汗關係。志文「方俺答和市」，「俺答」即俺答汗，「和市」即封貢開市，此處志文內容與「俺答封貢」有關。正德、嘉靖時期，隨著北方蒙古部落統一，明蒙之間因互市朝貢導致戰爭不斷。正德年間，蒙古在達延汗的努力經營下，各部從分裂紛爭逐步走向統一強盛。雖然之後經過短暫紛爭，到了俺答汗時期內部力量重新整合再次強盛。形成鮮明對比的是，明朝內部朝政日趨腐敗，特別是在對待蒙古入寇問題上，明朝中樞所制定戰略戰術毫無章法不得要領。時守時攻，時又閉關絕貢，態度搖擺不定缺少一貫政策，使得地方邊臣守將無所適從，守戰無措陷入尷尬境地。隆慶四年（1570年）九月，俺答汗嫡孫把漢那吉率人叩邊降明，明朝順勢妥善處理，封把漢那吉為指揮使，其部下阿力哥為千戶，以交換叛逃板升的漢人趙全等人，雙方經過談判最終達成交換協議。明朝答應俺答汗提出的封貢請求，明蒙關係進入和平時期，史稱「俺答封貢」。

志文「虜始呶呶，然久則畏而重之」，如前文所述，李澄清於隆慶六年（1572年）任職河曲參將，此處志文內容指的是其在鎮守河曲時不辱使命，對蒙古俺答汗部起到震懾力。結合史實分析，此處志文明顯缺少根據，無疑充滿誇張溢美不實之嫌。在隆慶五年（1571年），蒙古俺答汗已經與明朝政府化干戈為玉帛封貢開市，因此隆慶六年（1572年）任職河曲參將李澄清對蒙古俺答汗也沒有所謂震懾力可言。

〔註13〕　（清）張廷玉等撰：《明史》卷七六《志第五二·職官五·都司》，北京：中華書局，1974年，第1868頁。

〔註14〕　（明）李輔等纂修：《全遼志》卷三《職官》，瀋陽：遼瀋書社，1984年，第585頁。

〔註15〕　《明神宗實錄》卷五十七，萬曆四年十二月辛巳條。

志文「鎮海蓋有□戰功□□銀幣」，此處雖有文字脫落，但可以明顯看出李澄清在任職海蓋參將時，因戰功獲得朝廷升賞。墓誌雖然記述簡略，但經考證可知此事應發生在萬曆六年（1578 年），《明實錄》中對此有記載。

　　　　錄遼鎮斬獲功，賞總兵李成梁銀八十兩，大紅紵絲蟒衣，襲蔭一子世襲本衛指揮僉事；游擊陶承譽升署都督僉事，賞銀五十兩，紵絲四表裏，仍蔭一子世襲本衛所百戶；總督薊遼巡撫右都御史梁夢龍，賞銀六十兩，紵絲四表裏，仍蔭一子入監讀書；巡撫都御史周詠升右副都御史賞銀五十兩，紵絲四表裏；副使瞿繡裳升一級；參將李澄清等二級；仍與兵備僉事張崇功等，各賞銀有差。出邊官軍除候核勘外，升恤如例。仍發馬價銀一萬兩，差官給賞。本兵方逢時調度有功，並與先任巡撫張學顏，賞銀幣有差。〔註16〕

志文「逾年乃告致仕。始科道每文薦云：才華文武，學貫天人，殫心竭力，應稱鎖鑰，□門多藝多才，尚期長城萬里。又云：遼瀋傑人，西河良將。當時□為確論，笑公清苦，□□歷官久，永樂之□愈屬。及歸，囊篋蕭然，無異寒士，綽有□人清介之風焉。公考載□先志」。「逾年乃告致仕」指的是李澄清於第二年即萬曆七年（1579 年）「致仕」辭職離任。形成鮮明對比的是科道官員多有推薦之語，有的認為李澄清文武雙全是難得將才；有的認為李澄清是遼東傑出人士，西河良將，為官清苦廉潔。李澄清在仕途如此輝煌又毫無病症之際，突然辭職離任讓人感到十分不解，志文語焉不詳似有隱情。結合《明實錄》中記載分析，萬曆七年（1579 年），李澄清辭職離任並非突然。如上文所述，萬曆六年（1578 年）由於殺敵有功包括李澄清在內，遼東諸多官員被明朝政府升賞。但經核實後，與事實大相徑庭。真實情況是外敵入寇遼東耀州虎獐屯等處殺擄甚多，遼陽車營游擊陶承譽卻在長定堡殺降邀功，此事後被巡按御史安九域發現並參劾，涉及到時任海蓋參將李澄清在內的諸多遼東地方武將。由於此事影響惡劣，最終明朝政府將遼東地方三十七員武將革除原先職務。

　　　　先是萬曆六年十二月虜犯耀州虎獐屯等處，殺虜甚多。巡按御史安九域，參原任遼東車營游擊副總兵。因被參長定堡殺降邀功，革任。陶承譽彼時策應有違法，當重擬。海蓋參將李澄清、守備徐維翰等一十三員，當分別治罪。部覆奉旨提問。〔註17〕

〔註16〕《明神宗實錄》卷七十五，萬曆六年五月庚申條。
〔註17〕《明神宗實錄》卷八十七，萬曆七年五月戊午條。

其一時各官應敘功者馬衛都、王有臣等三十七員俱革原任、升職級；梁夢龍、李成梁、周詠俱準辭原加恩典。唯另議新功敘錄，所給各軍犒賞，俱免追奪。〔註18〕

志文「公兩為守備，二游擊，三參將，可謂遇矣。然其□而行，未□□□刺當道是□□□不得節鎮，蓋位不浮才，壽不滿德，遽賫志以授識者，有遺□□距生嘉靖丁亥□月初八日，卒於萬曆壬午十年初三日。葬於城南姚家莊祖塋之昭次」。此段志文主要回顧李澄清生前仕宦軌跡，李澄清生於「嘉靖丁亥」嘉靖六年（1527年），死於「萬曆壬午十年」萬曆十年（1582年），享年五十六歲，葬於遼陽城南姚家莊祖塋。

二、李澄清譜系及姻親

志文「曾大父恭，登乙丑進士，□□□丞。高祖以上皆贈如其官」。「曾大父恭」即李澄清曾祖李恭，「登乙丑進士」，考取正統十年（1445年）進士。《全遼志》記載，「李恭，遼陽人，北京太僕寺丞」。〔註19〕所以「□□□丞」應補為「太僕寺丞」。「太僕寺」是明朝管理馬政政府機構，有北京太僕寺、南京太僕寺以及地方行太僕寺。李恭所擔任的北京太僕寺，主要負責京畿、北直隸、河南、山東地區的馬政事務。根據《明史》記載，太僕寺設有卿一人，從三品；少卿二人，正四品；寺丞四人，正六品。〔註20〕李恭擔任寺丞職務，應是正六品。志文雖然沒有記載李恭妻吳氏生平活動，但有必要在此探討論述。正德三年（1508年），李恭妻吳氏因「年少夫亡，守志無玷」符合封建禮教傳統，而被統治者賜予「貞節」待遇。對此《全遼志》、《明實錄》中有詳細記載。

> 吳氏定遼左衛進士李恭妻，恭疾篤，吳叩天願以身代。後知不可為，乃與訣曰：夫脫有不諱，我必以身殉。夫慰曰：吾死，爾宜撫吾後，以庇吾宗，設爾並死，吾不瞑目。吳猶執前言不渝，家人防之甚周。吳遂截一耳，以示無他，堅守終身，事聞旌表。〔註21〕

〔註18〕《明神宗實錄》卷八十四，萬曆七年二月丁丑條。

〔註19〕（明）任洛等纂修：《遼東志》卷六《人物‧魯綸》，瀋陽：遼瀋書社，1984年，第430頁；（明）李輔等纂修：《全遼志》卷三《選舉》，瀋陽：遼瀋書社，1984年，第594頁。

〔註20〕（清）張廷玉等撰：《明史》卷七四《志第五○‧職官三‧太僕寺》，北京：中華書局，1974年，第1800頁。

〔註21〕（明）李輔等纂修：《全遼志》卷四《人物》，瀋陽：遼瀋書社，1984年，第628頁。

庚戌旌表孝子董玹及節婦孫氏等十人。玹真定府高邑縣人，任
長沙府湘潭驛驛丞。母亡廬墓三年，旌其門曰孝行。孫氏河南泰康
縣民王智妻，張氏錦衣衛校尉楊林妻，寇氏保定左衛舍余薛瑤妻，
周氏蘇州府常熟縣生員錢承恩妻，汪氏江西武寧縣民楊蓳妻，陳氏
山東莘縣舉人張睿妻，吳氏定遼左衛人太僕寺寺丞李恭妻，賀氏廣
寧衛舍人胡鑒妻，聶氏廣平府邯鄲縣吏於敏妻，黃氏廣寧衛指揮曹
俊妻，俱以年少夫亡守志無玷旌其門曰「貞節」。〔註22〕

志文「大父□□封鎮國將軍，父鉞□備禦都閫」。李澄清之祖父姓名，由
於志文脫落不可知。但根據遼陽地區出土的《明鎮國將軍李繼祖與妻常氏合葬
墓誌銘》可知，其祖父應為李繼祖〔註23〕。志文記載李繼祖被封鎮國將軍，從
二品階，「大父□□」應補為「大父繼祖」。志文關於李澄清之祖父李繼祖記
載內容，寥寥數字極其簡略似有隱諱。《明鎮國將軍李繼祖與妻常氏合葬墓誌
銘》記載李繼祖生前因「以守嬴州寡援被謫，飲恨而終」。不難看出，李繼祖
因守城不力受到懲處飲恨而死。關於李繼祖歷史活動信息，《明實錄》中有多
處記載。弘治十四年（1501年）十一月，李繼祖因「虜至不援」被嚴厲懲處或
即指「以守嬴州寡援被謫」。

虜數入遼東開原境，士卒有被殺傷者，守備都指揮李繼祖、指
揮俞雄傅鑒等俱下巡按御史逮問，擬邊遠充軍。上以各犯情輕律重，
免充軍。繼祖等四人各降一級〔註24〕。

虜賊乘遼陽沙嶺修邊來寇官軍死者六人虜去者十有八人傷者三
十人掠去馬五十八匹命逮問備禦都指揮李繼祖等罪以聞〔註25〕。

乙酉升監察御史王宗錫為山東按察司副使　吏科右給事中鍾
渤、刑部郎中王益謙，會巡按監察御史按問分守遼陽副總兵孫文毅、
少監劉恭、守堡指揮使白璽等，失於備虜，喪亡男婦一千九百四十
有奇，畜產三千二百。並安備禦海州都指揮僉事李繼祖虜至不援，
劉恭又坐佔地取賄，及邊吏誘引尚古入貢之罪。……繼祖及指揮張

〔註22〕《明武宗實錄》卷二十六，正德二年五月庚戌條。
〔註23〕關於李澄清先祖歷史活動信息，可參見拙文《〈明鎮國將軍李繼祖與妻常氏合
　　　　葬墓誌銘〉考釋》。（待刊）
〔註24〕《明孝宗實錄》卷一百五，弘治八年十月丙寅條。
〔註25〕《明孝宗實錄》卷一百七十六，弘治十四年七月甲子條。

欽等五人皆遠衛充軍〔註26〕。

與之相同的是李澄清之父李鉞，志文記述也寥寥數字極其簡略似有隱諱〔註27〕。關於李鉞生平考證，王德亮先生大作有詳細論述頗為精彩，在此不贅言，僅補充一二。查閱史籍可知，嘉靖十四年（1535年）三月因遼東巡撫都御使呂經施政苛虐，遼陽發生兵變。都指揮劉尚德與指揮李鉞被兵變士卒群毆〔註28〕。李鉞曾多次受到懲處，特別是擔任廣寧城備禦指揮職務期間，因妄殺貢夷把把亥等七人冒功請賞，導致夷人報復寇邊劫掠遼西地區損失慘重，李鉞後被治罪監侯處決，《明實錄》中有詳細記載。

> 御史張鐸奏：七月十二日遼東總兵張鳳、巡撫於敎令其中軍都指揮陳守節搞馬市諸夷，剋減鹽物，諸夷不服。守節以白鳳凰令棰之死者七人，夷遂以三千餘騎攻鎮虜臺，殺十二人，焚六人。備禦指揮李鉞、李自暘不能御，其夕又攻克岐山東空臺，縱其殺掠而去。罪宜重治，得旨奪放鳳俸三月，鉞免官，自暘等逮問。〔註29〕

> 先是遼東廣寧城備禦指揮李鉞及中軍都指揮陳守節紹殺貢夷把把亥等七人，諸夷積忿乃率眾大至犯廣寧、義州，官軍不能御，殺掠幾萬人。巡撫都御史於敎、總兵官張鳳復掩敗稱功，巡按御史張鐸以其事聞上，令放回籍聽勘。鳳革職而屬巡按御史按其事，至是勘上兵部及都察院議奏：鉞、守節啟釁致寇戰，復退縮宜依臨陣先退者律斬。舍人何亮甘聽主使，妄殺非命，指揮白勳等三十二人、千戶郎山等六十九人，坐視失事均宜罰治。總兵官張鳳、參將周益昌覆師，都御史於敎失策罪，俱當問詔，以鉞、守節監侯處決。〔註30〕

志文「公配淑人完氏，都指揮大節女。子二：長樸，即揮閭也，娶指揮元勳女甯氏□□，繼娶指揮□□女張氏；次楨，娶指揮清女戴氏；女一：適指揮王楨。俱□出。孫□□□，聘指揮吳公□□出。」李澄清妻室完氏，都指揮完大節之女。生子二人李樸、李楨，女一人。李樸娶指揮甯元勳之女，繼娶張指

〔註26〕《明孝宗實錄》卷一百八十一，弘治十四年十一月乙酉條。

〔註27〕關於李鉞生平考證，王德亮先生大作有詳細論述。詳見王德亮：《鴻臚井刻石之李鉞考》，《旅順博物館學苑》，2018年。

〔註28〕潘喆、孫方明、李鴻彬編：《清入關前史料選輯》（第一輯），北京：中國人民大學出版社，1984年，第211頁。

〔註29〕《明世宗實錄》卷三百十六，嘉靖二十五年十月戊戌條。

〔註30〕《明世宗實錄》卷三百二十九，嘉靖二十六年十月壬戌條。

揮之女；李楨娶指揮戴清之女，女兒適配王楨。從李氏家族姻戚也可以看出當時明朝邊陲地區軍官武將之間相互聯姻的現象極其普遍。在專制社會中這種門當戶對的姻親關係也是鞏固本家族社會地位的一種有效政治手段，李澄清家族中姻親關係的記載也正是當時明代邊陲社會生活狀況真實反映。

三、墓誌銘原文

皇明海蓋左參將鎮國將軍李公墓誌銘

奉政大夫前河間府同知知通州事魯藩左長史靜庵劉耀武　撰

山西太原府交城縣知縣事箕野王淶　書

直隸順天府三河縣知縣事健庵史學　篆

　　李公柱山，萬曆十年八月初三日卒於正寢。冢子揮閭訃哀□骨□□□□□者□□已而逾旬，始竭力勤葬事。乃衰服持狀，登堂稽顙叩余曰：「不幸先考捐館，為□□邊圉最久，所在頗有微勞，竊期在□願公銘隧道，以光泉壤。」余□□公聯□□，握手論心者，幾四十年。一旦不祿，將神爽飛越不羈矣，忍銘□哉？按狀，公諱澄清，字汝靖，號柱山。曾大父恭，登乙丑進士，太僕寺丞。高祖以上皆贈如其官。大父繼祖封鎮國將軍，父鉞□備禦都閫。公□□垂髫年，即有大志，隸□子業，旁通□符，登嘉靖乙丑武進士，推橫嶺守備，移□□□□□升神機營游擊兼神樞營，尋□職事參將，改河曲。閱五年，參將海蓋焉。□□□嚴明，善撫循□□綜理戰守事宜□有程度可紀。在河曲□方俺答和市□公□□邊將苦之。公遇有求□□□□所□，虜始呦呦，然久則畏而重之。鎮海蓋有□戰功□□銀幣，逾年乃告致仕。始科道每文薦云：才華文武，學貫天人，殫心竭力，應稱鎮鑰，□門多藝多才，尚期長城萬里。又云：遼瀋傑人，西河良將。當時□為確論，笑公清苦，□□歷官久，永樂之□愈屬。及歸，囊篋蕭然，無異寒士，綽有□人清介之風焉。公考載□先志。公配淑人完氏，都指揮大節女。子二：長樸，即揮閭也，娶指揮元勳女甯氏□□，繼娶指揮□□女張氏；次楨，娶指揮清女戴氏；女一：適指揮王楨。俱□出。孫□□□，聘指揮吳公□□出。公兩為守備，二游擊，三參將，可謂遇矣。然其□而行，未□□□刺當道是□□□不得節鎮，蓋位不浮才，壽不滿德，遽賷志以捘識

者，有遺□□距生嘉靖丁亥□月初八日，卒於萬曆壬午十年初三日。
葬於城南姚家莊祖塋之昭次。乃僭銘曰：

奇才卓犖，天授非凡。巍科早掇，名震區寰。

邊城外捍，金湯聿堅。京營內繕，虎豹惟嚴。

荷茲宸眷，貴寵頻頒。西河載守，膽落腥膻。

遼瀋還鎮，警息烽煙。□高卓爾，休致林泉。

繼執將符，□嗣珠圓，奕繩□祖，□□□錢。

光前啟後，□可怡顏。清白作範，□□□賢。

嗟嗟吾友，九原弗還。鐫銘玄室，萬億斯年。

萬曆十年歲次壬午十月十六日立

圖二十二：遼陽地區出土的李澄清墓誌拓片

後　記

　　拙作《明代遼陽城》即將付梓，回憶過往不禁五味雜陳。2007 年畢業後參加工作，即忙於遼陽博物館陳列布展，有幸第一次接觸東北史研究開創者金毓黻先生《遼海叢書》所收錄《遼東志》、《全遼志》，其中文字內容及圖示深深地吸引著我。當時有個初步構想，今後以明代方志、地區出土明代碑誌文物做點明代遼陽地方史基礎研究。其後十餘年，人際紛雜人生起伏，但不揣愚陋注重此方面地方文獻、地方文物搜集整理與研究，也陸陸續續發表一些不成熟的學術文章。在此期間，韓國學者所整理的《燕行錄全集》問世，張士尊先生、梁志龍先生建議我可以結合明代朝鮮使臣出使明朝途經遼陽所記載的文獻內容，做一下明代遼陽城研究。這一建議與我不謀而合，因此有了編寫《明代遼陽城》的初衷。

　　在這裡要非常感謝張士尊先生。張先生在明清東北史研究方面，深耕多年大作頻出，不僅學術視野廣闊，而且為人質樸，平日不明之處多向其請教，一番答疑解惑之後總有意想不到的收穫。也清楚記得自己人生第一篇學術文章《明代定遼右衛遷治鳳凰城探析》，就是在張先生的指導幫助下得以發表。在這裡還要感謝全曉紅、孫志奇、李大偉三位遼陽地方友人以及肖景全、梁志龍、閻海、麼乃亮等遼寧省文博界學者，感謝你們平日支持與幫助。同時也要感謝苗霖霖、侯瑞兩位吉林大學古籍研究所學友以及花木蘭文化事業有限公司諸位老師，在你們的幫助下拙作得以出版。最後，感謝家人多年來對我的支持與理解！

　　由於個人學識淺陋，拙作《明代遼陽城》不足之處在所難免，旨在拋磚引玉，僅供學界今後對此研究題目參考之用，也歡迎批評與指正。

李智裕

2023 年 2 月 1 日於遼陽